캠핑카
전국이
나의 별장

이승도 외 26인

캠핑카
전국이 나의 별장

초판 1쇄 발행 2021년 10월 8일

지은이 이승도 외 26인
펴낸이 정선모
디자인 유정인

펴낸곳   도서출판 SUN
출판등록 제25100-2016-000022호
주 소   서울시 노원구 덕릉로 94길 21. 205-102
mobile 010. 5213. 0476
e-mail 44jsm@hanmail.net

ISBN 979-11-88270-39-2(03980)
값 20,000원

• 저작권자 @이승도. 2021.
• 잘못된 책은 바꿔드립니다.
• 이 책의 전부 또는 일부 내용을 재사용하려면 사전에 저작권자
  와 도서출판SUN의 동의를 받아야 합니다.

캠핑카
전국이 나의 별장

이승도 외 26인

SUN

책을 내며

언제나 설레는 캠핑카로 여행

어릴 때 마을 교회에 다녔기에 수련회를 떠날 기회가 많았다. 그때 캠프파이어 불꽃이 아직도 눈에 어른거린다. 어느 날 친구와 막걸리 마시다가 아무 준비 없이 기차를 타고 무주의 눈 덮인 덕유산 정상을 올라가기도 하고, 낙동강 하구 을숙도에서 수박을 서리하여 텐트에서 수박파티를 하기도 했다.

캠핑 장비를 가지고 있었지만, 직장 다니는 동안 캠핑하러 간 적이 없었다. 항상 떠날 수 있다고 생각했다. 그래서 간혹 장비를 구입하기도 하고, 이사할 때마다 캠핑 장비를 챙겼다.

30년간 다닌 직장을 그만두고 3년간 세계여행을 다녔다. 아내에게 눈치가 보여 계속 해외여행을 할 수 없어서 귀국했지만, 국내에 돌아왔을 땐 마땅히 할 것이 없었다. 그래서 캠핑카를 구입해서 국내여행을 떠나기 시작했다.

캠핑카 제조업체와 계약 후 4개월 뒤에 캠핑카를 인도받기로 했다. 설레는 마음으로 캠핑카 여행에 적당한 곳을 확인하러 여러 곳을 답사하러 다녔다. 3년 전이지만 의외로 캠핑카로 캠핑할 곳이 많았다. 전국 곳곳에 오토캠핑장이 있었다. 바닷가. 계곡, 호수, 공원 등 모든 곳이 캠핑장이었다.

다니던 회사에서 구조조정을 주도하고 바로 퇴직하게 되었을 때 허전한 마음을 달래기 위해 여행을 시작했는데, 여행으로 위로받고 새로운 세상으로 다가갈 마음의 준비를 할 수 있었다. 나는 주변 사람들에게도 캠핑카로 전국의 멋진 곳을 찾아다니며 힐링하고, 새로운 삶에 대해 준비할 수 있는 기회를 주고 싶었다.

핸드폰책쓰기코칭협회 가재산 회장님의 권유로 《이승도의 좌충우돌 여행기》를 쓰면서 글쓰기에 재미를 느꼈다. 책 내용 중 하나인 캠핑카 여행을 소재로 별도의 책을 낸다면 나름대로 의미가 있겠다고 생각했다. 나 혼자만의 여행기가 아닌, 나의 캠핑카로 여행을 다닌 분들의 다양한 사연이 더욱 흥미로울 것 같았다.

이 책에 나온 분들은 서로 다른 이유로 캠핑을 떠났다. 생전 처음 아들딸과 함께 캠핑카 여행을 떠난 이에겐 세상에서 가장 행복한 여행이었을 것이다. 친구 부부 혹은 퇴직한 친구들과 함께 떠나기도 했으며, 중년의 여성들은 모험을 두려워하지 않고 그들만의 여행을 떠나기도 했다. 마음이 아픈 친구를 위해 위로 여행을 떠나기도 했고, 재혼한 친구는 아내를 위한 특별한 이벤트로 파주부터 거제도까지 국토를 종단하기도 했다. 어린 자녀들과 함께 떠난 이들은 아이들에게 특별한 추억을 남길 수 있어서 좋았다고 했다.

처음에는 캠핑카가 생소하고 운전에 자신이 없어 빌리려는 사람들이 없었다. 요즘은 팬데믹으로 차박과 캠핑카를 이용하는 사람들이 늘면서 지인들의 관심도 증가했다. 다양한 분야에 종사하는 분들이 책쓰기에 동참하면서 자신들만의 특별한 경험을 공유했다. 그분들에게 캠핑카 사용법을 알려주고, 캠핑카를 주고받는 과정에서 여러 차례 만나 대화하며 술잔을 기울이기도 했다. 그들이 여행하면서 실시간으로 SNS에 올려주는 이야기를 통해 함께 여행하는 기분을 느끼기도 했다.

이 책에는 서울 인근에서부터 전국 8도, 제주도에 이어 울릉도까지 캠핑카로 여행한 이들의 생생한 경험이 고스란히 담겨있다. 여행 도중에 만난 돌발상황으로 인해 난처하기도 했고, 예기치 않은 날씨 탓에 곤욕을 치른 이도 있었다. 비 오는 날 바다를 보며 캠핑카 안에서 커피를 마시며 뜻밖의 감성을 찾아 누리기도 했다. 이런저런 일을 겪으며 여행을 다녀온 모든 이들이 한결같이 하는 말이 다시 캠핑카 여행을 떠나고 싶다는 것이었다.

이에 더하여 캠핑카를 이용하면서 내가 경험한 조그만 사건·사고 그리고 사전에 준비해야 할 사항을 정리해보았다. 사전에 충분히 숙지한다면 멋진 캠핑카 여행을 할 수 있을 것이다. 그리고 3년간 내가 여행한 다양한 여행지를 정리해보았다. 모든 여행지를 3~4개월동안 한 번에 다녀온다면 멋진 추억이 될 것이다. 그리고 그 경험을 책으로 출간하길 추천해본다.

캠핑카 여행에 관심이 있거나 특별한 여행을 꿈꾸는 이들은 이 책을 통해 캠핑카 여행만의 매력을 제대로 느낄 수 있을 것이다. 사랑하는 이에게 남다른 추억을 선물하고 싶다면 이 책 한 권 들고 당장 캠핑카 여행을 해보라고 적극 권하고 싶다.

이전에 출간한 책의 인세와 후원금으로 미얀마 양곤의 우수한 학생 100명에게 2년 동안 장학금을 줄 수 있었다. 이 책으로 인해 더 많은 학생에게 도움을 줄 수 있다면 매우 의미 있고 가치 있는 일일 것이다. 이러한 취지에 공감하며 이번 책에 동참한 모든 분들에게 깊은 감사를 드린다.

여행은 우리에게 위로와 행복과 새로운 미래를 가져다준다.

그래서 우리는 또 떠난다!

2021년 가을에
대표저자 이승도

추천사

캠핑카의 지침서이자 참고서

가재산(미얀마 빛과나눔장학협회, 핸드폰책쓰코칭협회 회장)

프랑스의 작가 마르셀 프루스트는 "진정한 여행이란 새로운 풍경을 보는 것이 아니라 새로운 눈을 가지는 것에 있다."라고 했다. 이번 책을 기획한 이승도 대표는 분명 여행을 통해 새로운 눈을 가진 남다른 사람임에 틀림없다.

작년 이맘때 무작정 떠난 세계여행의 모험담을 듣고 부럽기도 하고, 남다른 경험이라고 생각되어 이를 책으로 써보라고 했다. 글을 써본 경험이 없다며 손사래치던 그가 6개월만에 《이승도의 좌충우돌 여행기》를 펴냈다. 그는 글쓰기에도 분명 독수리 같은 예리한 눈과 글재주를 가진 사람이다.

그는 사람들을 하나로 묶어내는 데도 발군의 실력을 지니고 있다. 자신의 캠핑카를 빌려주고, 여행 다녀온 이들을 하나로 모았다. 그리고 캠핑카로 국내여행을 다닌 이들의 궤적을 멋지게 책으로 담아냈다. 다양한 경험이 녹아든 이 책은 캠핑카 여행을 떠나는 분들에게 큰 지침서가 되고, 참고서가 될 것이다. 혼자의 경험이 아니라 여러 사람이 다양한 장소에서 실제로 경험한 생생한 이야기를 한데 묶은 책이라니 더욱 의미가 있다.

인간에게는 강한 연결 욕구가 있다. 코로나는 우리에게 이제껏 경험해보지 못한 고통을 주면서 서로의 만남을 어렵게 하고 있다. 꽉 막혀버린 해외여행 대신 캠핑카 여행에 대한 관심이 날로 증가하고, 나 홀로 여행이나 차박 여행까지도 붐이 일고 있다니 이러한 여행을 제대로 해보지 못한 나로서는 부러울 따름이다.

여행을 떠나는 이유는 사람마다 각기 다르다.

"내가 여행을 정말 좋아하는 이유 중 하나는 과거에 대한 후회와 미래에 대한 불안, 우리의 현재를 위협하는 어두운 두 그림자로부터 벗어날 수 있기 때문이다."

《여행의 이유》를 쓴 김영하 작가의 말이다

여행 중에서도 특히 캠핑카 여행은 사람들의 마음과 마음을 더 가깝게 이어준다. 아들딸이 부모의 결혼기념일을 축하하는 여행을 떠나고, 회갑을 맞이한 친구들이 오래 기억에 남을 여행을 떠난다. 스마트폰만 들여다보는 사춘기 아이들과 새해맞이 여행을 하며 모처럼 마음 열고 대화하기도 하고, 삭막한 도시 생활에 찌든 마음을 자연 속에서 힐링하기도 한다. 캠프파이어를 하며 도란도란 얘기하는 가운데 서로의 마음을 헤아리며 쌓여있던 마음의 앙금도 풀어내고, 견디기 힘든 아픔을 지닌 이에게 여행을 선물하며 말없이 위로를 전하기도 한다. 이런 진솔한 이야기들이 이 책에 고스란히 담겨있다.

특별한 준비 없이 즉흥적으로 떠날 수 있고, 어디를 가도 내 집처럼 편하게 지낼 수 있으며, 날씨에 구애받지 않고 떠날 수 있는 것이 캠핑카의 매력이라고 한다.

"캠핑카 여행! 생각만으로도 가슴이 두근거린다."

이 책에 참여한 분들이 하나같이 글 말미에 남겨놓은 이야기다. 여행은 가슴이 뛸 때 떠나야 한다. 진정한 여행은 어디로 가야 할지 알 수 없을 때 비로소 시작된다.

이 책을 통해 어려움에 처해 있는 미얀마 청소년들을 후원하려고 한다니 참으로 고마운 일이다. 여기에 동참한 모든 분에게 감사와 격려의 박수를 보낸다.

목차

06 책을 내며/ 이승도
10 추천사/ 가재산

서울 · 경기권
15
16 서울 근교에서 즐기는 오토캠핑 _이승도
28 가평 솔바람 오토캠핑장 – 아들의 생애 첫 캠핑 _김형진
40 남양주 힐링별밤수목원 – 사랑을 실은 캠핑카 여행 _최은희
50 가평에서 홍천까지 – 새로운 여행의 패러다임을 경험하다 _태영진
60 파주에서 거제까지 – 내 인생의 가장 특별한 캠핑카 여행 _권오훈

인천 · 충청권
71
72 강화도 – 오늘 같은 이런 창밖이 좋아, 비가 오니까 _강세훈
82 안면도 – 여행을 선물하다_정선모
96 만리포해수욕장과 보령 – 캠핑카로 떠난 가을 힐링여행 _우성창
110 소백산과 충주호 –세계문화여행을 즐기는 특별한 캠핑카 여행 _김재열
122 부여 – 두 여자의 캠핑카 여행_제시카서

호남권
133
134 신안군에서 하동까지 – 육십년지기 불알친구랑 함께한 남도기행 _장경식
150 섬진강에서 장성까지 – 봄꽃맞이 캠핑카 여행 _김경희
164 강진에서 청산도까지 – 버킷리스트를 위한 캠핑카 여행 _김도원
174 신안군 임자도 – 햇볕과 바람, 바다의 길 위에서 _박우건
182 전주와 군산 – 아이들과의 특별한 캠핑카 여행 _최규남

경상권
197
198 속리산과 주왕산 – 추억으로 가는 여행 _손광현
210 문경 – 조금 천천히, 느리게 가도 좋아 _신혜숙

| 228 | 안동 하회마을과 경주 – 소띠 친구들의 회갑기념 캠핑카 여행 _장윤상 |
| 240 | 밀양 표충사 – 마음 비우기와 여름 캠핑 _안지환 |

251 강원권
252	함백산에서 강릉까지 – 15년 만에 다시 만난 캠핑카 _황규만
266	인제 – 플라이 낚시와 함께한 내린천 캐러밴 여행 _성연재
274	철원 – 첫 캠핑카 여행은 설렘이었다 _강신영
284	고성 삼포 해변 – 140년 만에 처음 떠난 캠핑카 여행 _김명희
294	강릉 안반데기 – 또 늦은 캠핑 인생, 그래도 해보자 _백주영
306	소금강에서 주문진 해변까지 – 방구석 1열에서 즐기는 오즈의 마법 _윤혜정
314	망상해수욕장 – 사춘기 세 아이와 떠난 첫 캠핑카 여행 _윤석빈
322	정선 육백마지기와 임실 국사봉 – 강추위에도 잘 버티는 캠핑카 _장형호

333 제주도·울릉도
| 334 | 우도 옆 비양도와 올레길 10코스 – 나는 제주도의 매력에 푹 빠졌다 _이승도 |
| 346 | 독도, 학포항, 나리분지 – 캠핑카로 울릉도 여행하기 _장형호 |

355 부록 _이승도
356	캠핑카 여행을 즐기기 위해 주의할 사항
365	캠핑카로 여행할 수 있는 최고의 여행지
367	캠핑카로 떠나는 4개월간의 추억 여행
370	캠핑카로 전국 일주(4개월 코스)

서울
경기권

서울·경기권

서울 근교에서 즐기는 오토캠핑

이승도
휴먼포커스(주) 대표, 전 에릭슨LG 상무

여행의 맛은 혼자 떠나는 여행!

나이 들면서 혼자 사는 법, 혼자 여행하는 것에 익숙해지는 것도 좋을 것 같다. 3년간 세계여행을 다니면서 가장 흥분되고 흥미진진했던 여행은 혼자 하는 여행이었다. 혼자 여행하면 상대도 무장 해제를 한다. 상대에게 집중할 수 있고, 많은 사람을 만날 수 있으며, 쉽게 친해져서 여행의 깊이가 더해진다.

혼자서 떠나는 여행은 상상할 수 없다는 분들이 의외로 많다. 나이 들어 지인들과 함께할 수 없거나 배우자가 일찍 세상을 떠나면 어떻게 살지? 배우자와 함께하면 가장 이상적이지만 그렇지 못할 경우도 있고, 그동안 오래 같이 살았으면 상대에게 시간을 줄 필요도 있다. 그리고 간혹 떨어져 살면 정이 더 생길 것이다.

30년 직장생활을 끝냈을 때 허전한 마음을 극복하기 위해서 세계여행을 떠났지만, 시간이 지날수록 여행에 빠져 그만둘 수가 없었다. 아내에게 눈치가 보여 귀국했다가 다시 장기 여행을 떠나기도 했다. 국내에 있을 때는 캠핑카로 국내여행을 떠났다. 특별한 목적이 있어 여행을 떠난 것이 아니라 그냥 떠나는 것이 좋았다.

전국의 모든 곳이 나의 정원

처음엔 어디로 갈지 막연했다. 그런데 막상 떠나니 우리나라 전국이 캠핑카로 즐길 수 있는 캠핑장이었다. 설악산을 중심으로 곳곳에 캠핑장이 있었고, 일반 캠핑장과 오토캠핑장을 함께 운영하는 곳도 많았다. 속초, 동해로 내려가면 바닷가에 크고 작은 캠핑장이 줄지어 있었다. 내륙에 있

는 태백산은 한적해서 도로가에 주차하고 하루를 지내는 것도 좋았다. 안동의 하회마을 강가에서 하루를 지내는 것도 운치 있었다. 영남알프스를 거쳐 경주 남산 정상의 석굴암 주차장에서 나만의 캠핑을 하기도 하고, 울산 태화강에서 캠핑한 기억도 잊지 못한다. 밀양의 표충사와 거창의 습지인 람사르 자연유산 지역도 좋았다.

　지리산을 중심으로 함양과 구례를 거쳐 해남과 여수에서는 바닷가를

거닐기도 했다. 목포의 해변에서는 김광석의 팬인 가수 지망생이 줄곧 김광석 목소리를 흉내 내며 노래 부르는 모습과 마주하기도 했다. 다음 날 홍도로 가려고 했으나 차량 출입이 안 되어 목포항에 주차해 놓고 걸어서 홍도를 산책한 적도 있다. 신안의 변화무쌍한 해변의 경치가 정말 멋졌다.

태안도 캠핑카로 즐길 수 있는 멋진 곳이었다. 태안반도 주변엔 캠핑하기 좋은 환경과 멋진 풍광으로 사시사철 인기 있는 캠핑장이 많았다. 어딜 가나 캠핑을 즐길 수 있었고, 일몰 풍경 또한 인상적이었다.

그동안 캠핑카로 다닌 곳을 간단하게 적다 보니 전국 일주를 한 것을 알게 되었다.

한밤에 즉흥적으로 혼자 떠나는 남이섬 캠핑카 여행

캠핑카에 대한 흥미가 사라지자 캠핑카를 오랫동안 아파트에 주차해 놓고 운행하지 않았다. 어느 날 아내가 "캠핑카가 주차되어 있는 것을 보면 속에 천불이 나니 빨리 처분하라."고 했다. 그날로 캠핑카를 아내가 보지 않는 곳에 이동시켜 놓았다.

혼자 가까운 곳이라도 짧게 다녀와야겠다고 생각하고 바로 실행에 옮겼다. 금요일 저녁 늦게 퇴근했는데 마침 주말에 별다른 약속이 없었다. 저녁 10시에 목적지를 정하지 않고 떠났다. 지나는 길에 편의점에 들러서 2만 원 정도 들여 생수와 라면, 김치, 김, 햇반, 커피 등을 구입했다. 춘천 남이섬 캠핑장으로 향했다. 1시간 거리 안에 생각나는 곳이 귀에 익숙한 남이섬 캠핑장이었기 때문이었다.

코로나로 인해 남이섬의 넓은 캠핑장이 폐쇄되었고, 아무도 없었다. 나는 섬 깊숙이 들어가 주차하고, 커피를 끓여 마시며 음악을 들었다. 아마

내 주위 5km 이내에는 아무도 없을 것이다. 우리가 살면서 이런 경우가 자주 있나? 나 혼자만의 세상. 누구도 나를 방해하지 않는다. 무한히 많은 시간이 나에게 주어져 있다. 책을 읽거나 공부해야 하는 강박감도 없다. 아무 생각 없이 그냥 앉아있는 이 상태가 좋다. 문을 열어도 적막만 흐른다.

아침에 늦게 일어나 밖으로 나오니 간간히 산책하는 사람들이 보이고, 간이 커피점이 눈에 보인다. 커피를 하나 사들고 주변을 둘러보았다. 다시 차로 돌아와 햇반을 데우고, 김치와 김으로 늦은 아점을 했다. 반찬은 그걸로 충분하다. 푸짐한 성찬도 좋지만, 김치만으로 먹는 밥도 충분히 즐겁다. 밤은 왜 이렇게 빨리 찾아오는지…. 이렇게 2박 3일의 황제 캠핑을 즐겼다.

가평 유명산 주차장에서 글을 쓰다

출판사에서 원고를 독촉한다. 3년간의 세계여행을 책으로 출간하는 것으로 출판사와 계약했는데 다른 일로 미루다가 주말만 되면 몇 꼭지씩 작성했다. 출판기념회 날짜를 일방적으로 통보받으니 더 이상 미룰 수가 없다. 노트북을 가지고 캠핑카 여행을 떠났다. 이번에도 2박 3일 동안 산속에 머물며 글을 마무리하고 싶었다. 내가 생각해도 멋있다. 작가가 원고 마감일을 맞추기 위해서 머리를 싸매고 고민하는 장면을 TV에서 보긴 했지만, 내가 그런 상황이라니…. 아내에게 "글을 마무리하기 위해서 캠핑카를 타고 산속 깊숙이 들어간다."라고 하는 말에 무게감이 느껴졌다. 아내도 그렇게 생각해주길 바라는 마음이다. 맨날 놀러간다고 한량이라고 하는데, 명분 있는 여행을 떠나는 느낌이다.

　이번엔 산속으로 들어가고 싶다. 가까운 산을 생각하니 가평에 있는 유명산이 떠올랐다. 거기로 향했다. 거의 밤 12시에 도착했다. 유명산국립공원 주차장에 들어가려는데 출입이 불가했다. 캠핑카의 장점은 아무데나 주차할 수 있는 것, 입구에서 50m쯤 떨어진 주택의 대문 옆에 자리를 잡았다. 바로 잠을 자고 아침에 일어나 PC를 켜고 작업에 들어갔다. 잠시 후 대문이 열리고 차가 빠져나왔다. 얼른 밖으로 나와 집주인에게 캠핑카를 옮기겠다고 하니 그럴 필요가 없다며 자기 집 앞에 주차하라고 했다. 나는 곧 유명산 주차장에 들어간다고 하며 편의를 제공해주려는 집주인에게 감사 인사를 했다.

　곧이어 유명산 주차장으로 들어가서 산기슭에 자리 잡고 간단히 산보한 뒤 글을 쓰기 시작했다. 지자체에서 주관하는 작은 음악회가 바로 옆에서 개최되어 머리를 식힐 겸 구경하고, 멋진 산책길을 걷다가 다시 글쓰기를 했다. 초심자로서 대단한 작품을 쓰는 것은 아니지만, 내가 멋있어 보였다.

저녁이 되니 주차장에서 나가야 한다고 해서 다시 어제 머물렀던 주택의 대문 앞에 캠핑카를 주차하였다. 이번엔 도로 건너편의 여관 주인이 찾아와서 여관 주차장에 주차하라고 했다. 차가 많이 다니지 않기에 이번에도 사양했다. 여행객을 배려하는 그들로 인해 가슴이 따뜻해지는 것을 느꼈다.

여주에서 참숯가마 찜질과 캠핑을 함께

동쪽으로 한 시간 거리에 있는 여주 숯가마 오토캠핑장은 오토캠핑과 불가마 찜질을 함께 즐길 수 있는 캠핑장이다. 서울에서 가깝기도 하고, 불가마 찜질로 피로를 풀 수 있기에 항상 붐비는 곳이기도 하다.

늦게 캠핑장에 도착해서 찜질방에서 땀을 쭉 빼고 캠핑카에서 바로 잠이 들었다. 아침에 간단히 음식을 데워 먹고 책을 보고 있었다. 페이스북에 캠핑하고 있다고 올렸는데 여주에서 조각 작업장을 운영하는 강신영 작가가 찾아오겠다고 전화가 왔다. 곧이어 삶은 고구마와 옥수수를 한 보따리 들고 왔다.

함께 여행간 지중해 크루즈 이야기와 일전에 방문한 작업실 이야기를 한참 나누었다. 강 작가는 여주의 유명한 한정식집에서 식사를 대접하고 떠났다. 여행 중에 지역에 있는 지인이 찾아오면 즐거움이 배가되나 보다.

다시 캠핑카로 돌아왔다. 일요일 밤에 머무는 사람들이 별로 없기에 체크아웃을 굳이 요구하지도 않았다. 편안하게 쉬다가 밤이 되어서야 서울로 출발했다.

북한산 기슭의 아름다운 송추 캠핑장

　지인이 송추에 예쁜 캠핑장이 있다고 소개해주었다. 1시간 거리에 북한산 북쪽 지역에 있는 '다시올카페'였다. 20년 전 과장 시절 같이 근무한 4명에게 함께 캠핑가자고 일방적으로 제안했는데 시간이 되는 최문찬 대표와 김형민 대표가 참석하겠다고 했다. 김형민 대표는 골프 후 모임이 저녁까지 이어져 결국 참석하지 못했다. 최문찬 대표와 단둘이서 1박 2일 여행도 아주 멋진 시간이었다. 함께 식사하며 모닥불을 피워놓고 오래 전에 같이 근무하면서 모두가 열정적으로 일한 이야기. 내가 모르는 직원들의 이야기들로 대화가 끝없이 이어졌다. 다음 날 20년 전 프로젝트를 함께 수행하며 고생했던 장용윤 대표가 자기 농장에 오라고 초청했다. 그가 취미로 운영하는 별장과 농장으로 가서 오랜 시간 같이했다. 바로 옆에 있는 밭에서 상추 등을 따와서 숯불에 구운 고기를 먹는 맛과 멋은 또 다른 추억이 되었다. 몇 년동안 만나고 싶었는데 서로 잘 아는 후배 직원과 함께 실행할 수 있어서 더욱 좋았다.

지인과 함께 한강 근처 당일 캠핑카 여행

　치열한 시장 환경에서 기업을 운영하며 언제나 바쁘게 살아가시는 박형미 회장님 등 5명의 지인들이 서울 근교에서 캠핑카 경험을 하고 싶다고 했다. 흔쾌히 수락했지만, 서울 근교에서 캠핑카로 캠핑할 수 있는 적당한 곳이 생각나지 않았다. 그럼 한강변으로 가야 하는데 코로나로 여러 명이 몰려다니면 주변 사람으로부터 눈총을 받을 것이다. 캠핑카 옆에서 식사만 하고 헤어지는 것으로 캠핑의 느낌을 줄 수 없을 것 같아 고민되었다. 모닥불을 피울 수 있고 외진 곳으로 찾다 보니 한강을 따라 올라가 김포 끝부분의 김포한강오토캠핑장으로 장소를 정했다.
　캠핑장에 모든 장비를 펼쳐놓으니 캠핑하는 분위기를 연출할 수 있었다. 우리는 많은 장작을 준비하여 마음껏 모닥불을 피웠다. 불장난도 하였지만, 숯불에 삼겹살과 고구마를 구워 먹을 수 있었다. 일찍 모이기 시작했기에 맥주, 소주, 와인을 마음껏 마

출처: 김포한강오토캠핑장 홈페이지
http://www.kimpocp.com

시고도 저녁 9시경에 끝낼 수 있었다. 서울 가까이 있기에 부담없이 대리운전을 불러서 모두 귀가했다.

모두들 어린 시절 캠핑의 추억을 떠올리며 정말 좋아했다. 덩달아 나도 행복한 하루였다. 짧은 여행으로 당일 캠핑 여행도 즐길 수 있다는 것을 알게 되었다.

캠핑카로 2박 3일 여행, 1박 2일 여행 또는 당일 여행을 시도해 보았다. 본인이 거주하는 지역 근처에서 캠핑을 즐길 수 있어야 자주 캠핑을 갈 수 있을 것이다. 그래서 나는 서울에서 가까운 캠핑장으로 혼자 떠나기도 하고, 가족과 친구 또는 동호회 멤버들과 함께 떠나기도 했다.

여행은 누구와 함께 여행하는가가 중요하다. 인생의 긴 여정도 누구와 함께 여행을 하느냐가 중요하듯…. 서울 근교로 떠나는 짧은 여행에 모두 의미 있고 귀한 인연들과 함께할 수 있어 행복했다.

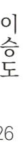

이승도

서울·경기권

아들의 생애 첫 캠핑

가평 솔바람 오토캠핑장

김형진
한국경제신문 경제교육연구소 팀장

"캠핑카 여행. 같이 책 만들어 볼래요?"

선배가 보내온 카톡에 많은 생각이 떠올랐다. 선배의 책 《이승도의 좌충우돌 여행기》를 여러 번 수정해주던 적이 있어 나도 선배한테 캠핑카 한번 빌려서 아들과 여행을 해볼까 생각하던 터였다. 물론 캠핑카로 어딘가 여행을 떠난다는 생각은 염두에도 두지 않았더랬다.

나랑 아내는 사실 여행을 가더라도 가장 중요하게 생각하는 점이 있다. 바로 잠자는 곳과 먹거리다. 세계 어디를 가더라도 사람 많은 곳에서 대충 자기보다 호텔과 같은 곳에서 편안하게 자길 원했다. 비싼 돈 주고 놀러 왔는데 잠이라도 잘 자야 여행을 제대로 할 수 있기 때문이었다. 그래서 오지보다는 유럽을 좋아하는 편이었다. 불편하게 자는 걸 너무 싫어해서 캠핑을 선호하지 않았던 것이다. 물론 텐트를 비롯한 여러 캠핑 장비는 집에 준비되어 있었다.

이 장비를 산 것은 캠핑을 하기 위해서는 아니었다. 아들과 영종도 마시안 해변에 놀러간 적이 있었다. 그때는 캠핑의 '캠' 자도 생각하고 있지 않던 시기라 해변에서 돗자리 깔고 해만 가려줄 우산을 들었을 뿐이었다. 하지만 주변을 둘러보니 다들 원터치 텐트를 기본으로 탑재하고 있었다. 그 사이의 우리는 정말 볼품없는 상황이….

'우리가 돈이 없는 것도 아닌데, 왜 이렇게 궁상일까?' 하는 생각이 들어 바로 캠핑용 돔텐트와 캠핑용 의자, 탁자까지 풀세트로 질러버렸다. 그렇게 지른 텐트를 편 것은 1년 동안 딱 두 번. 의자는 차에 싣고 다니며 조금씩 쓴 게 전부였다.

이런 나에게 캠핑은 하나의 도전이었다. 물론 어렸을 적 보이스카우트에서 갔던 캠핑, 아버지랑 갔던 해변 캠핑은 기억나지만, 어른이 되고 난 뒤에 캠핑은 간 적이 없다. 제대로 된 숙소가 아니면 여행을 간 적이 거의 없었으니까…. 선배의 카톡에 걱정은 됐지만, 아들의 생애 첫 캠핑을 한번 도전해보겠다는 생각으로 결정했다. 물론 캠핑카라는 조건이 중요했다. 캠핑카에서 자면 텐트에서 자는 것보다는 나을 것으로 판단했다. 딱딱한 바닥에 텐트를 치고 자다가 벌레가 막 기어들어 오는 것보다는 아무래도 캠핑카는 안전하리라. 그리고 추운 날씨에 바닥에서 자면 입 돌아가겠지만, 캠핑카는 따뜻하겠지. 그런 생각으로 한번 해보자고 했다.

'날짜를 언제로 할까?' 사실 직장인에게 주말은 소중한 시간이었다. 출근하기 전날은 꼭 집에서 하루를 쉬어야 다음 날 회사에서 피곤하지 않으리라. 그런 생각에 주말과 하루가 더 있는 연휴를 골랐다. '물론 대다수 사람이 그날에 여행을 많이 가니까 쉽게 빌릴 수 없지 않을까?'라는 생각에 만약 그날이 아니면 인연이 아니니 못 가는 거로 하자고 마음먹은 터였다. 그런데 운명인지 인연인지 모르겠지만, 그날 된다고 하였다. 캠핑카를 빌린 날짜는 2월의 마지막 날. 겨울이 가고 봄이 오는 계절. 어쩌면 추울지도 모를 그런 날을 선택했다. 물론 추우면 캠핑카가 따뜻하게 막아줄 거라는 막연한 생각을 가지고 날짜를 잡았다.

날짜를 잡고 캠핑의 시작을 아들에게 알렸다. 물론 그전에 아내에게 먼저 알렸다. 아내의 반응은 뜨뜻미지근했다. 그 마음을 충분히 알고 있는 나. 직장인으로서 주말에 어디 간다는 것은 정말 모험 그 자체이고, 나이가 들면 들수록 몸 하나 움직이기도 힘들 터…. 아내도 아들에게 우선 물어보자고 했다. 아들이 반응이 없으면 당장 안 가는 거로 하자고. 하지만 아들이 안 간다고 해주길 바라는 마음이었으리라.

아들의 대답은 당연히 "예스"였다. 물론 캠핑이 뭔지도 모르는 상태였다. 그냥 막연히 밖에서 아빠랑 엄마랑 자고 놀다 온다는 것. 그것 하나로도 예스였겠지. 거기에 캠핑카를 타고 캠핑하러 간다는 것에 기분이 좋았으리라. 그렇게 물어본 뒤 캠핑 언제 가느냐라는 물음을 매일 들어야만 했다. 아들이 좋아하니 당연히 아내도 가야 한다는 굳은 결심(?)을 하게 되었다.

캠핑장 고르기

캠핑카는 빌렸고, 캠핑 날짜는 잡았는데 어디를 가고 무엇을 준비해야 할지 막막했다. 무엇보다 캠핑카라고 하지만, 뭐가 있는지를 모르니 집에 있는 텐트에 버너에 휴대용 가스레인지에 의자에 책상까지 다 실어야 하나 고민도 됐다. '뭐 그런 거야 차차 날짜가 다가오면 물어보면 되지.'라며 생각을 미뤄 두기로 하고, 우선 어디로 갈지부터 정해야 했다. 서울에서 직장생활을 하는 나와 아내는 물론 동해, 남해 등 먼 곳은 언감생심이었다. 그래서 서울 근교에 갈만한 곳을 찾아야 했다.

다들 차박, 차박 하는데, 캠핑카를 아무 데나 몰고 가서 그냥 차 박아두고 캠핑하나? 아니면 산속에 들어가서 하루 자고 오나 하는 오만가지 생각이 다 떠올랐다. 그래도 캠핑을 해본 지인에게 물어보니 '땡큐캠핑'이라는 앱이 있으니 한번 이용해보라고 추천해주었다. 하긴 요즘 세상에 검색 한 번이면 다 되는 일을 무슨 고민을 하나 싶었다. 그래서 '땡큐캠핑' 앱을 깔고, 조건으로 캠핑장을 검색했다.

아이고…. 나도 모르는 사이에 전국에 캠핑장이 이렇게 많이 생겼나? 코로나19로 다들 집에만 있으니 갑갑해서 뛰쳐나간다더니 사람들이 다들 캠핑장만 다니나 하는 생각이 들었다. 어쨌든 그 많은 캠핑장 중에 하나를 골라야만 하는 미션은 참으로 어려운 고민이었다. 블로그를 보면 정말

캠핑카 전국이 나의 별장

김형진

많은 블로거 중에 제대로 된 정보를 주는 블로거가 없으니…. ('블로거지'라는 신조어가 나오는 이유 중의 하나) 캠핑장 소개 앱이라고 하지만 광고비를 주는 캠핑장을 우선 띄워주지 않겠나 싶었다. 그래서 그냥 쭈욱 둘러보고 괜찮은 캠핑장을 고르고, 그 캠핑장에 올라온 후기를 둘러봤다. 우선 대다수의 캠핑장은 캠핑장 주인에 대한 후기가 많고, 그 뒤로는 캠핑장 시설에 대한 후기가 많았다. 캠핑장 주인이 친절한 곳과 캠핑장 시설(화장실과 개수대)이 괜찮은 곳, 아들이 놀 수 있는 시설을 고려하니 대충 견적이 나왔다. 그리고 그중에서 교통상황을 고려한 캠핑장을 최종 선정했다. 사실 캠핑장이 가평과 포천, 강화도 쪽이 대다수였고, 실제 이 지역으로 가는 길은 휴일만 되면 만성적으로 교통이 밀리는 곳이다. 오는 길이 피곤함에 교통체증이 추가되면 짜증이 배가되리라는 것도 꼭 고려해야만 했다.

가평 솔바람 오토캠핑장

그렇게 결정된 캠핑장은 '가평 솔바람 오토캠핑장'. 오토라는 말이 들어가야 캠핑카나 트레일러가 들어갈 수 있다나. 어쨌든 서울에서 그나마 가기 쉬운 구리-포천 고속도로를 이용하거나 베어스타운 스키장을 끼고 가는 47번 국도와 37번 국도를 이용하는 방법으로 가기 쉬운 곳을 선택했다. 지역은 가평이지만, 포천 일동과도 가까운 곳이라 겸사겸사 위치상으로도 좋고, 도로도 잘된 곳이라 선택했다. 무엇보다 후기에 "캠핑장이 깔끔하고 사장님이 친절하십니다."라는 말에 혹한 것이다.

캠핑장을 선정할 때 사람들이 캠핑장 2박 이상을 예약 선호하는 경향이 있었다. 1박만 자는 캠퍼들은 해당일 1주일 전부터만 예약을 받고, 예약을 받는 우선순위는 2박 이상의 장박만 받는다고 하였다. 특히 유명한 캠핑장은 그런 상황에도 예약이 미리 다 차 있었다. 다른 캠핑을 준비하는 직장인이나 가족에게는 그런 캠핑장을 피해도 전국에 너무 많은 캠핑장이 있기에 일정에 맞게 적절히 그리고 꾸준히 서칭해서 인연이 되는 캠핑장을 찾으면 될 것이다.

자, 이제 캠핑장은 정했고, 뭘 더해야 하지? 음식이야 전날 대충 고기 좀 사면 되는데, 이불을 실어야 하나? 아니면 뭐 코펠이라도 준비해야 하나 하는 걱정이 들었다. 캠핑카에 뭐가 있는지 뭘 준비해야 하는지도 모르니 말이다. 그래서 선배에게 물어봤더니 "아이가 있으니 이불하고 먹는 것만 준비하소."라는 답변을 들었다.

물론 선배의 얘기야 미리 다 사놨다고 하는 말씀이시지만, 나름 첫 캠핑카 이용자로서는 걱정이 이만저만이 아니었다. 어쨌든 선배 말만 믿고 먹는 것만 챙겨보는데. 그래도 캠핑이면 불멍용품도 준비하고, 불꽃도 준비해야겠지라는 생각으로 다이소와 마트를 쭉 둘러보았다. 사실 겨울에 캠핑을 안 하니 장비는 고사하고 캠핑용품이 다들 거의 없다시피 하였다. 물론 여름이 되면 캠핑용품이 많이 나오겠지만. 어쨌든 그래도 다이소에서 이런저런 용품들이 있어서 겨우 준비했다. 특히 중요한 물건은 아들이 가장 하고 싶은 것. 그것은 '마시멜로 굽기'였기에 구울 수 있는 장비인 나무꽂이나 쇠꽂이를 찾는 일이었다. 이 쇠꽂이는 다이소에, 나무꽂이는 롯데마트에 있는 것을 다 사버렸다. 마시멜로는 각 마트에 작은 것이 있고, 코스트코에는 대용량 마쉬멜로가 있는데, 대용량은 굳이 필요 없었다. 아들은 한 번만 굽더니 그걸로 끝나버렸다(아직도 남은 마시멜로는 집에 처박혀있다).

그렇게 준비하고 캠핑 출발 당일. 선배는 캠핑카에 대한 설명을 듣기 위해 두 시간 일찍 오라고 했다. '아니 무슨 설명을 두 시간씩이나?'라는 생각이 들었지만, 그래도 캠핑카 곳곳에 숨은 무엇(?)인가를 위한 것이겠거니 하면서 선배와의 만남을 위한 장소로 출발했다. 사실 선배로부터 캠핑카 설명을 들으면서 딱 한 가지 원칙에 대한 생각이 들었다.

'안 되는 것은 안 되는 이유가 있으니 무엇이든 힘으로 해결하지 말라.'

장비가 안 열린다고 힘으로 해결하려는 사람들이 그동안 많았나 보다. 다들 무엇인가 안될 때, 될 때까지 힘을 써 부숴버리기 다반사인 듯했다. 사람들 성격 참 급하구만.

어쨌든 버스에서 큰 화물차까지 몰아본 경험이 있어 운전에 대한 걱정은 없었기에 설명을 듣고 바로 출발했다. 다른 건 몰라도 수동 기어만 아니면 되었다.

포천-구리 고속도로는 생각 외로 차가 많지 않아 많은 차가 과속으로 달렸다. 역시 높이가 높은 캠핑카는 바람에 쥐약이었다. 속도를 높일수록 흔들림이 있었다. 무엇보다 무서운 것은 역시 일반도로의 과속방지턱이었다. 과속방지턱은 정말 저속으로 살살 넘지 않으면 캠핑카 내부가 난장판이 되는 소리가 들려온다. 그래서 캠핑카를 모는 사람들은 정말 마음을 편하게 가지고 다른 차들이 추월하더라도 무덤덤하게 받아들이는 연습이 필요하다. 역시 여행은 여유!

역시 연휴에는 다들 캠핑장으로 모이나 보다. 오토캠핑장에 도착하니 사람들이 많았다. 캠핑카를 예약해둔 위치에 자리하고 전기를 연결한 뒤에 탁자와 의자를 펴고 앉았다.

'역시 여행이 최고구먼.'

이런 생각을 하면서 오후 라면을 끓여 먹었다. 역시 메인은 저녁에 구워

김형진

먹는 고기. 그 고기구이를 위해 참나무 장작을 준비해야 하는데, 캠핑장마다 나무를 파는 곳도 있고 아닌 곳도 있으니 혹시 처음 캠핑하는 분들은 체크하고 가자. 사실 캠핑장에서 구매하면 비쌀 것 같아서 무겁지만, 롯데마트에서 10kg짜리 참나무 장작 한 박스를 9,000원에 구매해서 무겁게 가져갔더랬다. 캠핑장과 마트 나무의 차이? 사실 캠핑장 나무는 불이 잘 붙게 얇게 자른 상태로 주고, 마트 나무는 굵다. 그래서 하나만 넣어도 오래 타는 느낌(?)이 들었다.

어쨌든 장작에 불을 피우고 고기를 구우려고 하는데, 고기를 바로 장작에 구우면 잘 탈 거 같아서 숯을 열심히 만들었다. 고기를 얹고 나니 다른 생각이 들었다. 바로 마시멜로를 굽기 위해 가져온 다이소의 쇠꽂이. 그 꽂이에 삼겹살을 잘 꿰어 집게 없이 자주 뒤집어 주니 많이 타지도 않고 좋았다. 그리고 불멍 타임.

글로써 표현할 수 없는 여유로움. 즐거움. 그렇게 밤은 흘러갔다.

주변 텐트를 둘러보니, 텐트 안을 바를 방불케 할 정도로 꾸며놓았다. 캠핑이 끝나고 난 뒤 나름 캠핑 고수에게 물어 봤더니 "요즘 캠핑은 캠핑 장비의 고급화가 아니라 감성 캠핑이야."라며 "얼마나 밤을 즐길 수 있는 센스를 발휘하는가, 그게 요즘 캠핑 트렌드야."라고 했다.

캠핑카 안에 잠자는 곳은 두 군데였다. 물론 넓은 곳은 성인 두 명이 누우면 딱 맞았다. 그곳만 전기장판이 깔려 있었고, 앞쪽에 위치한 공간(어린이들이 좋아할 만한 공간)에는 전기장판이 없어 추웠다. 그래서 어른 두 명 공간에 아이를 포함해 세 명이 잤다. 결과는 부모는 역시 잠을 못 잔다. 아들의 몸부림 속에 우리는 그걸 피해서 하나는 벽에 붙고, 한 명은 구석에 몸을 구부리고 자야 했다. 이런 잠을 이틀 잤다간 몸이 성하진 않겠더

라. 역시 캠핑카는 2인이면 딱 좋을 듯했다(그런데 4인 가족용이라니 아마 여름에 이용한다면 딱 맞을 것 같다.).

그렇게 캠핑카를 이용한 아들의 첫 캠핑은 끝났다. 돌아오는 길에 아들은 "아빠, 아빠도 캠핑카 하나 사자."라는 말을 자꾸 했다. "아빠는 캠핑카가 비싸서 못 사고, 또 둘 데도 없어."라고 했지만, 나의 머릿속은 '역시 집이 최고야.'라는 생각만 가득 차 있었다.

하지만 오늘도 들려오는 아들의 소리,
"아빠, 캠핑 또 언제가?"
"그래, 곧 가자."

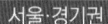

사랑을 실은 캠핑카 여행

남양주 힐링별밤수목원

최은희
공꿈이 여행자 : 공정여행을 꿈꾸는 여행자

나는 남매를 두었다. 둘 다 결혼하여 잘 사는 듯하나, 함께 여행할 여유는 없었다. 아들이 고등학생 때 둘이 일본 자유 여행을 했다. 딸과는 제주도 해안가를 자전거로 일주했다. 며느리는 스페인 산티아고 순례길 길라잡이를 해주었다. 사위와는 필리핀 세부에 다녀왔다. 이런저런 형태로 가족들과 여행했지만, 늘 가족 여행을 하지 못했다는 생각이 드는 이유는 가족 전부가 함께하지 못했기 때문이다. 딸네와 함께 다녀온 세부에 남편은 같이 갔으나 아들 내외가 빠졌다. 언젠가는 모두 함께 제주도라도 가고 싶다.

이처럼 간절하게 원하는 가족 여행이 생각보다 쉽지 않은데, 사위와 함께 여행할 기회를 만들었다. 난생처음 경험하는 캠핑카 여행이다. 사위에게 캠핑카 운전을 부탁하니 처음에는 조심스럽게 거절하더니, 다음 날 해보겠다는 연락이 왔다. 신중한 성격인 사위는 장모인 나를 태우고 처음 해보는 캠핑카 운전이 부담스러운 듯했다. 마음 같아서는 바닷가에서 캠핑을 즐기고 싶었으나, 주저하는 사위의 입장을 헤아려 가까운 곳으로 정했다. 서울에서 가깝고 예전에 가본 축령산 근처면 좋을 듯싶었다. 남양주시 수동면에 위치한 힐링별밤수목원 캠핑장이다. 캠핑장 예약과 식사 그리고 간식거리 등의 준비는 모두 딸이 했다.

힐링별밤수목원

　전날 캠핑카 사용 시 주의사항에 관한 설명을 듣고 자동차 열쇠를 받았다. 2월 첫날, 우리는 난생처음 캠핑카를 몰고 출발하였다. 가는 중간에 점심을 먹기로 했지만, 주차의 어려움으로 곧장 캠핑장으로 직진했다. 캠핑장 입장 시간이 2시부터인데 너무 일찍 도착하여 양해를 구하고 예약한 자리에 캠핑카를 주차한 후, 어닝과 보조 텐트 등을 설치했다.
　딸과 사위는 처음 해보는 일이라 서툴다. 그럴 때마다 유튜브와 네이버를 찾아가며 서로 의논하며 설치하고, 마지막은 앵두 전구로 장식하는 센스로 마무리했다. 우와! 우리 집이 완성되었다. 나는 사위는 물론 30여 년간 함께 산 딸에 대해서도 잘 모른다. 그런데 이번 여행을 통해 딸의 진가는 물론 사위에 대해서도 깊이 알게 되었다. 그동안 맞벌이하느라 그들이 사는 모습을 살펴볼 기회가 없었는데, 이번 여행을 통해 알콩달콩 서로 의논하고 상의하며 문제를 해결해 나가는 딸 내외의 모습을 지켜볼 수 있었다. 가정불화로 사춘기를 유난하게 겪었던 딸이 정말 대견하고 여장부 같다는 생각을 했다. "진정한 여행이란 새로운 풍경을 보는 것이 아니라 새로운 시선을 갖는 것이다."라는 마르셀 프루스트의 말처럼 이번 여행을 통해 나는 딸에 대해 새로운 시각을 갖게 되었다.

화해와 포용의 시간 여행

딸 내외를 통해 나를 돌아본다. 나도 이들처럼 남편과 연애결혼을 했지만, 우리 8년 만에 파경을 맞았다. 아이 둘을 혼자 기르다 보니 남편에게 일어나는 화를 맏이인 딸에게 화풀이했다. 정신 차린 후에는 미안한 마음에 아이들을 백화점에 데리고 가 비싼 옷을 사주고, 아이들이 좋아하는 음식을 사주었다. 이런 미친 짓을 하는 엄마를 지켜봐야 했던 자식들의 마음이 이제야 헤아려져 너무나 미안하다.

그런 엄마임에도 불구하고 자식들은 잘 키우고 싶었다. 그런 바람 덕분인지 아이들은 잘 성장하여 어엿한 사회 구성원으로 잘살아가고 있다. 세상에 둘도 없는 원수 같았던 남편과도 화해하여 좋은 관계를 유지하고 있다. 이번 여행에도 남편은 일을 마치고 저녁에 합류하기로 했다.

우리가 먼저 도착하여 준비해두고 기다리니 남편이 고기를 사 깃고 왔다. 장작불에 고기를 구워 술을 엄청 마셨다. 불멍도 때리고 감자도 구워 먹으니 그동안의 시름이 모두 눈 녹듯 녹아버린다. 사는 게 뭐라고 그 난리를 피우며 울고불고했는지 허망하다. 내가 힘들어할 때 남편도 아이들도 부모님도 형제들도 모두 다 괴로웠을 것을 생각하니 가슴이 아프다. 한때는 나의 어리석음으로 인해 사랑하는 사람들을 괴롭혔다는 자책으로

괴로워했다. 이미 지나간 일이다. 그 일로 괴로워하며 제2의 화살까지 맞는 어리석음을 범하지 말자.

추운 날씨를 대비해 총동원한 석유난로, 전기난로 그리고 전기방석까지 깔고 잠을 청했다. 술에 취해 식구들을 챙기지 못하고 나 혼자 따뜻하게 잘 자고 일어났다.

캠핑장 주변에 몽골문화원 등 돌아볼 곳이 많았지만, 코로나로 모두 문을 닫았다. 미리 둘러본 주금산 등산도 포기해야 했다. 남편은 하던 일을 다 끝내지 못하고 합류한 탓에 서둘러 돌아가야 했다. 캠핑장의 작은 숲속을 걸어본 것이 자연과의 유일한 만남이다. 차가운 날씨 덕에 시냇물 접근은 어려웠다. 날이 풀려 따뜻해지면 아이들이 놀기에 적당한 계곡과 숲이 있는 이곳 캠핑장은 캠핑족들에게 인기가 높을 듯하다.

숲 속에서 자고 일어났을 때의 느낌을 천천히 음미하고 싶었으나 전날 폭음으로 망했다. 아침 식사를 마치고 철수하여 무척 아쉬웠다. 하지만 딸과 남편에 대한 화해와 참회의 시간 여행이었다.

가장 좋아하는 일이 여행이었어?

그동안 나는 여행을 좋아하는 줄도 모르고 각박하게 살았다. 35년간 공무원으로 일하다가 2016년 6월에 정년퇴직했다. 퇴직하던 해에 제주도 한달살이를 시작으로 산티아고 순례길을 40일간 다녀왔다. 처음 떠나는 해외여행이라 두려웠다. 계획 당시에는 동행이 있었지만, 동행의 지나친(?) 준비로 족저근막염을 앓으며 순례길 도보여행을 포기하였다. 백방으로 다른 동행을 구해보았지만 찾지를 못했다.

떠나기 한 달 전에 아들 내외와 식사하며 하소연을 했다.

"누군가 인천에서 생장까지만 데려다준다면 그다음부터 걷기는 혼자 할 수 있을 터인데." 뜻밖에도 며느리가 파리에서 생장까지 데려다주겠다고 제안한다. 며느리는 스페인어 전공자로 영어 강사로 일하고 있어 이보다 더 좋은 가이드는 있을 수 없었다. 우리는 같은 항공권을 구하지 못해 각각 다른 항공기로 파리에 도착했다. 한인 숙소에서 하루를 묵으며 며느리와 함께 구경한 에펠탑 야경이 지금도 여전히 멋진 추억으로 남아있다.

다음 날 몽파르나스 역에서 테제베를 타고 바욘에서 일반 기차로 갈아타고 생장에 도착했다. 며느리는 바로 귀국하지 않고 며칠을 나와 함께 걸었다. 언어가 능통한 며느리는 물 만난 고기처럼 생동감이 넘쳤다. 함께 걸으며 여러 외국 친구들을 많이 사귀었다. 며느리가 돌아가고 없을 때 그들의 도움을 받은 적이 있다. 말이 통하지 않아도 내가 필요로 하는 도움을 느낌으로 알아차리고 자신의 파트너에게 전달하여 도와준 독일 커플이 있었다. 유심칩을 교환하는데 영어도 안되는 내게 스페인어는 더 막막하여 쩔쩔매는데 이탈리아 친구가 와서는 내 사정을 눈짐작으로 알아차리고 도와주는 등 며느리 덕분에 알게 된 외국인 친구들의 도움을 받았다.

2017년에는 두 번째 산티아고 순례길을 친구와 함께 떠났다. 한 번의 경험은 굉장한 힘이었다. 친구와 함께 순례길 완주 후 포르투갈과 스페인을 자유 여행했다. 이어서 6개월간 인도 여행 중 몸이 아파서 귀국해 수술받고 재차 인도로 가서 라다크에서 인도 여행을 마무리했다.

그리고 2019년 세계여행을 떠났다. 러시아의 블라디보스토크에서 출발

하는 시베리아 횡단 열차로 모스크바와 상트페테르부르크를 거쳐 핀란드로 건너갔다. 그 후 비행기로 독일로 넘어가 그곳에서 한 달여 동안 독일을 여행했다. 룩셈부르크 벨기에 네덜란드를 돌아 다시 독일 함부르크와 베를린을 구경하고 폴란드로 넘어가 동유럽을 거쳐 터키까지 왔다. 이곳에서 이스라엘을 지나 아프리카로 가려던 계획에 차질이 생겼다. 치통과 안

과 질환으로 눈을 뜰 수가 없어 버티다가 하는 수 없이 귀국했다.

  치료받고 질병이 완치되자 여행의 가성비를 높이고자 영어 공부를 시작했다. 그 방편으로 필리핀으로 해외 연수를 다녀왔다. 2020년 초 다시 세계여행을 출발하려 하던 그때 바로 코로나바이러스가 터졌다. 곧 나아질 것이라고 생각했지만, 더 심각한 상태가 되었다. 아마 이것도 인간의 인식 한계를 넘어서는 일일지도 모르겠다. 아직 완성하지 못한 세계여행의 꿈을 접지 못하고 있다. 백신을 접종하면서 연말이나 내년을 기대하고 있다.

  여행이 두려운 이들에게

  내가 혼자서 자유 여행하는 것을 두고 사람들의 반응은 여러 가지다. 용

기 있다, 부럽다, 따라가고 싶다, 두렵지 않으냐 등등이다. 하고 싶은 일의 욕망이 두려움보다 크면 용기를 낼 수 있다. 실은 나도 낯선 곳, 생소한 것, 어두움이 무척 두렵다. 하지만 미지에 대한 호기심이 더 크기에 두려움을 누르고 실행에 옮기는 것이다.

무엇이든 처음 아닌 것은 없다. 처음 해보고 나면 두 번째 혹은 다음부터는 수월하다. 일단 떠나고 싶다면 떠나야 할 이유나 명분을 만들어라. 나의 경우에는 항공권부터 구입한다. 고액의 항공권을 위해서라도 출발할 명분을 찾는다. 파울로 코엘료의 "무언가를 간절히 원할 때, 온 우주가 나서서 도와준다."라는 말처럼 내 주변 여건이 여행을 갈 수 있도록 만들어진다는 생각이다. 일단 떠나고 보라는 조언을 해주고 싶다. 위험은 어디에나 존재한다. '더하고 덜하다'의 기준은 자신의 머릿속에서 일어나는 일일 뿐이다.

이번 기회를 통해 다양한 형태의 여행을 추구하는 내게 캠핑카 여행이라는 새로운 형태의 여행이 추가되었다. 이 또한 내가 원하고 있으니 우연한 기회에 찾아온 굉장한 행운이었다. 앞으로 얼마 동안 낯선 곳을 찾아 나서게 될지 알 수 없으나, 기회가 주어진다면 기꺼이 나설 것이다.

산티아고 순례길을 떠나기 전 매일 20여km를 한 달가량 걸어야 하는 일이 무척 부담스러웠다. 가기 전 매일 5km씩 걷는 모임에 참여해서 300일을 준비했다. 혼자서 서울 둘레길을 걷기도 하고, 하루에 35km를 걸어보는 훈련도 했다. 이와 같은 준비 덕분에 900km를 완주할 수 있었다.

여행은 건강한 체력은 물론 편견과 차별이 없는 건전한 사고를 필요로 한다. 여행이 내게 준 가장 큰 선물은 이처럼 가족과 이웃, 나아가 세상과 소통하는 법을 일깨워준 것이다.

서울·경기권

새로운 여행의 패러다임을 경험하다
가평에서 홍천까지

태영진
(주)유바이오로직스 IR홍보팀 부장

여행은 첫 키스처럼 언제나 설레게 한다.

지금까지 직장생활을 하느라 해외여행을 자주 못 기도 했지만, 이제 코로나19로 인해 해외여행을 가는 게 쉽지 않다 보니 해외여행에 대한 목마름은 커져만 가고 있었다. 이러한 때에 평소 알고 지내던 세계여행 스토리텔러 김재열 대표님이 국내여행을 함께하자고 제안했다. 그것도 일반 여행이 아닌 캠핑카 여행을 하자는 것이다. 내 아내 노도윤은 150개국 이상을 여행한 여행작가이자 여행전문가로 여행에 대한 갈증이 나보다 더 큰 상태였다. 우리 부부는 흔쾌히 캠핑카 여행에 동의했다.

설레는 마음으로 김 대표님이 운영하는 여행카페에 갔다. 3월 초인데도 봄비가 많이 내리고 있었다. 한참 기다리고 있으려니 김 대표님이 캠핑카를 몰고 나타났다. 길에서 가끔 캠핑카를 본 적은 있지만, 실제 타보는 건 난생처음이었다. 캠핑카 안은 넓지 않지만 아기자기하게 있을 건 다 있는, 움직이는 집 그 자체였다.

가평 산장관광지 오토캠핑장

가져온 짐들을 캠핑카에 실은 후, 설레는 마음을 안고 출발했다. 원래는 강릉이나 속초 등 강원도 쪽으로 가려고 했는데, 예상보다 늦게 출발하기도 했고, 비도 와서 서울 근교 오토캠핑장으로 가자는데 합의했다. 논의 끝에 서울에서 가깝고 경치도 좋은 청평댐 부근에서 차박을 하기로 했다.

스마트폰으로 캠핑할 곳을 찾다가 청평역 근처에 있는 오토캠핑장으로 향했다. 오후 7시 넘어 도착한 데다 이미 어두워지고 비도 제법 내려 을씨년스럽기까지 했다. 우리가 찾은 사설 오토캠핑장은 주변 풍경, 시설 등 모든 면에서 기대했던 오토캠핑장 분위기가 아니었다. 심하게 말하자면 마치 난민 수용소 같았다. 게다가 1박 요금도 생각했던 것보다 훨씬 비쌌다. 늦은 시간이라 빨리 머물 곳을 정해야 하는 상황이었지만, 주저 없이 다른 곳을 찾자는 데 동의했다.

스마트폰으로 주변 캠핑장을 찾고 있는데, 아내가 근처에 가평군에서 운영하는 가평 산장관광지가 있다고 해서 전화를 했다. 다행히 빈 자리가 있어서 바로 그곳으로 향했다. 가평 산장관광지 오토캠핑장은 뒤에는 산이, 앞에는 개울이 있고, 조경도 잘 되어 있으며, 자리도 상당히 넓어 우리가 기대했던 것 이상의 캠핑장이었다. 무엇보다 비가 오는데, 데크가 있는 점도 너무 좋았다. 화장실, 식기 세척할 수 있는 시설도 상당히 좋았고, 가평군에서 운영하기 때문에 가격도 상당히 저렴하였다.

오후 8시가 넘어서 관리소에서 배정받은 구역에 주차하고, 비를 피할 어닝을 치고 저녁 먹을 준비를 하였다. 캠핑장 분위기가 매우 마음에 들고 데크도 잘 되어 있어 모든 것이 좋았지만, 날씨가 문제였다. 비가 하염없이 내리고 바람까지 불어, 숯불에 고기를 구워 먹을 엄두가 나질 않았다. 내일 비가 그치면 먹기로 하고, 오늘은 김치찌개만 먹을까 고민하다가, 고생하더라도 지금 구워 먹자는데 동의하였다. 남편들은 식탁, 의자 등 식사를 위한 여러 장비를 설치한 뒤 숯불을 피우고, 아내들은 음식 준비를 하였다. 김 대표님 사모님께서 어찌나 음식을 많이 준비하셨는지, 2박 3일 여행 동안 밥을 사 먹지 않아도 될 정도였다.

우리는 숯불을 피워 고기를 굽기 시작하였다. 생고기에 양념 고기는 물론, 햄, 김치, 물김치, 각종 밑반찬 등 어느 것 하나 맛없는 음식이 없었다. 날씨가 제법 추웠지만, 추

운 줄도 모르고 맛있게 저녁을 먹었다. 역시 캠핑장에서 구워 먹는 고기 맛은 음식점에 먹는 것과 비할 바 아니었다. 다양한 밑반찬 덕에 정말 오랜만에 먹어보는 진수성찬이었다. 어찌나 많이 먹었는지 하루 먹을 양을 한 끼에 다 먹은 것 같았다.

    기분 좋게 저녁 식사를 한 뒤, 캠핑카에서 1박을 하였다. 난생처음 캠핑카에서 잠을 자는 경험을 하게 되었다. 우리 부부는 캠핑카 운전석 상단에 자리 잡았고, 김 대표님 부부는 캠핑카 뒷부분에 자리 잡고 잠을 청하였다. 운전석 상단의 잠자리가 좀 좁긴 했지만, 피곤했는지 나도 모르게 금방 잠이 들었다.

    맑은 공기 속에서 단잠을 자서 그런지 개운한 기분으로 아침에 일어났다. 비도 멈추고, 어제는 저녁에 와서 제대로 보지 못한 주변 풍경을 둘러보았다. 자연경관이 정말 아름다웠다.

    11시 넘어 아침 겸 점심으로 김치찌개를 먹었다. 김치찌개도 꿀맛 그 자체였다. 식사 후 출발하기 위해 짐 정리를 하였다. 옆에 텐트로 캠핑한 사람들이 텐트며 짐 정리하는 모습을 보니, 캠핑카로 여행 온 게 얼마나 감

사한지 몰랐다. 밤새 비까지 와서 텐트 철거하는 게 보통 일이 아니었다. 우리는 짐을 차에 싣고 어닝만 제거하면 되었다.

출발 전, 첫 캠핑카 여행을 기념하기 위해 두 부부가 기분 좋게 사진도 같이 찍었다. 이제 출발만 하면 되는데 문제가 하나 생겼다. 어제 고기를 먹기 위해 숯불을 지폈는데, 숯불 밑 데크가 타버린 것이다. 숯불 밑판이 데크와 좀 떨어져 있었고, 비도 내려서 별일 없을 거라고 생각했는데, 아침에 일어나 보니 데크가 세 줄이나 타버린 것이다. 어제 저녁 식사가 비싼 만찬이 되겠구나 하는 생각이 들었다. 얼마를 물어야 할지 걱정되었지만, 그래도 맛있고 기분 좋은 식사를 했기에 후회는 없었다.

'그래도 데크로 사용된 방부목이 비싸다던데, 인건비 포함하여 한 줄에 10만 원씩, 세 줄이니 30만 원 정도 부를까?' 이래저래 걱정되었다. 관리사무실에 가서 사진을 보여주며 자진 신고하였다. 그런데 이게 웬일인가? 2만 원만 내고 가란다. 직원의 마음이 바뀔까 봐 얼른 2만 원을 내고, 감사의 인사를 한 뒤 캠핑장을 떠났다. 비용을 지불하고도 오히려 기분이 좋아졌다.

청평호 드라이브

　청평댐 근처에 지인이 살고 있어서 자주 놀러 왔던지라, 우리는 청평호 인근의 명소를 잘 알고 있었다. 청평댐 주변을 드라이브하기로 했다. 날씨도 좋고, 경치도 좋고, 신나는 음악에, 좋은 사람들과 함께 드라이브하고 있자니, 행복 그 자체였다.

　우선 청평댐 초입에 있는 분위기 좋은 카페로 안내하였다. 어제 비가 내려서인지 맑고 상쾌한 봄 날씨를 만끽할 수 있었다. 우리는 각자 커피를 시킨 후 창가에 앉았다. 청평댐은 물론 가평대교까지 보이는 풍경이 정말 좋았다. 경치만 바라보고 있어도 기분이 좋아졌다. 좋은 분들과 강 풍경이 보이는 곳에서 여유롭게 커피를 마시고 있으니 그냥 힐링되는 느낌이었다.

　기분 좋게 커피를 마시고, 다시 드라이브에 나섰다. 청평호를 따라 계속 드라이브를 즐겼다., 맑은 공기와 아름다운 청평호의 풍경을 보고 있자니, 여행에 대한 갈증이 조금은 해소되는 느낌이었다. 국내 유일의 프랑스 마을인 가평 쁘띠프랑스를 지나고, 가평대교를 건너 우리의 다음 목적지는 청평호 남쪽에 있는 호텔 스위티안(SUITEIAN)이었다. 숙박하러 간 것은 아니고, 청평댐 근처에 사는 지인의 추천을 받아 호텔의 레스토랑이 예쁘다고 해서 들러보기로 한 것이다. 또 다른 호수 풍경이 우리를 맞이하였다. 처음 방문했던 카페에서 보는 것보다 호수 폭이 좁긴 했지만, 나름 아기자기한 리버뷰가 펼쳐졌다. 일행들은 음료를 마시고, 나는 시원한 맥주를 마셨다. 운전을 맡은 김 대표님에게 미안하긴 했지만, 아름다운 풍경을 벗 삼아 시원한 맥주를 마시니 기분이 한층 고조되었다.

홍천의 특별한 펜션

카페에서 이런저런 이야기를 나누다 보니, 벌써 3시가 넘었다. 2일째 숙소인 홍천의 유리트리트라는 풀빌라로 향했다. 이곳은 국내에서 노출 콘크리트 건축으로 유명한 곽희수 건축가가 설계한 펜션으로 2016년 한국건축문화대상 대통령상을 받은 훌륭한 건축 작품이라는 김 대표님의 소개를 들으니 숙소에 대한 기대가 더 커졌다. 캠핑카에서 숙박하지 못하는 아쉬움도 있지만, 훌륭한 풀빌라에서 1박하는것도 나쁘지 않겠다는 생각이 들었다.

유리트리트는 개천 하나를 사이로 양평군과 인접한 강원도 홍천에 자리하고 있었다. 국도에서 유리트리트로 들어가는 길은 조그마한 개울가가 있는 시골길이었다. 이런 시골길에 그 유명한 건축물이 있을까 하는 의구심이 드는 순간, 정말 멋지고 아름다운 유리트리트 펜션이 모습을 드러냈다. 노출 콘크리트인데도 모던하고, 세련되고, 고급스러운 모습이었다. 각각 분리된 펜션 건축물이 마치 하나의 성처럼 보이며, 웅장한 느낌까지 들었다. 건축물들은 물론 조경, 주위의 자연환경까지 어우러져 정말 하나의 건축작품, 예술작품같이 느껴졌는데, 왜 대통령상을 받았는지 충분히 짐작할 수 있었다.

어제 캠핑카에서 잔 것도 좋았지만, 오늘 여기서 묵는 것도 좋은 경험이 되겠다는 생각이 들었다. 실내는 외부보다 더 멋지고 훌륭했다. 펜션 내부는 창이 많아 밝고 시원한 느낌이 들었다. 소파나 침대 등의 가구를 포함해서, 소품 하나하나도 예사롭지 않았다. 더욱더 좋았던 것은 숙소 안에 스파는 물론 미니 풀장까지 있었던 것이다.

짐을 푼 뒤, 아름다운 펜션을 배경 삼아 사진도 찍고, 소파에 앉아 잠시 쉬기도 했다. 짧은 여행이었어도 조금 피곤했는데, 휴식을 취하니 에너지가 재충전되는 것 같았다. 어느덧 저녁이 되어 어제 먹고 남은 고기를 다시 구워 먹기로 했다. 이 펜션은 실내에서는 요리할 수 없지만, 저녁을 먹을 수 있고, 바비큐도 해먹을 수 있는 곳이 별도로 있었다. 우리는 고기와 반찬을 가지고 취사 공간으로 갔다.

오늘의 저녁 식사 역시 꿀맛이었다. 조금 춥긴 했지만, 자연을 벗 삼아 와인을 곁들여 먹는 식사는 우아한 느낌이 들어 정말 좋았다. 식사 후 펜션을 건축한 서윤원 대표와 자리를 함께했다. 실은 김 대표님이 서 대표님과 잘 아는 지인이라 초대해주어 방문하게 된 것이다. 서 대표님과 펜션에 대한 이런저런 이야기를 나누었다. 펜션이 건축대상을 받은 것에 대한 자부심을 느낄 수 있었다. 서울 근교에 있는 풀빌라인 데다 건물이 모두 분리되어 있어 프라이빗한 사용이 가능하기 때문에, 연예인을 비롯한 유명인들이 많이 온다고 설명해주었다. 이 펜션을 건설하기 위해 준비한 예산보다 비용이 훨씬 더 들어 경제적, 정신적으로 얼마나 고생했는지도 이야기해주었다. 이런 훌륭한 펜션을 가지고 있는 서 대표님이 마냥 부러웠는데, 그동안 고생한 이야기를 들으니, '세상에 공짜는 없구나.' 하는 생각이 들었다.

대화를 마치고, 숙소로 들어왔다. 풀빌라에 왔는데, 그래도 좀 즐겨야 하지 않을까 하는 생각에, 스파를 이용하기로 했다. 스파의 온도를 살펴보니 적당히 따뜻하게 온도가 유지되고 있었다. 펜션의 외관, 조경, 실내 인테리어는 물론 이런 세심한 것까지 신경 쓴 서 대표님의 깊은 배려가 느껴졌다. 스파에서 온몸을 담그고 있자니 정말 여독이 풀리는 느낌이었다.

샤워를 마치고, 침대에 누웠다. 여행 와서 집처럼 편안하기가 쉽지 않은데, 집 이상으로 편안한 느낌이 들어, 눕자마자 잠이 들었다. 아침에 일어나니 화창한 봄 날씨 그 자체였다. 맑은 날씨와 훌륭한 건축물, 아름다운 조경이 합쳐져 펜션이 한 폭의 그림 같았다. 일행은 이곳을 떠나기 전 사진 한 장이라도 더 담기 위해 여념이 없었다. 마음 같아서는 며칠 더 머물고 싶었다.

모든 일정을 마치고, 서울을 향했다.

2박 3일의 캠핑카 여행, 짧지만 특별한 여행이었다. 평생 잊지 못할 추억으로 남을 것 같다. 기회가 된다면 다시 한번 캠핑카 여행을 떠나고 싶다. 더 많은 분이 캠핑카 여행의 특별한 멋을 꼭 한번 느껴보기를 바란다.

서울·경기권

내 인생의 가장 특별한 캠핑카 여행

파주에서 거제까지

권오훈

나무공작소 다원 부사장

평생 잊지 못할 언약식을 하고, 오래도록 기억에 남을 여행을 꿈꾸는 것은 누구나 마찬가지일 것이다. 어떤 이는 수중 결혼식을 하고, 어떤 이는 낙하산을 타고 내려와 결혼식을 하여 세간의 화제를 불러일으킨 적이 있다.

  나는 캠핑카로 특별한 여행을 했다. 처음 캠핑카 여행을 제안했을 때 그녀는 그리 좋아하는 표정이 아니었다. 단둘만이 떠나는 여행이 아니라 캠핑카를 타고 여행을 다니며 전국 곳곳에 있는 지인들을 만나는 일정이 잡혀 있기 때문이었다. 그러나 나는 나름대로 계획이 있었다. 우리는 서로의 세계에 빨리 진입할 필요가 있었다. 캠핑

카로 여행하며 지인들에게 그녀를 소개할 계획이었다.

대구에서 기차를 타고 캠핑카 주인을 만나러 서울로 올라왔다. 대학 선배인 그는 동문회에서 전설적인 인물이었다. 동문회를 위해 아낌없이 베푸는 그의 모습을 보며, 성공하면 나도 저렇게 멋진 선배가 되어야겠다는 생각을 했다.

캠핑카 사용에 대한 간략한 설명을 듣고 키를 받은 다음 첫 행선지인 파주를 향해 달려갔다. 처음 캠핑카 운전석에 앉았을 때의 긴장감은 어느새 사라지고, 자유로를 달리는 기분은 정말 자유 그 자체였다. 캠핑카는 묘한 해방감을 주었다.

파주의 친구들

파주엔 초등학교 친구들 몇이 살고 있다. 일 년에 몇 번씩 그곳에 초대해 임진강에서 나는 참게로 만든 음식을 대접해주는 고마운 친구들이다. 그녀를 얼른 소개하고 싶은 마음에 가속페달을 힘껏 밟았다.

캠핑카를 타고 나타난 우리를 보며 친구들이 환호성을 지르며 반겼다.

그리고는 늘 그래왔던 것처럼 푸짐한 음식에 막걸리로 축하의 자리를 마련해주었다. 초등학교 동창생들을 만나면 늘 그렇듯이 타임머신을 타고 순식간에 어린 시절로 돌아간 듯한 느낌이 든다. 그때 그 시절의 별명을 부르며 개구쟁이 꼬마가 되어 왁자지껄 웃음판이 벌어진다.

오랫동안 함께 우정을 나누던 친구들은 그녀를 반갑게 맞아주었다. 어려움을 겪은 나의 사정을 누구보다 잘 아는 친구들은 그녀가 마음 편히 지낼 수 있도록 따뜻하게 우리를 감싸주었다. 구구절절 설명하지 않아도 다 내 편이 되어주는 친구들이 그저 고마울 따름이었다.

임진강의 별미인 참게탕에 참게장 등 그곳에서만 맛볼 수 있는 별미를 대접해준 친구들이 정말 고마웠다. 평소에도 툭하면 보내오는 참게장의 맛을 잊지 못하는데, 그녀와 함께 먹는 참게장은 더욱 특별했다.

어색해 하던 모습도 잠시, 이내 친구들과 스스럼없이 어울리는 그녀를 보며 다행이라는 생각이 들었다. 캠핑카에서 잠자리에 들며 그녀가 하는 말,
"당신 친구들은 정말 좋은 분들이네요."

정선의 선배님

정다운 친구들과 헤어지고 이내 강원도로 차를 몰았다. 평일이라서 그런지 고속도로는 생각보다 한산했다. 가을 단풍이 시작되는 시기라 차창으로 스치는 풍광들이 정말 아름다웠다.

오늘 가는 곳은 정선에 있는 '기림산방'이다. ROTC 대선배님이 운영하는 곳인데, 자연주의적 건강수련법 '생명온도 살리기'를 가르치고 전파하는 수련 시설이다.

이곳을 찾은 데는 남다른 이유가 있다. 실은 큰아들이 많이 아프다. 아

들을 낮게 할 수만 있다면 무슨 일이든 다할 것이다. 인생의 전반적인 부분에 대한 조언을 구하고자 무거운 마음으로 기림산방을 찾았는데 그곳에 들어서는 순간, 나도 모르게 마음이 가벼워진다. 첩첩산중의 산기슭에 자리한 기림산방(氣林山房)은 '바른 기운이 숲을 이루는, 산속에 있는 집'이란 뜻으로, 예전엔 화전민이 살던 집이었다고 한다. 숲으로 둘러싸인 그곳에서 자연치유를 통한 건강수련을 하면 아들의 병도 나을 것만 같다. 아들을 잘 설득해 꼭 데리고 오고 싶다. 모든 스트레스는 털어버리고, 대자연에 몸을 맡기면 몸을 잠식하고 있는 병도 물러갈 것만 같다. 아들 생각에 목이 멘다.

일찍 어둠이 내리는 산속이라 일찍 캠핑카에 몸을 뉘었다. 도심에서는 밤새도록 불빛이 있는데, 이곳은 금방 캄캄해진다. 칠흑 같은 어둠이라는

말처럼 정말 아무것도 보이지 않고, 밤하늘엔 별이 총총하다. 자연과 내가 그대로 하나가 되는 느낌이다.

  지난날을 돌아보니 참 교만한 마음으로 살아왔다는 생각이 든다. 내 삶에는 오르막만 있는 줄 알았다. 나의 꿈은 사업도, 인생도 성공해서 멋진 자서전을 남기는 것이었다. 사업을 시작하면서부터 승승장구하였기에 세상이 우습게 느껴졌던 듯하다. 나는 내가 빛나는 것이 중요했다. 주변 사람들은 나를 빛나게 하기 위한 장치였다. 내 인생에 실패란 존재하지 않는다고 생각하며 마음껏 어깨를 펴고 다녔던 것이다. 어느 날 느닷없이 회사가 기울기 시작했을 때, 구조조정 없이 100여 명이 넘는 종업원들을 그대로 이끌고 자존심 하나로 5년을 버텼다. 그러는 동안 몸도 마음도 가정도

모두 무너져내렸다.

  이렇게 고요한 곳에 몸을 누이니 지난 날들이 주마등처럼 스쳐 지나간다. 지나간 것은 결코 돌이킬 수 없으니 그만 잊자. 지금 내 곁에는 이런 나를 믿고 따라와 준 새로운 인연이 있질 않은가. 아직 할 일이 많으니 다시 힘을 내자! 맑은 공기 탓인지 오랜만에 숙면을 했다. 자연의 이치에 순응하고, 잘 자고 따듯하게 체온을 유지하며, 스트레스 없는 생활습관이 얼마나 중요한지를 일깨워주는 기림산방 김 원장님의 말씀이 가슴속에 속속 들어와 박힌다. 아들이 이곳에 온다고 결정하면 모든 것 제쳐두고 아들과 함께 이곳으로 들어오겠다는 다짐을 하며 다음 행선지로 향했다.

포항의 친구들

  단풍이 한창 물든 불영사 계곡을 굽이굽이 돌아가는 길은 말로 표현할 수 없이 멋지다. 넓지 않은 계곡 사이의 길을 캠

핑카로 달리니 더욱 조심스럽다. 그래도 길이 한산하여 천천히 운전해도 되니 마음이 한결 여유롭다. 며칠 동안 몰고 다녀서인지 이젠 제법 캠핑카 운전에 자신이 붙는다.

 포항 영일대에 도착하니 반가운 분들이 기다리고 있다. 모 대학교수인 친구 부부는 음식을 바리바리 싸 들고 왔다. 그 친구는 우리를 위해 지인들과 함께 언약식을 해주었다. 그날의 감동을 잊을 수 없다. 이런 자리는 생각지도 못하고 있었는데, 자기들끼리 모든 준비를 다 해놓고 우리를 초대하여 깜짝 이벤트를 해준 것이다. 언약식이라도 치를 수 있었던 것은 전적으로 이 친구 덕분이다. 그녀도 그날의 감동을 기억하고 반색한다.

 영일대 주차장에 차를 세운 후, 찾아온 후배들과 함께 그들이 준비한 음식으로 성대한 만찬을 즐겼다. 밤바다를 바라보며 마시는 소주 한 잔이 그렇게 맛날 수가 없다. 파도소리와 함께 나누던 정담은 앞으로 우리가 살아갈 큰 힘이 되어줄 것이다.

포항 캠핑에 함께한 후배들과 그동안 겪었던 다양한 에피소드에 대해 이야기하다 보니 어느새 동해에서 아침해가 떠오르고 있었다. 남다른 우정의 깊이에 푹 젖었던 영일대의 하룻밤이었다.

거제의 친구들

직장에 출근해야 하는 그녀를 대구에 내려주고, 만날 사람이 있어 거제로 차를 몰았다. 혼자 캠핑카를 몰고 거제까지 가는 길은 왠지 쓸쓸했다. 운전하는 내 곁에서 이런저런 이야기를 나눌 사람이 있다는 것이 얼마나 소중한지 새삼 깨닫는다.

거제에 도착하니 후배가 기다리고 있다. 바닷가에 차를 세우고 후배가 사온 회를 먹으며 오랜 시간 이야기를 나눴다. 힘들었던 이야기, 지금 하

고 있는 일들, 앞으로의 계획 등을 털어놓으니 복잡했던 마음이 한결 정리되는 느낌이다.

후배가 돌아간 후, 거제의 앞바다를 마주하고 오랫동안 앉아있었다. 잔잔한 파도가 이는 바다는 먼 길 달려오느라 힘들었던 나를 부드럽게 위로하는 듯하다.

앞으로는 내가 빛나는 일은 생각하지도 않을 것이다. 나보다 주위를 더 살필 것이다. 힘들 때 나를 도와준 수많은 이들을 결코 잊을 수 없다. 표고버섯을 키운다고 하니 공짜로 통나무 500개를 실어다 준 사람, 그 나무들을 쌓아놓으라고 운영하는 식당 앞마당을 내어주신 분, 명절 때마다 용돈을 보내오는 사람 등 지금의 나를 있게 한 분들이 무수히 많다. 앞으로는 도움을 받은 이들에게 조금이라도 보답하며 살아갈 것이다.

지금 무엇보다 중요한 것은 아들을 지키는 일이다. 아들을 위한 일이라면 그것이 무엇이든 할 것이다. 그동안 못해 보았던 캠핑카 여행도 함께하고 싶고, 나누지 못했던 말도 실컷 하고 싶다. 무뚝뚝한 경상도 사나이지만, 더 늦기 전에 아들을 얼마나 사랑하는지도 말해주고 싶다.

이번 5박 6일 캠핑카 여행은 잊지 못할 추억을 내게 선물했다. 캠핑카로 떠난 여행의 특별함을 듬뿍 느낀 이번 여행은 그녀에게도 멋진 선물이었다고 했다. 이번처럼 친구들을 만나러 다니는 여행도 좋지만, 다음엔 그녀와 단둘이 떠나는 여행도 좋을 것이다. 숙소 걱정 없이, 마음 내키는 곳에 머물 수 있는 캠핑카만의 매력을 듬뿍 느낄 수 있었던 여행이었다.

인천

충청권

서울·경기권

오늘 같은 이런 창 밖이 좋아, 비가 오니까

강화도

강세훈
(사)숲을찾는사람들 대표, 길여행가

길 여행을 다닌지도 10여 년이 넘었다. 며칠 동안 밖에서 숙박을 하며 답사를 다닌 경우도 많았다. 그 사이 주변에 캠핑하는 사람들을 만나기도 했고, 같이 따라다녀본 적도 있었다. 잠자리가 가장 중요한 여행의 요소로 생각하고 있던 나에게 캠핑은 불편함 그 자체였다. 그러나 길여행 다니는 동안 자연 속에서 하룻밤 정도 보내는 것도 재미있겠다는 생각으로 하나씩 장비를 모으다 보니 미니멀하게 캠핑할 수 있을 정도의 장비를 가지게 되었다. 그러나 아직 홀로 캠핑을 나서지 못했다. 어려울 것도 없는데 마냥 쉽지 않았다. 익숙하지 않은 것을 해야 하니 말이다.

　그러다가 캠핑카 붐이 일면서 유튜브를 통해 캠핑카 여행을 즐기는 영상을 보며 이 또한 재미있겠다는 생각을 하게 되었다. 하지만 나한테는 그저 먼 꿈처럼 보였다. 꿈을 생생하게 꾸면 이루어진다고 했던가! 나에게도 기회가 생겼다. 지인이 퇴직하고 캠핑카를 구매해서 여행을 다니고 있다는 소식을 접했다. 그리고 캠핑카 여행 관련하여 글을 써보는 건 어떨지 나에게 제안하셨고, 그 제안을 받아들이면서 캠핑카로 하루를 보낼 수 있는 기회가 생겼다.

　드디어 떠나야 하는 날이 다가왔다. 기대 반, 걱정 반. 아무리 무사고 운전을 오래 했지만, 내 차보다 훨씬 덩치가 큰 캠핑카를 운전하는 것은 걱정될 수 밖에 없다. 게다가 비가 오는 날이라니… 하여간 캠핑카에 대한 교육을 마치고 나는 비 내리는 올림픽대로를 따라 강화도로 향했다.

강화도 가는 길

비 오는 날 운전하는 것을 좋아하지 않는다. 시야가 가리고 차선도 잘 보이지 않아 잔뜩 긴장해야 하기 때문이다. 비 오는 날 운전할 때는 차창을 두드리는 빗소리가 듣고 싶어 일부러 차를 타고 길을 나설 때 뿐이다. 비 오는 날 차를 타고 한강 둔치에 나가 한두 시간쯤 창 밖으로 내리는 빗소리를 들으며 멍하니 있었던 적도 있었다. 비 오는 날 캠핑은 젖은 텐트를 어찌해야 할지 방법을 모르기도 하거니와 불편하여 나서 보지도 못했다.

'하지만 캠핑카라면 텐트가 젖을 걱정을 하지 않아도 되고, 편하게 주차만 하면 되지 않을까?'

이러한 생각이 캠핑카에 대한 로망을 불태우고 있을 즈음에 실제로 캠핑카 하루 여행의 기회가 생긴 것이다. 때마침 비가 오는 날이라니…. 걱정을 붙잡아 메고 시속 60km에서 70km의 속도로 천천히 몰았다. 올림픽대로 3차선을 따라 차선 변경을 하지 않고 오로지 직진만 하여

운전했다. 캠핑카의 크고 묵직한 느낌이 운전대와 다리를 통해 전달되었다. 퇴근 시간과 맞물려 더디게 앞으로 나아갔다. 차안에서 들리는 빗소리는 점점 커져만 갔고, 걱정은 조금씩 느슨해졌다. 가양대교를 지나 강화 방면의 도로에 진입하면서 빗줄기가 더욱 거세졌다. 컴컴한 도로이지만, 다행히도 차량이 많지 않아 편하게 운전할 수 있었다. 때마침 라디오에서 신승훈의 노래가 흘러 나왔다.

"오늘 같은 이런 창밖이 좋아, 비가 오니까. 오늘 같은 이런 창밖이 좋아, 슬프기는 하지만 창 밖을 보며 편지를 써야지 비가 내린다고…."

신승훈 1집에 있는 '오늘 같이 이런 창밖이 좋아'라는 노래이다. 비 오는 분위기와 너무 잘 어울린다. 강화도에 도착하고서 이 노래를 몇 번이고 빗소리를 배경음악 삼아 반복해서 들었다. 이보다 더 멋진 오늘을 장식하는 노래가 또 있을까? 올림픽공원에서 출발하여 두 시간 만에 목적지인 연미정 앞 주차장에 도착했다. 여기서 좀 더 들어가면 군부대 검문소가 보이고, 연미정 뒤쪽으로는 철책선이 해안을 따라 둘러쳐져 있어 꽤나 북쪽 끝으로(?) 올라왔음을 실감나게 한다.

강화도 연미정을 택한 이유

　캠핑카 여행지로 강화도를 선택한 이유는 따로 있었다. 예전 강화나들길을 답사하면서 7코스에 있는 일몰 조망지를 눈여겨 보아두었다. 너른 데크 전망대와 탁 트인 바닷가 풍광이 일몰을 조망하기에 아주 적당한 장소라고 생각했기 때문에 항상 기억하고 있었고, 이곳에서 캠핑하겠다고 다짐했었다. 그래서 이번 기회에 강화도 장화리 일몰 조망지를 찾아가리라 생각하고 준비를 했었다. 하지만, 내 바람은 잠시 접어두고 내리는 비 때문에 장소를 바꿔야만 했다. 일몰을 조망할 수 없으니 가봐도 의미가 없을 테니까 말이다. 그래서 강화도로 이동하면서 고민하여 선택한 장소가 '연미정'이다.
　연미정을 택한 이유는 강화도 내에서 내가 가장 좋아하는 장소이기도 하고, 한강이 끝나고 바다로 합쳐지는 장소이자 북녘 땅을 가까이서 볼 수 있는 장소 중 한 군데이기 때문이다. 지난 2년여간 한강을 따라 걸으면서 한강에 대한 이야기를 풀어내는 해설여행프로그램을 만들어 운영하다 보니 한강을 대하는 나의 마음이 예전보다 애착이 커졌고, 한강 끝자락에 있는 연미정도 한강과 연결되는 장소이기에 한강과 관련하여 이야기할 때마다 빼놓지 않고 소개하는 경우가 많았던 장소이기도 하기 때문이다. 경의롭고, 살아서 흘러가며, 시대에 따라 다양한 모습으로 변하였고, 시대마다 역사의 중요 무대가 되어 이야기를 품어왔던 한강이 아닌가! 말 나온 김에 연미정 앞 한강에 대한 이야기를 좀 더 해볼까 한다.

한강의 이름은 지역에 따라 여러 가지로 불렸다. 양화대교와 선유도가 있었던 곳은 양화강이라고 불렸고, 한남대교 앞에는 한강진이라는 포구가 있었는데 이곳을 지나는 물줄기를 '한강'이라 불렸다고 한다. 바다가 만나는 김포시 끝자락은 '조강(祖江)'이라 불렸는데, 강의 명분이 다하고 바다로 합쳐지기 때문에 '할아버지강'이자 강이 나이 들어 사라져버린 의미로 불리게 된 것이다. 그리고 강화도와 김포시가 마주한 사이에 강물처럼 보이는 해협을 '염하강(鹽河江)'이라 불리는데, 바다이지만 강처럼 보이고 짠물이 밀물과 썰물에 따라 흘러가는 것처럼 보이기 때문에 붙여진 이름이다.

한강과 바다가 만나는 장소 바로 앞 마주보는 곳에 바로 연미정이 자리하고 있다. 지방에서 세곡과 해산물 등 상품을 싣고 한강으로 진입하려는 배들은 아무때나 들어갈 수 없었다. 밀물 때가 되어야 수월하게 한강을 따라 마포까지 올라올 수 있었는데, 썰물 때는 쉬이 갈 수 없어 연미정 아래 포구서 물때가 바뀔 때까지 기다리고 쉬어가야 했다. 한강에 들지 못한 옛 사공들이 이곳에 쉬면서 술 한 잔, 국밥 한 그릇 먹으면서 휴식을 취하든가, 노래 한 자락 부르면서 시간을 보냈을 것이다. 나 또한 여유롭게 조강을 바라보며 쉬고 싶어서 연미정으로 정한 것이다. 게다가 지나가는 차량이 많지 않아 조용하게 빗소리를 들으며 보낼 수 있는 최적의 장소였다. 연미정에 도착하니 벌써 밖은 어둑해졌고, 비는 더욱 거세게 내리고 있었다. 저 멀리 군인 초소에 왔다갔다 하는 군인만 보일 뿐이다.

연미정 아래에서 빗소리 들으며

비가 내릴 때는 당연하게 지하철보다는 버스를 타고 다닌다. 창밖에 부딪치는 빗방울이 만드는 사선의 빗물 튕기는 모습이 좋았고, 유리창에 타다닥 부딪치는 소리가 더욱 좋았다. 왠지 마음을 편안하게 하는 소리이다. 하지만 차량의 소음과 실내에 떠드는 사람들이 있다면 온전하게 빗소리를 들을 수 없다. 집에 있다고 하더라도 방음이 너무 잘 되어 있어서 빗소리가 들리지도 않는다. 차를 타고 밖에 나가서 빗소리를 들으면 좋지만, 눕지도 못하고 자세가 영 불편하여 마음 편하게 있을 수가 없어 기껏해야 한 시간 내외 정도 보낼 수 있다. 하지만 캠핑카는 그렇지 않다. 혼자 온 여행이기에 온전하게 날 위해 보낼 수 있고, 주변에 간섭도 없다. 여기저기 차에 부딪치는 빗소리만 있을 뿐이다. 연미정 주차장에 주차하고 내려 주변을 둘러보았다. 걸릴만한 것이 있는지 확인하고, 다른 차량이 들어왔을 때 불편하지 않은 위치인지 확인했다. 그리고 차안에 들어가 편의점에서 사온 간단한 식사거리와 캔맥주를 펼치고 나만의 저녁 시간을 보냈다. 조용하고 한가로운 시간이었다. 가끔 카톡으로 지인들에게 현재 내 모습을 사진 찍어 보내니 그저 부럽다는 말이 대부분이었다. 그렇게 떠나고 싶을 때 여행을 떠나며 사는 내가 부럽단다.

여행은 그리 어려운 것이 아니다. 떠나려고 마음 먹고 다부지게 집밖을 나서면 된다. 대부분의 사람들은 단순한 여행의 진리를 알지만, 실행하여 집밖으로 나서질 못한다. 이런저런 핑계와 이유가 떠나지 못하는 명분을 만들어준다. 여행가고 싶다면 뒤돌아보지 말고 일단 집밖을 나서보라고 말하고 싶다. 캠핑카는 여행을 떠날 또 다른 수단이 될 수 있다. 캠핑카 아니어도 좋다.

늦은 시간까지 빗소리를 들으며 차 안에서 보냈다. 음악 소리는 계속 신승훈 노래로 반복해서 흘러나왔고, 어느덧 빗소리가 잦아들기 시작하여 비가 그치는 것처럼 보였다. 그 사이에 나도 잠을 자기 위해 침낭을 펼치고, 그 속으로 들어가 자리를 잡았다. 책을 보다가 어느새 잠이 들어버렸다. 만약 친구들과 왔다면 빗소리는 배경이 되고, 술잔 부딪히는 소리와 친구들의 웃음소리 그리고 음악소리만 가득하고 여유로운 사색의 시간은 없었을 것이다. 그리고 늦게까지 마신 술 때문에 아침이 피곤했을 것이다. 캠핑카 여행을 나설 때 누군가 말했다.

"여행의 진미는 혼자 하는 여행이지요."

난 오랜만에 진정한 여행을 경험했다. 하루라는 짧은 캠핑카 체험이었으나 캠핑을 나서게 할 충분한 동기부여가 되었다. 어느 맑은 날, 캠핑카는 아니지만, 텐트를 짊어지고 걸으면서 캠핑하는 여행을 하고 있을 것이다. 이번에 느낀 캠핑카 여행의 최대 장점은 머물고 싶은 만큼 머물 수 있고, 떠나고 싶을 때 떠날 수 있으며, 넓은 공간에 편하게 누워서 쉴 수 있다는 것이다. 나에게 이러한 소중한 경험을 하게 해준 분께 감사드린다.

강세훈

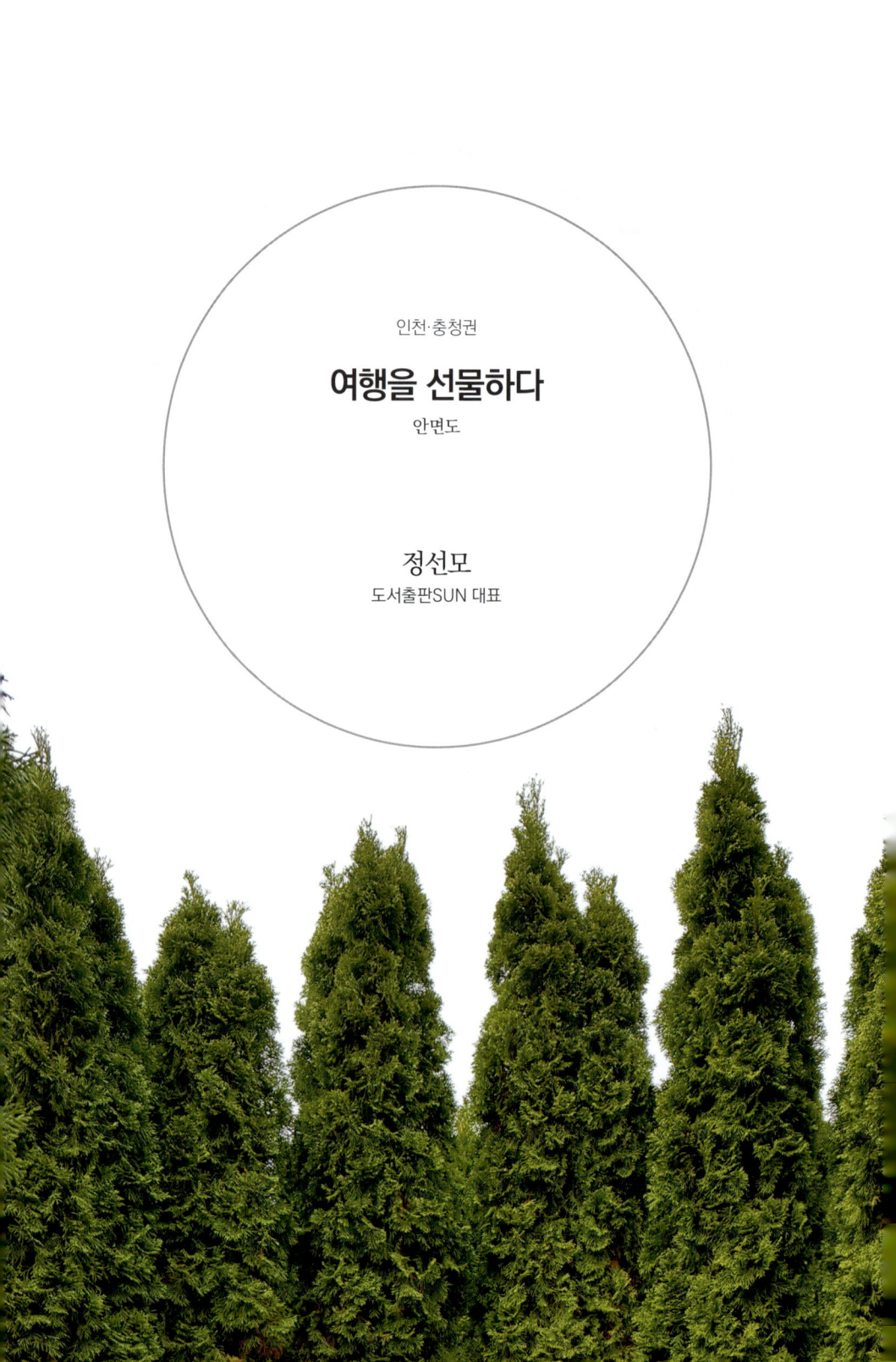

인천·충청권

여행을 선물하다
안면도

정선모
도서출판SUN 대표

즐거울 때만 여행하는 것은 아니다. 힘든 일이 있을 때 위안을 얻기 위해 떠나기도 한다. 이번 캠핑카 여행도 힘든 친구를 위로하기 위해 떠난 여행이었다.

이웃에서 만나 40년 가까이 친하게 지내며, 함께 여행을 다니던 부부 모임에 틈이 생겼다. 둥글둥글 잘 지내자고 지은 모임 이름이 '동그라미'인데, 그중 한 친구가 6년 전에 알츠하이머 초기 진단을 받았다. 천천히 진행되던 병이 급속히 악화하는 바람에 더는 가족의 보호만으로는 한계가 있다며, 의사의 적극적인 권유로 요양원에 입원하게 된 것이다. 아내를 지극 정성으로 보살피던 그녀의 남편은 전화도 못 받을 정도로 힘들어했다.

모두들 내 일처럼 마음 아파했지만, 그를 위로할 방법이 없었다. 고심 끝에 우리 부부가 생각해낸 것이 여행이었다. 평소와는 다른 여행을 준비하던 차에 캠핑카를 가지고 있는 지인이 생각났다. 사정을 들은 차주가 흔쾌히 차를 내어주었다. 처음엔 가지 않겠다며 고개 흔들던 그도 몇 번이나 간곡히 권유하는 것을 못 이겨 억지로 따라 나섰다. 색소폰 연주자인 그의 악기도 차에 싣고, 숙소를 걱정하지 않아도 되고, 바닷가 어디든 머물고 싶은 곳에 차를 세우면 된다는 막연한 기대감으로 서울을 벗어났다. 태안이 고향인 지인에게 안면도 쪽으로 간다고 하니 그곳에 있는 문학의 집을 소개해주었다.

출발한 직후부터 빗방울이 하나둘 떨어지더니 서해안 고속도로에 들어서자마자 비가 세차게 쏟아지기 시작했다. 다행히 바람이 불지 않아 차는 흔들림 없이 달렸다. 딱 한 번 갑자기 끼어드는 차로 인해 브레이크를 밟느라 쇼핑백 안에 든 물건이 쏟아진 것 외엔 생각보다 승차감도 좋았다. 운전석 위 침대에 누워보니 마치 다락방처럼 아늑했다. 작은 공간에 있을 건 다 있는 캠핑카의 매력을 이야기하며 목적지에 도착하였다.

생각보다 너른 문학의 집을 둘러보다 동행하지 못한 다른 부부가 생각났다. 떠나올 땐 미처 알리지 못했는데, 캠핑카에서 자는 것이 아니라면 그들이 합류해도 좋겠다고 생각하여 전화했다. 안산에서 공장을 운영하는 그 부부는 그가 같이 왔다는 말을 듣자마자 하던 일 내팽개치고 바로 달려왔다. 말하지 않아도 이번 여행의 의미를 익히 알기에 만사 제쳐두고 달려온 것이다.

그날 밤, 안면도(安眠島)에 왔는데 난 안면(安眠)하지 못했다. 친구가 생각나 편히 잘 수 없었다. 동그라미 중 누군가를 놓고 여행을 떠난 것은 처음이다. 언젠가는 하나둘씩 빠질 것이라는 막연한 생각은 했지만, 그 일이 이렇게 빨리 닥쳐올지 몰랐다.

두여전망대와 해안 습곡

밤새 내리던 비가 그쳤다. 창문을 여니 아침 햇살이 눈부시다. 청정한 기운이 가득 감도는 소나무숲 사이로 달큰한 바람이 불어왔다. 간단히 아침을 먹고 본격적으로 안면도를 돌아보기 시작했다

가장 먼저 인근에 있는 두여전망대로 향했다. 경사진 산책로를 조금 올라가니 바다가 툭 나타난다. 아무런 거칠 것이 없이 확 트인 바다 앞에 서니 가슴 속에 구멍이 뚫린 듯 온몸에 바람이 가득 들어찬다.

두여전망대 아래엔 습곡이 펼쳐져 있다. 대규모 지각운동으로 인해 암석 양쪽에서 미는 힘이 작용하여 지층이 휘어진 것을 습곡이라고 하는데, 겹겹이 주름 잡힌 모양이다. 우리나라에서 가장 흔한 암석이 약 19억 년 전 한반도 전역에서 일어난 지각변동에 의해 만들어진 변성암이라고 한다. 이곳 습곡도 그 어름쯤에 생겨난 것은 아닐까 하는 추측을 해본다. 돌멩이 하나라도 함부로 대할 수 없는 이유가 여기에 있다.

안면암

이어 안면암을 찾았다. 절 주위가 온통 벚꽃 동산이다. 꽃구름 위에 올라앉은 듯한 몽환적인 분위기에 탄성이 절로 나온다. 암자 입구에 불법을 수호하고 불자들의 기원을 지키는 금강역사와 8부 신장 석상이 서 있다. 일반 암자에서는 흔히 보기 힘든 배치다. 거대한 7층탑 역시 동남아 건축양식을 닮았다. 대웅전 앞에 서니 바다가 한눈에 들어온다. 천수만이다.

안면암에서 바라다보이는 조구널섬과 여우섬 사이에 부상탑이 세워져 있다. 물이 들어오면 이 탑이 물 위에 떠오른다고 한다. 그곳까지 부교가 설치되어 있어 물이 빠지면 건너갈 수 있다. 마침 밀물 때라 탑까지 걸어가며 천수만의 풍경에 스며든다.

부상탑을 감상하고 돌아서니 그 옆에 돌탑이 즐비하다. 사람들이 저마다 기원을 담아 쌓은 작은 돌탑 사이에 우리들의 안녕을 기원하며 돌탑을 쌓았다. 돌아와 그때 찍은 사진을 보니 돌탑 옆에 어느결에 날아들었는지 진달래꽃 한 송이가 놓여있다. 마치 제단 위에 올린 꽃처럼….

안면암 뒤쪽 동자동산에 흐드러지게 피어있는 벚꽃을 보려고 경사진 길을 올랐다. 돌로 만든 동자승들이 갖가지 표정으로 놓여있다. 동자들을 따라가면 약간 기울어진 작은 탑이 있다. 그곳에 서니 안면암과 부상탑이 한눈에 들어온다. 더할 나위 없이 아름다운 곳에 세워진 암자라는 생각이 든다.

주변은 온통 벚꽃숲이다. 무리 지어 만개한 벚꽃 풍경에 넋을 잃는다. 바람이 부니 하롱하롱 꽃잎이 눈처럼 날린다. 떨어지는 벚꽃잎을 잡으면 행운이 온다고 누군가 그랬다. 지어낸 말이겠지만, 왠지 오늘만은 그 꽃잎을 꼭 잡고 싶다. 행운이 온다면 오늘만큼은 몽땅 그에게 주고 싶다.

안면도 미로공원에서 길을 잃다

안면암을 나와 미로공원에 갔다. 미로공원에는 홀수와 짝수일에 따라 열리는 문과 닫히는 문이 정해져 있다. 그 정도쯤은 문제없이 길을 찾아내어 곧 종을 울리고 나오리라 예상했다. 그런데 생각보다 쉽지 않다는 걸 곧 알게 되었다. 그 길이 그 길 같은 미로 속에서 우린 길을 잃었다. 정답이

들어있는 지도를 아무리 들여다봐도 종이 있는 다리까지 가는 방향을 찾을 수 없다. 목적지가 코앞에 있는데 길이 계속 막히는 것이다. 지도를 거꾸로 돌려놓고 방향을 살펴서 가다 보면 원점으로 돌아오기 일쑤였다. 결국, 닫힌 문 앞에 적힌 번호를 대며 데리러 오라고 관리인에게 전화하며 애써 위로했다. 종을 안 치면 어떠냐고, 막히면 도움받아 나오면 된다고, 그저 잠시 즐기려는 것뿐이니 이곳 탈출에 목숨 걸지 말자고….

  서로 토닥이며 관리인의 안내로 그곳을 벗어났다. 다소 씁쓸했지만, 미로를 벗어날 수 있어 안도감이 들었다. 살아오면서 이처럼 미로에 갇힌 적이 어디 한두 번이었던가. 기를 쓰고 길을 찾아도 닫힌 문 앞에서 좌절했던 경험이 누구에게나 있을 터. 이렇게 도와줄 수 있는 사람이 있다는 것만으로 고마운 일 아닌가.

  미로공원을 벗어나자마자 활짝 핀 벚꽃길이 끝없이 펼쳐진다. 방금까지 느낀 씁쓸한 감정은 어느결에 날아가 버렸다. 말 그대로 꽃길 천지다. 지금 이 순간, 캠핑카를 타고 꽃길을 달리는 우리의 모습이 화석처럼 남아있기를! 머지않아 동그라미를 이루고 있는 톱니바퀴가 하나씩 둘씩 빠져나갈 것이고, 어떠한 상황으로든 함께 떠날 수 없는 날이 닥쳐올 것이다. 빈자

리가 얼마나 큰지, 가슴 속에 맴도는 말은 수없이 날리는 꽃잎 속에 묻어 둔 채 벚꽃 이야기만 나누며 그 길을 달렸다.

원산도 맛집

 미로에서 벗어나 원산도로 향했다. 이곳에 연륙교가 생겨 차를 타고 원산도와 보령 대청항을 잇는 해저터널이 시작되는 곳까지 왔다. 올해 말, 해저터널이 완공되면 한적한 지금의 모습은 사라질 것이다. 해안에 정박해 있는 작은 배들과 크고 작은 섬들이 이루어내는 평화로운 풍경을 사진에 담았다.
 시장기를 달래기 위해 들른 식당에서 해물칼국수와 갑오징어볶음을 맛있게 먹으며, 그보다 더한 감동을 친절한 주인에게서 받았다. 종이컵 하나도 먼지 앉을까 봐 통 안에 넣어두고, 혹시라도 부족한 반찬은 없을까 수

시로 챙기는 모습을 보며 친절을 이기는 장사의 비결은 없다는 것을 새삼 느낀다. 수입산 식재료는 단 하나도 쓰지 않는다며 자신이 만든 음식에 대한 자부심이 가득했다. 기대하지 않았던 곳에서 만난 맛집이었다.

꽃지해수욕장의 석양

서해안에 왔으면 석양을 봐야 한다. 날씨가 맑아서 제대로 석양을 볼 수 있겠다는 기대로 꽃지해수욕장으로 차를 몰았다. 새로 조성되고 있는 해안공원의 공사가 한창 진행 중이었다. 주차공간이 넓어 캠핑카를 주차하기도 쉬웠다.

일몰 시간에 맞춰 할매, 할배바위가 잘 보이는 곳에 자리 잡았다. 구름 한 점 없이 맑은 날이라 선명한 낙조를 만날 수 있으리라. 사진을 찍기에 최적의 장소인지 차츰 사람들이 몰려들었다. 다들 할매, 할배 바위 사이로 떨어지는 석양을 찍으라고 했지만, 난 수평선으로 오롯이 몸을 담그는 석양이 보고 싶었다. 한 걸음 비켜난 곳에서 시시각각으로 떨어지는 석양을 감상한다. 수평선을 향해 내려앉는 해는 하늘에 짙은 주황빛 물감을 풀어놓고, 그 물감은 바다에 번져 파도를 타고 내 앞까지 밀려온다. 여행 내내 마음속에 머물던 말들이 그 파도에 휩쓸려 먼먼 바다로 밀려 나간다. 돌이킬 수 없는 병에 함몰된 친구, 사막보다 더 메마른 마음밭에 홀로 서 있는 그 남편, 그 곁에서 함께 석양을 바라보고 서 있는 우리, 모두 모래밭에 그린 그림 같다.

오늘 본 석양은 참으로 뜨겁게 바닷속으로 들어갔다. 끝까지 아름다웠고, 장엄했다. 구름 한 점 없이 맑은 주홍빛 하늘을 거느리고 태양은 여전히 품위 있는 모습으로 다른 세상을 향해 바닷길을 건넜다.

이내 어둠이 내렸다. 파도소리를 뒤로하고 돌아서는 걸음에 모래가 따라왔다. 모래 한 알도 제자리에 있어야 하는 것을, 신발 속의 모래를 탁탁 털고, 돌덩어리 안고 있는 마음도 꺼내어 바닷물에 훨훨 씻는다. 무거운 짐을 받아든 바다는 뒤도 돌아보지 않고 다시 먼 바다로 흘러간다. 가볍게 튀어 오른 포말은 해안선에 레이스 자락을 펼치고, 밤하늘엔 별이 하나둘씩 돋기 시작한다.

오늘은 이른 아침부터 많은 곳을 돌아보느라 모두들 피곤한 기색이 역력하다. 캠핑카의 진수인 바비큐 파티를 완벽하게 준비했는데, 어둠이 내린 이 시각에 그 모든 걸 펼쳐놓고 고기를 굽는 수고가 번거롭게 느껴진다. 그냥 꽃지해수욕장 부근의 식당에 들러 이름도 생소한 이곳의 토속음식 '개국지'를 먹기로 했다. 넘치게 준비한 식재료가 캠핑카 안에서 울고 있어도 할 수 없다. 예상보다 시원한 개국지 맛에 바비큐 생각은 멀리 달아난다.

그날 밤, 그가 드디어 색소폰을 꺼내 들었다. 동그라미 여행엔 빠질 수

없는 공연이다. 인적 없는 곳에서 울려 퍼지는 색소폰 소리가 주변의 소나무숲을 가득 채운다. 색소폰에서는 같은 노래가 계속 흘러나온다. 임영웅의 '별빛 같은 나의 사랑아'이다. 그가 연주하는 이 노래는 아내에게 바치는 노래다. "당신이 얼마나 내게 소중한 사람인지 세월이 흐르고 보니 이제 알 것 같아요. 당신이 얼마나 내게 필요한 사람인지 세월이 지나고 보니 이제 알 것 같아요…." 수많은 연주곡을 갖고 있는 그는 오늘 이 노래만 반복하고 또 반복한다.

목련의 천국, 천리포수목원

월요일 오전, 수목원엔 바람도 잠자고 있다. 바로 옆이 바다인데 파도소리도 들리지 않는다. 막 돋아나는 연둣빛 이파리 사이로 온갖 목련이 저마다 함성을 터트리고 있다. 백목련과 자목련 등 전 세계에서 가장 많은 목련류를 보유하고 있다는 천리포수목원의 가장 아름다운 모습을 지금 보고 있는 것이다. 이렇게 개화 시기를 딱 맞추기도 쉽지 않을 터. 50여 년 동안 840분류의 목련을 수집하였다니 수목원의 가치를 제대로 느끼는 중이다. 특히 큰별목련 '라즈베리 펀'과 '얼리버드'는 꽃송이가 어찌나 크고 예쁜지 보

캠핑카 전국이 나의 별장

기만 해도 황홀하다. 4월 초엔 무조건 이곳을 와보라고 적극 권하고 싶다.

입구에서 큰연못정원을 좌측으로 두고 돌아가는 오릿길 곳곳에 피어 있는 다양한 꽃들과 눈인사를 하느라 발걸음이 늦어진다. 윤기 자르르한 호랑가시나무를 지나 그늘정원으로 들어서면 큰 나무 아래 이름도 예쁜 설강화와 복수초, 노루귀 등 키 낮은 꽃들이 옹기종기 피어있다. 그늘에서 잘 자라는 꽃들을 주로 심어놓았다. 처음 보는 꽃 이름을 하나하나 불러보며 걷는 산책로 옆으로 천리포 해안이 길게 따라온다. 바닷가에 자리한 이 수목원의 애칭이 왜 '서해안의 푸른 보석'인지 와보면 알 수 있다. 16,000여 종의 다양한 꽃과 나무들, 그리고 오랜 기간에 걸쳐 심고 가꾸며 돌봐온 이들의 마음이 수목원 곳곳에서 보석처럼 빛나고 있음을 느낄 수 있기 때문이다.

무작정 강행한 여행 초반엔 흐드러지게 핀 벚꽃을 보며 어쩌자고 벚꽃은 저리도 화사하게 피어나고, 노란 나팔수선은 또 어쩌자고 저리도 환한 웃음으로 우리를 맞이하고 있는지 야속할 정도였다. 그런데 돌아오는 길엔 벚꽃이 보이고 나팔수선의 고운 자태가 보인다.

이번 여행은 오랜 친구들이 건넨 위로였고, 캠핑카 여행은 그런 의미에서 탁월한 선택이었다. 견딜 수 없는 고통을 겪는 누군가를 위로할 일이 있으면 캠핑카 여행을 해보라. 비록 가볍디가벼운 벚꽃잎 한 장의 무게만큼도 그의 짐을 덜어주지 못할지라도 무조건 같이 떠날 일이다. 작은 공간에서 말없이 함께 음악을 듣고, 맥주를 마시며 쏟아지는 빗소리 사이로, 흩날리는 꽃잎 사이로 그는 수없이 한숨을 토해냈다. 가족도 알아보지 못하는 아내를 요양원에 보내고, 세상 밖으로 밀려난 것 같은 절망감에 휩싸인 그의 손을 우린 사흘 내내 잡고 있었다.

여행을 마치며 차에서 내린 그가 건넨 한마디. "고마웠어요. 덕분에 시간 잘 보냈네요." 그러면 된 것 아닌가.

인천·충청권

캠핑카로 떠난 가을 힐링여행

만리포해수욕장과 보령

우성창
힐링워킹아카데미 올바른걷기 교육지도자, 아트컴 대표

평소에 여행은 물론 많은 사람들과 소통하며 살고 있는 나는 1년 이상 지속되는 코로나 상황이 더욱더 갑갑하고 힘들게 느껴졌다. 일상을 탈출하고 싶은 욕구가 커져갈 때쯤 캠핑카 여행을 생각하게 되었고, 코로나 상황에 가장 맞는 여행 수단이 아닐까 하는 생각으로 캠핑카 여행에 도전해보기로 마음먹었다. 여행을 워낙 좋아하고, 지인들과 개인과 단체여행도 많이 다녀왔지만, 캠핑카 여행은 그동안 한 번도 해본 적이 없었다. 모임이나 단체여행이 제한되고 있는 상황에서 여행하기에 좋은 10월에 캠핑카 여행을 떠나게 된 것이다.

캠핑카로 여행한다는 것은 처음이라 어느 정도 용기도 필요했던 것이 사실이었다. 일반 여행과 달리 이동과 식사 등 여행에 관한 모든 것을 직접 계획하고 준비해야 하기 때문이다.

이번 여행은 20여 년 전의 추억이 아련하게 서려 있고, 그동안 몇 번이나 가보려 했던 태안 만리포해수욕장에 가기로 마음 먹었고 평소 알고 지내던 충남 보령에 사는 지인을 만나는 일정도 포함하여 아내와 함께 여행 일정을 잡았다.

코로나로 세상이 한창 시끄럽고 확진자가 점점 늘어나는 상황에서 장시간 집을 떠나려니 걱정도 되었지만, 한편으로는 답답한 일상을 벗어나고 싶은 욕구 또한 그만큼 컸기에 용감하게 여행을 떠나게 된 것이다.

우성창

만리포해수욕장

　설레는 마음으로 5시간 달려가 처음 도착한 곳은 태안군 소월면에 있는 만리포해수욕장이었다. 만리포해수욕장은 태안군을 가로지르는 32번 국도의 가장 끝부분에 있으며, 태안해안국립공원으로 지정되어 대천·변산 해수욕장과 함께 서해안 3대 해수욕장이기도 하다. 백사장 길이가 무려 약 4㎞에 달하여 만리포라는 이름도 지어졌으며, 모래 질이 곱고 수심과 경사가 완만하여 해수욕장으로 알맞은 조건을 갖추고 있어 해마다 많은 피서객이 찾는 곳이기도 하다. 넓은 만리포 해변은 그저 바라보기만 해도 평화롭고, 복잡한 마음이 정리되기에 충분한 곳이다.
　이곳은 23년 전 내가 30대 초반이었을 때 가족들과 여름 휴가를 보낸 즐거운 추억이 서린 곳이라 언젠간 꼭 다시 와보고 싶었다. 또한, 복잡하고 답답한 서울을 벗어나 탁 트인 바다가 그리웠던 것도 이곳을 찾은 이유 중 하나였다.
　추억과 기대를 안고 도착한 만리포해수욕장! 구름 한 점 없는 맑은 가을 하늘 아래 시원하고 드넓게 펼쳐진 바다는 답답한 마음을 단번에 뚫어주었다.
　오감으로 느껴지는 자유로움과 평안함은 우리를 아무 걱정거리 없는 아이가 되게 했다. 맨발로 백사장을 이리저리 마음껏 뛰어다니고 바닷물을 발로 튀기며 허공을 향해 마음껏 소리도 질렀다.
　맨발에 느껴지는 우윳빛 해변의 모래사장은 털신을 신은 듯 보드라웠고, 완만하고 낮은 수심의 바닷가는 몸과 마음에 안정감과 편안함을 주기에 충분했다. 신나고 자유로운 시간을 만끽하는 그 시간만큼은 세상 모든 것을 잊고 누구보다 그 어느 곳에도 얽매이지 않은 자유롭고 순수한 존재가 되었다.

해변과 바다를 마음껏 즐기다 문득 돌아보니 이 넓은 만리포해수욕장 백사장에 코로나 탓으로 사람이 거의 보이지 않았다. 너른 백사장을 내 것인양 마음껏 소리 지르고 마구 뛰어다녀도 어느 누구의 방해와 눈치도 받지 않는 이 시간이 어쩌면 다시는 경험해보지 못할 순간일 것이라는 생

각도 들었다. 지금 생각해보면 그때 그 해변의 한적함은 마치 타임머신을 타고 조용한 신비의 동화 세계로 들어간 것 같은 착각이 들 정도였다.

23년 전에 와보았던 이곳은 낮이면 해수욕하는 인파가 발 디딜틈 없을 정도로 가득했고, 밤이면 휘황찬란한 조명 아래 밤 늦도록 다양한 음식을 파는 야시장과 유흥시설들로 인해 질서라곤 거의 찾아볼 수 없을 정도로 그야말로 흥청망청 시끌벅적한 곳이었다. 그저 먹고 놀고 즐기는 분위기로 가득했던 걸로 기억된다. 그때에 비하면 지금은 잘 정비된 상가와 식당들로 주변 환경이 낯설 정도로 변모했으며, 코로나로 인해 더더욱 썰렁할 정도로 한적했다.

한참동안 만리포 해변을 뛰어놀다 해변 가까이에 캠핑카를 주차한 뒤, 차창을 모두 개방한 후 커피 물을 올렸다. 가까이서 들리는 잔잔히 파도 소리와 더불어 유튜브에서 흘러나오는 부드러운 음악을 들으며 마시는 커피 한잔은 인상파 화가 르느와르의 곱고 편안한 빛의 향연처럼 몸과 마음에 부드럽고 달달하게 스며들었다. 그 달콤하고 여유로운 시간 또한 너무나 편안하게 느껴졌다.

해질 무렵 바닷가를 배경으로 펼쳐지는 저녁 노을은 금빛 액세서리와 같은 조각 구름이 더해져서 해변의 분위기를 더욱더 황홀경으로 빠져들게 했다. 서해안의 낙조는 아름답기로 유명하지만, 특히 오늘의 낙조는 또 다른 세상으로 시간여행을 간 것처럼 우리에게 특별한 아름다움을 선사해주었다.

수평선 너머로 바다가 석양을 삼킬 때까지 우리는 만리포해수욕장 풍경에 취하며 순간순간을 놓치지 않고 마음껏 느끼고 향유했다.

그렇게 캠핑카 여행 첫날이 서서히 저물고, 늦은 저녁을 해결한 후 파도 소리를 자장가 삼아 달콤한 첫날밤을 보냈다.

다음 날 아침. 단잠을 깨운 것은 갈매기 소리였다. 부드러운 스프로 아침을 간단히 해결하고 조용한 해수욕장을 산책하였다. 해변을 따라 북쪽으로 쭈욱 돌아들어가면 해변가와 암벽 사잇길로 송림이 우거진 산책길이 조성되어 있는데 그 산책길을 한참 따라가다 보면 멀리 만리포해수욕장이 한눈에 들어오는, 정말 한 폭의 그림 같은 풍경이 펼쳐지는 곳도 있었다.

특히 인적 드문 산책길 주위에 피어있는 국화를 비롯한 조그마한 야생화들은 자신을 봐달라는 듯이 가을바람에 하늘거리며 서로 아름다운 자태를 뽐내고 있었다.

해변가 산책길에서 좀더 깊숙이 걸어 들어가니 작은 유리바닥의 흔들다리도 설치되어 있어서 방문객들에게 색다르고 아기자기한 볼거리도 제공해주었다.

해변 산책로를 한 바퀴 돈 뒤 차량으로 10분 정도 가면 바로 옆에 만리포해수욕장보다 규모가 조금 작은 천리포해수욕장이 있고, 그 옆에 천리포수목원도 있었다. 천리포수목원은 오래 전 귀화한 미국인 칼 페리스 밀러(한국 이름 민병갈) 씨에 의해 1979년에 설립된 한국 최초의 민간 수목원으로, 현재 약 15,000여 종류의 다양한 식물이 서식하고 있지만, 아쉽게도 코로나19로 인하여 개방하지 않고 있어서 다음을 기약했다. 천리포해수욕장은 더더욱 한적하여 주변 인증샷만 남기고 돌아섯다.

간월암과 코스모스

만리포, 천리포해수욕장과 주위 둘레길을 산책한 후, 오후에 지인이 있는 충남 보령으로 향했다. 보령으로 이동하던 중 바다 위의 아름다운 사찰, 간월도의 간월암을 방문했다. 그곳으로 가는 길에 홍성군 서부면과 서산시 부석면 창리 6.4km를 잇는 시원하게 끝없이 펼쳐진 A지구 방조제를 지났다. 이 방조제는 1982년도에 착공해서 1995년도에 완공하였는데, 그전에는 간월도에 가려면 쪽배로 삼십 리를 가야만 닿을 수 있는 곳이었다. 끝이 보이지 않을 만큼 시원스럽게 펼쳐진 갯벌과 바다는 서해안의 색다른 풍경이었다.

간월암은 조선 태조 이성계의 왕사였던 무학대사가 창건한 암자다. 무학대사가 이곳에서 달을 보고 깨달음을 얻었다는 데서 간월암이라는 이름이 유래되었다고 한다. 법당에는 무학대사를 비롯하여 이곳에서 수도한 고승들의 인물화가 걸려 있었다.

이 작은 사찰은 서해안 특유의 조수 간만의 차로 바닷물이 들어오면 육지와 고립되어 작은 섬이 되고, 물이 빠지면 길이 열려 걸어서 방문할 수 있는 특이한 곳이다. 사찰 구석구석에 아기자기하고 예쁜 조각과 꽃 등 볼거리가 많고, 주변이 바다로 둘러싸여 있어서 이국적인 분위기를 느낄 수 있으며, 마치 작은 영화 촬영 세트장에 와 있는 듯한 느낌이 드는 참 인상 깊은 곳이다.

간월암 나오는 길에 코스모스 밭이 있어 잠시 들렀다. 반짝이는 맑은 가을 햇살 아래 하늘거리는 코스모스들이 넓게 펼쳐진 풍경은 아름다운 가을을 더욱 풍성하게 느끼게 해주었다.

보령의 지인을 찾아

오후에 보령 청라면에 있는 지인의 집에 도착했다. 지인의 전원주택은 작고 아담하지만, 집 뒤로 성주산이 병풍처럼 둘러싼 그림 같이 아름다운 곳이었다.

　지인은 3년 전 내가 문화센터에서 건강교육을 진행할 때 수강한 분이었는데, 그 당시 서울에서 요리사와 출장뷔페로 부부가 사업을 크게 운영하다가 뜻하는 바가 있어서 이곳 보령으로 오게 되었다고 한다. 지인 부부는 보령의 대표 휴양지인 성주산과 연계해서 현대인들의 지친 마음을 건강하게 치유해주는 힐링 테마파크를 만들고 싶다는 꿈을 갖고 그곳에 정착하려 한다고 했다. 꽃을 가꾸고. 아담한 텃밭에 채소들을 키우는 그곳에 가 있는 것만으로도 몸과 마음이 힐링되는 곳이었다

　지인 부부는 우리를 반갑게 맞아주었다. 주변 소개와 함께 텃밭에서 가꾼 싱싱한 채소로 전직 요리사답게 감칠맛 나고 맛있는 저녁을 차려주었다. 재료가 싱싱하기도 했지만, 같은 재료로 이렇게 다양한 맛을 낼 수 있다는 것을 느낄 정도로 요리에 특별한 재능이 있었다.

맛있는 저녁 식사 후 후식으로 직접 수확한 고구마를 구워 먹으며, 가을 풀벌레 소리와 초롱초롱 빛나는 수많은 별을 배경삼아 늦은 시간까지 이야기꽃을 피웠다.

　다음 날 아침, 지인의 집 앞 아담한 호숫가에서 잔잔한 물결 따라 오리들이 노니는 모습을 보며 세상사 잠시 잊고 멍 때리는 시간을 가진 것도 마음을 안정시키는 데 좋았다.

　아침 산책을 끝내고 오니 지인은 집옆 냇가에서 수확한 자연산 돌미나리와 각종 야채 등으로 싱싱한 건강 아침 밥상을 대접해주었다.

성주산 둘레길과 청천저수지

아침 식사를 마친 후 우리 부부는 간식을 챙겨서 집 뒷편에 있는 성주산 둘레길 탐방에 나섰다. 성주산은 1970~80년대 우리나라 국민들의 주된 연료로 사용된 석탄 채굴이 활발히 진행된 곳이었는데, 당시 국내 석탄 생산의 약 10%를 차지하여 보령 경제의 전성기를 일궈내며 큰 호황을 누린 곳이었다.

80년대 이후 점차 석탄 수요가 감소하면서 정부 시책에 따라 서서히 광

산이 폐광되기 시작하였고, 점차 석탄 생산이 줄어들어 지금은 그 명성이 거의 자취를 감추게 되었다고 한다. 지금은 현지에 석탄박물관, 광산굴 체험 등 잊혀져 가는 그때의 모습을 기리는 몇몇 체험 공간들이 만들어져 있다.

우리가 걸었던 성주산 둘레길은 잘 알려진 관광 휴양림 쪽이 아닌 반대편 성주산 쪽이었는데, 70년대 그곳에서 생산된 석탄을 운반하였던 임도(임시도로)였다. 임도와 산행을 번갈아가며 약 4시간에 걸쳐 10km 넘게 걸었는데, 그 길을 걷는 동안 마주친 사람은 딱 한 사람밖에 없을 정도로 한적하고 조용한 길이었다.

산과 인접해 있는 둘레길이지만 길은 그다지 험하지 않았다. 군데군데 소나무 숲과 적당히 굴곡진 길, 그리고 돌아설 때마다 새롭게 펼쳐지는 다양한 풍경들은 걷는 동안 지루함과 적막함을 충분히 달래주었다. 가끔씩 길 옆에 자생하는 토종 밤나무와 감나무에서 자연이 주는 자연 간식도 얻어가며 성주산 트레킹을 재미있게 마무리지었다.

다시 캠핑카로 돌아와 간단히 샤워를 한 후 짐을 정리하면서 하루 정도 더 묵을까 생각했는데 다음 날이 3일 연휴 마지막 날이라 귀경길 정체도 염려되어 계획보다 하루 일찍 상경하기로 했다. 지인도 하루 더 있다 가라고 했지만, 힐링 테마파크가 완성되면 그때 꼭 다시 방문하겠다고 약속하며 작별 인사를 나누었다.

보령을 빠져나오기 전, 지인이 꼭 방문해보라던 알려준 청천호수라는 곳에 잠깐 들렀는데 그림같이 잔잔한 호수와 아름다운 저녁 노을, 물속에 비친 또 하나의 물빛 노을 그리고 호수 속의 물풀들은 마치 화가 고흐 작품의 화려한 색채를 연상케하는 짙은 가을 오후의 색감을 그대로 보여주는 듯했다. 그 청천 호수에서 마주한 해질녘 풍경은 이번 여행에서 만난 절정의 아름다운 풍경이었다.

이번 여행동안 내내 적당한 기온과 맑은 가을 날씨 그리고 아름다운 자연 풍경과 정다운 사람들로 인해 모든 순간순간이 즐겁고 행복했다. 우리가 원하는 곳으로 쉽게 이동할 수 있고, 어디서든 편하고 자유롭게 머물 수 있는 캠핑카 여행이라서 더욱 더 특별하고 행복했다. 젊을 때는 꿈을 먹고 살고, 나이 들어서는 추억을 먹고 산다고 하는데. 이번 가을 힐링여행은 그 멋진 추억을 삶의 한 페이지, 추억의 한 페이지에 담을 수 있었던 특별한 여행이었다.

[인천·충청권]

세계문화여행을 즐기는
특별한 캠핑카 여행

소백산과 충주호

김재열
세계여행스토리텔러

아내는 내가 설 다음 날 친구와 2박 3일로 캠핑카 여행을 떠나기로 했다는 갑작스러운 소식에 반가움을 감추지 않았다. 코로나19의 여파로 해외여행의 길이 막힌 이래 일 년 넘도록 세계여행 스토리텔링의 연구에만 몰두하고 있는 내가 모처럼 며칠간의 국내여행을 떠나게 되었다는 소식에 대한 반가움 뿐만이 아니라, 조만간 자신도 이 특별한 여행에 함께하게 되리라는 설렘과 기대감이 훨씬 더 컸으리라!

물론 오랜만에 탁 트인 자연 속에서 그토록 좋아하는 바비큐를 마음껏 즐기며 친구와 함께 특별한 캠핑카 여행을 하게 된 호사를 가장 기뻐한 것은 바로 나 자신이었다.

지난 1년 동안 코로나 여파로 대부분의 해외여행 및 강연 행사 일정들이 줄줄이 취소되며, 타고난 유목민 본능을 힘겹게 잠재우며 사무실에서 연구와 칩거를 해오던 나에게 가뭄의 단비 같은 친구의 여행 제안이었다

고무된 아내의 관심사는 바로 음식으로 바뀌었다. 평소에 워낙 요리를 좋아하는 아내는 3일 동안 세 사람이 먹을 음식을 자신이 꼼꼼하게 준비하겠노라며 설날 오후부터 찌갯거리를 위한 양념과 밑반찬 등을 장만하느라 부산하게 움직였다.

내일로 임박한 나의 여행은 물론이려니와 아직 일정도 잡지 않은 아내와의 가족 여행조차 벌써 시작된 셈이었다. 여행이 우리에게 주는 가장 큰 유익은 여행에 대한 기대와 설렘이다. 이렇게 기대와 설렘으로 가득 채워지는 여행은, 시간이 흐른 후에 대부분 여행 당시 체감했던 실제의 감흥보다 훨씬 더 행복하게 느껴지는 여행 후의 추억으로 우리 의식을 지배해 버리는 속성을 가지고 있다. 그래서 여행은 언제나 추억이라는 단어와 붙어 다니는가 보다.

이번 여행에서는 애초에 동갑내기 친구 셋이서 여행 동무를 하기로 되어 있었는데, 갑작스럽게 동행 불가 통지를 하는 바람에, 평소 가까이 지내던 유명 사진작가이신 김광용 포토테라피스트에게 함께 가기를 제안했고, 살인적인 스케줄로 난감해 하는 작가에게, 이왕이면 이번 여행에서 최고의 사진 전문가를 동반하여 고품질의 사진을 찍고 싶은 욕망으로 단단히 무장한 내가 막무가내 떼를 쓰자 결국은 강청을 물리치지 못하고 허락하고 만 터였다.

소백산 오토캠핑장

설 다음 날 우리는 올림픽공원 근처의 내 카페 앞에서 모여 첫 여정을 시작하였다.

캠핑카는 우리를 따뜻하게 품어주었다. 고속도로를 달리며 즐겁게 담소를 나누었다.

국내에서는 가족과의 여행에 익숙한 나였지만, 이번 여행은 친구와 선배라는 기묘한 조합의 남자 셋이서 떠나는, 대학교 2학년 내 딸의 표현을 빌자면 그야말로 레어템(드문 아이템)인 셈이었다. 김 선배는 차 뒤편에서 못다 이룬 잠을 청하고 있었고, 나는 캠핑카를 운전하는 친구와 연신 수다를 떨어댔다. 여행을 떠나는 사람들끼리는 으레 말수가 늘어날 수밖에 없다. 누구나 여정의 즐거움에 적당히 고무되기 때문이다.

더구나 숙소를 끌고 여행할 수 있다는 캠핑카 여행의 특권이 우리를 더욱 신나게 했다. 일상 밖의 여정은 언제나 숙소와 식사라는 변수와 마주칠 수밖에 없는데 캠핑카 여행을 떠나는 여행자가 고민해야 할 최대의 변수는 여행 목적지의 풍경과 안락 그리고 주차 환경으로 압축되기 때문이다.

우리 캠핑카는 고고한 자태를 이끌고 오후 2시경에 생각보다 아담한 소백산 오토캠핑장에 들어섰다. 설 연휴였지만 아직도 늦겨울의 쌀쌀함이 계속되는 계절이어선지 캠핑카와 차박을 위해 먼저 자리 잡은 사람들은 그리 많지 않았다.

여행자에게 여행 목적지가 복잡한 곳은 가장 기피해야 할 요소이기에 캠핑장의 적당한 한가함이 보너스로 느껴져 기분이 괜찮았다.

사전 예약한 오붓한 자리에 야무지게 주차하고 여장을 풀었다. 아니 여장은 우리가 푼 것이 아니라 오히려 캠핑카였다. 캠핑카는 야외의자와 식탁 그리고 바비큐 장비와 음식들을 순순히 내어주었다. 이내 어닝으로 우리에게 쉼터를 만들어주었고, 이제까지의 이동 수단에서 근사한 숙박 수단으로 자신의 기능을 멋지게 바꿔주었다.

유난히 날씨가 좋았다.

며칠 전의 혹한이 무색할 정도로 날씨는 이례적으로 따뜻했다. 햇살도 영롱했고 미세먼지조차 자취를 감추었다. 여행하기 최적의 아름답고 온화한 날씨였다. 하지만 만약 날씨가 나빴더라도 그리 실망치 않았으리라.

날씨가 여행에 미치는 영향은 절대적이다. 하지만 역설적이게도 길 떠나는 여행자에게 날씨만큼은 계획과 설계가 불가능한, 우리 영역 밖의 조건이다. 좋은 날씨에 대한 우리의 바람과는 상관없이 완전한 예측이 불가능한 날씨가 여행의 품질을 결정하는 것이다.

그런데 이 특별한 캠핑카 여행은 한겨울의 폭설 때문에 제설 작업이 전혀 되지 않은 오지에 고립되는 최악의 상황이 아니라면, 아웃도어 여행이 고스란히 감당해야 하는 비바람, 추위, 따가운 햇빛으로부터 비교적 자유로울 수 있다는 특별한 장점이 있다.

우천 속에서도 차에서 내려 짐을 가지고 숙소까지 이동하는 불편함을 감수할 필요가 없기 때문이다. 차가 곧 최고의 숙소이고, 최고의 전망대이자 최고의 놀이터이기 때문이다.

캠핑에서 절대 빠질 수 없는 필수 코스인 바비큐를 위하여 우리는 숯에 불을 붙였다. 숯불을 빨리 붙이기 위한 토치가 변변찮아 여간해서 불이 붙지 않았다. 모처럼 매캐한 숯 연기에 매운 눈을 껌뻑거리며 입으로

풀무질을 했다.

아~, 내가 세상에서 가장 기다리기 힘들었던 것은 병장 시절의 전역 날짜, 만삭의 아내가 12시간 진통 끝에 분만한 우리 딸을 처음 만나던 순간, 그리고 바로 이 숯불 붙이기이다.

그러기에 불을 붙인 후 흡족한 마음으로 커피 한잔할 때쯤 되어서야 숯불이 이제 연기라고는 전혀 없는 바알간 후광을 밝히며 고기 익히기 최적의 상태가 된 것을 보며, 시장기에 떠밀려 미처 무르익지도 않은 숯불에 고기 일부를 태워버린 성급함을 아쉬워하게 된다.

오토캠핑장에서 구입한, 상태가 그리 좋아 보이지 않는 냉동 삼겹살인데도 왜 그리 맛있는지 정신없이 먹어치웠다. 숯불 위에 있는 한, 세상에 나쁜 고기는 없다. 아내가 정성스럽게 챙겨준 고추장 삼겹살은 압권이었다. 더불어 아내가 이미 다 끓여서 플라스틱 통에 담아준 돼지고기 김치찌개는 간편하게 데우기만 해서 먹을 수 있었기에 고기의 느끼함을 상쇄시켜 주는 훌륭한 메뉴로 그 빛을 발했다.

다소 요란스러운 캠핑카의 바비큐 식사를 마치고 우리는 커피를 마시며 장작불을 피웠다. 양파 자루만 한 양의 장작은 캠핑장에서 12,000원에 구입했는데 제법 실해 보였다.

아직 소백산 줄기로 해가 넘어가기 전이어서 그 실루엣이 정말 아름다웠다. 얼마 만에 맛보는 자연의 혜택인가? 아름다운 노을의 향연이 끝나기가 무섭게 모닥불의 아늑함과 쏙닥함이 우리를 초대했다. 김 선배는 우

리의 요청에 따라 여러 각도에서 사진을 찍어 주었다.

"사진은 연출이야~."

사진 전문가의 금과옥조 같은 충고를 들으며 자연스럽지 않은 포즈를 자연스럽게 찍는 일에 몰두하였다. 나도 오래전 꽤 인상 깊었던 캠코더 광고 카피 문구를 인용해 한마디했다.

"기록은 추억을 지배한다!"

어닝 아래의 LED 불빛이 농익은 모닥불과 어우러져 늦겨울 밤의 냉랭함을 충분히 녹여주었다.

나는 프로젝터와 이동용 스크린을 적당한 장소에 설치했다. 노트북에 연결하여 평소 좋아하던 블록버스터급 공연 영상을 감상했다. 캐서린 젠킨스의 O2 아레나 공연, 로비 윌리엄스의 로얄 알버트 공연, 셀린 디온의 라스베가스 공연. 일 디보의 바르셀로나 공연 등 로얄석 입장료로 산정한다면 1인당 족히 수백만 원을 호가할 금액이다. 캠핑카 여행에서 새롭게 장착할 새로운 트렌드 캠핑카 데스티네이션, 즉 캠핑카 여행에 특별한 문화콘텐츠를 접목해보고자 하는 시도의 일환이다.

다소 요란하고 호사스러운 저녁을 먹고, 모닥불 가에 앉아 일행들과 커피를 손에 들고 담소를 나누며 캠핑의 밤을 만끽했다. 거기에 더하여 이 멋진 캠핑카 여행에서 특별한 세계문화여행의 체험을 입체적으로 만끽할 수 있다면 코로나의 여파로 지쳐있는 우리의 일상에 커다란 활력소가 되지 않을까?

평생을 전문적인 테마여행 개발자로 해외여행을 다녔고, 그 경험을 오감을 통하여 느낄 수 있도록 강연과 공연 영상으로 전하고 있는 세계여행스토리텔러인 내가 이 펜데믹 시대에 선도하고 싶은 국내여행 트렌드이다. 해외여행에 대한 목마름과 코로나 블루로 인한 심각한 피로도와 문화예술에 대한 갈증을 동시에 풀어줄 수 있는 캠핑카 데스티네이션. 캠핑을 즐기며 해외여행을 만끽했다. 런던, 파리, 로마, 피렌체, 크로아티아, 카리브해 등…. 펼쳐지는 영상을 보며 마치 내가 거기에 가 있는 듯한 느낌이 들었다.

이 여행의 본질인 차에서의 숙박은 역시 안락했다. 작은 거실과 주방 그리고 오붓한 침실까지 겸비한 훌륭한 캠핑카 숙소에서의 첫날밤은 늦겨울이라서 약간의 웃풍은 감내해야 했지만 충분히 따뜻하고 편안했다.

뉴질랜드에서의 추억이 떠오른다. 투어버스를 타고 남섬을 여행할 때 밀키블루의 테카포 호수, 푸카키 호수 근처에서 흔히 볼 수 있던 뉴질랜드의 하얀색 캠핑카들. 호수 주변 라벤더 꽃을 닮은 루피너스 꽃이 지천으로 피어있는 들판에 손잡고 산책하던 초로의 부부! 그 평화로웠던 풍경들이 내 머리를 스치고 지나갔다. 여행팀과 수십 번을 갔으면서도 아내와는 한 번도 함께하지 못한 미안함! 나중에 아내와 함께 꼭 캠핑카 여행을 하겠노라고 다짐했던 그 아름답고 평화로운 뉴질랜드 남섬!

그런 생각들을 하다가 나는 어느새 잠들어버린 것 같다

아침에는 잔잔히 비가 내렸다. 캠핑카에서 맞는 아침에 듣는 정겨운 빗소리는 말로 표현할 수 없는 감흥을 불러일으켰다. 이 대목은 너무나 미묘해서 직접 경험해보지 않은 사람에게 글로 묘사해서 전달할 엄두가 나질 않는다. 대신 캐스케이즈(The Cascades)의 "Listen to the rhythm of the falling rain~."으로 시작하는 'Rhythm Of The Rain'을 들으며 상상해보라고 권하고 싶다.

오토캠핑장을 빠져나와 여명의 시골 국도를 걸었다. 근래에 이렇게 차가 지나다니지 않는 한가한 차도를 본 기억이 없다. 30분가량의 산책을 마치고 오토캠핑장에 딸린 그럴듯한 공동샤워실에서 샤워를 했다. 실내는 차가웠고, 물의 온도는 냉수와 온수 사이였다. 실로 오랜만의 닭살 샤워에 나도 모르게 기합 소리가 나왔다. 이렇게 달달 떠는 샤워는 군대 훈련소 시절 이후 처음이다. 낮에 친구와 호사스러운 온천 사우나를 했을 때 얼마나 행복했는지 모른다.

집 나오면 고생이다. 유명한 말이다. 하지만 여행은 색다른 경험을 찾아 떠나는 것이지 안락을 찾아서 떠나는 것만은 아닌 것 같다. 여행에는 반드시 대가가 지불된다.

충주호

차 안에서의 아침 식사는 맛있었다.

우리는 단양의 도담삼봉을 둘러본 후, 다음 날 일정이 있어 부득이 귀가해야 하는 김 선배를 충주역에 내려주고 충주호로 향했다. 친구는 직장생활 시절, 이 지역의 지사장으로 근무했던 경험으로 충주호에 대한 상당한 애착과 지리적 지식을 가지고 있었다.

호숫가로 난 길을 따라 꽤 달려 충주호가 한눈에 내려다보이는 호젓한 곳에 주차했다. 여기서 묵으면 그만이겠다 싶은 곳이었다. 어제와는 달리 오늘은 캠핑카의 진면목을 느낄 수 있는 노지 주차이다. 전기 공급과 내부 화장실 샤워실 등은 모두 캠핑카 자체 공급이다. 캠핑카가 기특하고 고마웠다.

인스턴트 부대찌개를 맛나게 끓여 먹고, 친구와 둘이 이런저런 속 깊은 이야기를 꽤 많이 나누었다. 캠핑카 투숙의 또 다른 면이다. 캠핑카가 아니라면 이 시대에 부부나 가족 아닌 사람이 한 방을 쓸 일이 어디 있겠는가?

호젓하게 충주호에서 밤을 보내고 짐을 챙겨 서울로 향했다. 캠핑카 여행을 하게 해준 친구가 고마웠다. 이번 여행을 시작하기 전에 이미 캠핑카를 하나 장만하기로 결심했었다. 차량 구입 비용, 주차 문제, 관리 등에 따른 충분한 대가를 지불할 마음을 굳혔다.

여행가는 행동한다. 치열했던 일상의 굴레를 잠시 벗어 던지고 우리는 일상 밖으로 먼 길을 떠난다. 이 여행을 통하여 우리는 틀림없이 길을 찾게 될 것이다. 놀라울 정도로 가까운 데 있는 우리만의 길을!

어쩌면 우리는 모두 어느 날 갑자기 회오리바람에 날려, 사자가 원했던 '용기'와 허수아비에게 절실했던 '사랑'과 양철맨에게 간절했던 '지혜'를 찾아줄 꿈과 환상으로 가득찬 마법의 나라로 떠나 버렸지만, 머지않아 반드시 그리운 고향집으로 돌아가고 싶은 꿈 많은 시골 소녀 '도로시'일지도 모른다.

나는 길 위에 있다!

로마는 성을 쌓지 않고, 길을 닦았다!

나를 또 다른 설렘과 추억으로 채워줄 아내와 딸과의 캠핑카 여행을 기다리며….

김재열

인천·충청권

두 여자의 캠핑카 여행
부여

제시카서
퀸즈여성골프 회장

'바퀴 달린 집', '나는 차였어' 등의 TV 프로그램을 시청하면서 WISH LIST 1순위에 올린 것이 캠핑카 여행이었다. 코로나 시대에 마음속 깊은 곳에서 바이러스 걱정 없는 자유를 원하고 있었나 보다. 그러던 차에 캠핑카와 만날 기회가 생겼다. 캠핑카 여행기를 쓰면 캠핑카를 빌려준다는 소식을 접하는 순간, 통화하고 있던 소울메이트 주 언니에게 이야기하고 바로 신청했다. 중년의 아줌마 둘이서 요즘 가장 핫하다는 캠핑카 여행을 할 수 있다는 것만으로도 설렜다.

결정하고 나니 누구와 함께 갈 것인지 생각해보았다. '박세리의 노는 언니'처럼 여자들만의 캠핑을 원했는데, 일정이 맞고 모험심을 지닌 분들이 없었다. 둘이 여행하기에는 뭐가 부족한 듯하여 주 언니는 아들을, 나는 조카를 섭외하였으나 서로의 일정이 맞지 않아 결국 둘이 떠나게 되었다.

운전은 내가 하기로 했다. 미국 생활 중 유홀트럭을 운전해본 적이 있기에 큰 걱정은 없었다. 단지 2종 면허라 1종으로 변경해야 하나 걱정했는데, 올 설날의 홀인원 운이 계속되는지 2종도 가능하다고 하여 다행이었다. 출발하는 날, 차주에게 캠핑카 사용법을 들으며 동영상을 찍었다. 이제 안심이다.

부여 공부하기

말로만 듣던 부여는 백제의 역사가 살아있는 곳이다. 오래전부터 가보고 싶었으나 인연이 닿지 않았는데 드디어 가게 된 것이다. 부여 캠핑카의 성지 칠지공원, 드라마 '철인왕후'에서 타임슬립 매개체가 된 궁남지, 우리나라에서 유일하게 탈 수 있는 열기구 등 볼 것과 즐길 것이 많은 곳이다. 인싸에서 가장 핫하다는 성흥산성 사랑나무, 천년 백제 유물지 등 둘러볼 곳이 정말 많았다.

부여 여행 중 둘러볼 곳에 대한 선정 작업에 돌입했다.

1순위는 정박지 고르기. 캠핑카들의 성지로 뷰가 끝내주는 칠지공원과 아마추어 캠핑카족을 위한 레저파크 캠핑장 중 전기와 물을 안정적으로 공급할 수 있는 곳으로 가기로 했다.

2순위는 주 언니가 추천한 성흥산성 사랑나무와 내가 추천한 열기구 타기였다. 백마강에서 유람선도 꼭 타보고 싶었다.

3순위는 여행에 빠질 수 없는 맛집 고르기이다. 하루 한 끼씩은 현지인에게 맛집을 추천받기로 했다.

부여로 출발

누구에게나 삶이 불확실한 것처럼 여행도 현지에 가서 정해지는 것들이 있다

출근 시간이라 길이 많이 막혀 예정보다 조금 늦게 캠핑카 있는 곳에 도착했다. 차주에게 캠핑카 사용법을 설명 듣고 찬찬히 운전하기 시작했다. '안전 제일!'을 외치며 기름을 채우기 위해 넓은 주차 공간이 있는 기흥휴게소로 향했다. 주유소에 도착하자마자 화장실로 뛰어갔다. 이곳까지 오는 3시간 동안 긴장감에 배가 극도로 아팠기 때문이다.

화장실에 다녀오니 셀프 주유라 뒤에 차들이 줄지어 있었다. 부러운 듯 다들 캠핑카 가격은 얼마냐고 묻기도 하고, 여자 둘이서 캠핑카로 여행한다니 멋져 보인다며 엄지를 치켜세운다. 기분좋게 기름을 가득 채우고 출발했다.

부여IC를 통과하니 12시 30분이 지났다. 무엇을 먹을까 고민하다 주 언니 지인의 추천으로 '구두래쌈밥집'으로 향했다. 중소벤처기업부가 인정

한 '백년가게'이며, 현지인 맛집으로 소문난 곳이라고 한다. 오래된 맛집은 시간이 주는 독특한 느낌이 있다. 60~70년대의 결혼식 모습과 가족들 사진이 걸려 있었다. 모과주, 귤주, 하오수주, 인삼주 등 각종 담금주들도 있어 보기만 해도 즐거웠다 연잎밥도 먹고 싶었지만, 야채밥을 선택했다. 식당 바로 앞 농장에서 노인 부부가 딸기를 따왔다. 익어서 바로 먹어야 하는 딸기를 한 박스 사서 디저트로 먹었다.

부여의 상징 황포돛배와 고란사

구두래 나루터에 도착하니 강 건너에 칠지공원이 보였다. 백마강에서 황포돛배를 타고 강물처럼 유유히 주위를 돌아보았다. 황포돛배는 옛 돛배를 그대로 재현한 것으로, 흰 광목을 황토 물에 삶아 색을 낸 넓은 돛을 배 앞부분에 세운 배다. 부여의 상징인 돛배를 타고 부소산 주변의 아름다운 경치를 감상했다. 백제의 멸망과 함께 적들의 손에서 수치를 당하기보다 차라리 뛰어내려 절개를 지켰다는 백제의 여인들을 기리기 위해 조선 후기의 학자 송시열이 쓴 '落化岩'(낙화암)이란 글씨도 볼 수 있었다.

고란사 선착장에 도착하니 눈치가 가득하다. 눈치는 생선살에서 민물고기 냄새가 나고, 가시가 많아 먹지 않는다고 한다. 뜰채만 넣어도 10마리는 잡힐 듯하다.

천년사찰 고란사를 향해 숲길을 올라갔다. 옛 사찰이 주는 고즈넉함이 기분 좋게 느껴졌다. 고란사에서 가족의 안위를 위해 초를 밝히고, 고란사 뒤편 바위틈에서 솟아나는 약수를 마셨다. 마실 때마다 3년씩 젊어진다는 전설이 서려 있는 고란약수는 암반수여서 손잡이가 긴 컵으로 겨우 떠서 마셨다. 고란사를 돌아보고 구두래 선착장으로 돌아오니 벌써 오후 5시. 초보 캠핑카족인 우리는 숙박지부터 정하기로 했다. 부여 백마강레저파크와 칠지공원을 비교해본 뒤 5만 원을 내더라도 안전 가이드가 있는 레저파크로 가기로 했다.

백마강레저파크에 주차하고 본격적인 캠핑에 돌입했다. 불 피울 준비를 하고, 의자와 테이블, 어닝을 펴고 태국에서 가져온 전등 3종 세트를 달아주니 제법 캠핑 분위기가 났다. 장비를 다루는 것이 다소 서툴기는 했지만, 설명 들은 대로 차근차근 하니 초보라도 충분히 할 수 있었다. 주위에 우리보다 먼저 온 20대 여성 3총사도 있었고, 가족들이 온 팀도 있어서 이곳에 오기를 참 잘했다 싶었다

약간 피곤하기도 하고 배도 고프지 않아서 저녁을 먹으러 나가는 건 그만두고, 큰 마시멜로랑 참외, 딸기, 번데기탕으로 때웠다. 큰 차를 2시간 운전한 것이 벅차기는 했나 보다. 20대 친구들이 선곡한 캠프 음악을 들으며, 가족들의 산책을 바라보며, 7시에 점등한 전등을 보며, 캠핑카에 있는 장작을 태워 불멍도 하며 천 년 전 도시였던 부여의 밤이 주는 청량함을 마음껏 누렸다. 작지만 안전한 캠핑카에서의 첫날밤은 아늑하고 편안했다.

열기구로 500m 창공을 날다

다음 날 아침 6시에 일어나 따끈한 커피 한잔과 함께 스마트폰으로 책을 읽으며 모처럼 여유로운 아침 시간을 즐겼다. 7시 40분에 열기구 타는 곳에 전화하니 오늘은 구드래 나루터 옆에서 열기구가 뜬다고 한다.

부지런히 장비들을 챙겨 넣고 나루터로 향했다. 알려준 장소에 도착하니 벌써 한 팀이 올라가고 있었다. 열기구 대표에게 꼭 타고 싶다고 간절한 눈빛을 보냈다. 방금 올라갔다 내려오는 캡틴 파일럿에게 무전으로 연락하더니 탈 수 있다고 한다. 우리는 열기구를 따라 동네 반바퀴쯤 돌아서 백마강 반대편 산 아래로 이동했다.

그곳 도로에 내린 열기구를 타고 드디어 하늘로 오르기 시작했다. 흥분한 탓에 고소공포증이 있다는 것도 잠시 잊고 있었는데, 전신에 식은땀이 흘러내린다. 구름도 많고 안개가 끼어서 오르는 동안에는 전경이 흐렸지만, 구름을 뚫고 올라간 곳은 하얀 구름밭과 산봉우리들이 발아래 펼쳐졌다. 구름 없는 사이로 태양이 우리를 찬란하게 비춰주었다. 환상적인 풍

경에 감탄이 절로 나왔다. 열기구를 타지 않았으면 이렇게 멋진 하얀 구름 수평선을 만날 수 없었을 것이다

    열기구를 타는 시간은 보통 30분인데 우리는 바람으로 인해 1시간 정도 하늘 위에 떠 있는 행운도 누렸다. 백마강 지류에서 낚시하는 모습도, 텃밭에서 상추 따는 것도, 논 정지 작업하는 농부도, 하늘을 나는 백로도, 돌을 파내는 돌공장도 하늘에서 구경할 수 있었다. 지금도 눈 감으면 선명하게 보인다. 하늘 가득한 하얀 구름, 구름 사이로 보이는 작은 열기구 그림자…. 부여관광공사와 함께 21만 원 선에서 1박 2일간 열기구와 농촌체험을 하고, 부여리조트에서 숙박하는 여행 상품이 개발되었다고 하니 한번쯤은 꼭 가보라고 권하고 싶다.

    열기구에서 내려 백마강 민물매운탕집으로 향했다. 백마강을 바라보며 먹는 매운탕은 정말 맛있었다. 빠가사리와 털게를 추가하여 정신없이 먹었다. 여기도 코로나로 인해 4명 이상의 손님은 받지 않는다. 반찬도 빠가사리도 모두 맛있었다. 백마강 매운탕집은 전망도 좋고, 주위에 피어있는 양귀비꽃도 예뻤다.

    아침에 일어나 잠시 운전하고, 열기구 타고 하늘에 올라갔다만 왔는데 몸이 노곤했다. 긴장한 탓인가 보다.

성흥산성 사랑나무

    사랑나무에 대하여 물어보면 성흥산성 주차장까지 올라가는 길이 매우 위험하고 좁으며, 가파른 계단을 올라가면 줄 서서 기다리는 이들이 엄청 많다고 한다. 그래도 사랑나무를 보러 출발했다. 주차장을 찾아 올라가는 길은 정말 땀이 삐질삐질 나올 정도로 좁았다. 큰 차라고 비켜주었지

만, 15도 이상의 경사를 극도로 조심하며 운전하다 보니 배가 아파온다. 결국, 300m 남기고 절에 주차한 뒤 걸어서 올라갔다. 서툰 운전으로 주 언니에게 많이 미안했다. 절에 주차한 뒤로는 길이 그래도 널널하고 완만하였다.

가파른 계단을 오르고 올라 드디어 사랑나무에 도착했다. 젊은 커플들은 사랑의 힘으로 카메라 세트에 의자와 피크닉 세트까지 들고 올라간다. 기다리는 사람이 생각보다 많지 않았다. 사랑나무와 그 아래 펼쳐진 전경이 정말 멋지다. 힘들게 이곳을 찾아오는 이유가 다 있다. 이곳은 기다리는 앞뒤 팀이 서로 사진을 찍어준다. 기다리면서 우리 사진을 찍어줄 뒤팀과 각도와 거리를 상의했다. 앞팀은 카메라 스탠드로 본인들이 찍는다고 한다. 중년의 여자 둘이지만, 사진 좀 찍어본 인싸들 아닌가. 두 커플이 놀라워하며 알려달라고 한다. 포즈와 각도 등을 가르쳐주며 예쁘게 찍어주었다. 인생에 남을 멋진 사진을 찍어서 기분이 정말 좋았다. 사랑나무뿐만 아니라 하늘을 배경으로 뛰면서 사진을 찍었다

서동요 전설이 깃든 궁남지

　이제 주 언니가 가고 싶은 궁남지로 향했다. 캠핑장에서 궁남지는 바로 옆이었는데 우리는 캠핑카로 부여를 돌고 돌았다. 초파일에 왔는데도 궁남지 주차장은 한산했다.
　궁남지는 현존하는 우리나라 최초의 인공 연못으로 알려져 있으며, 신라 선화공주와 결혼한 백제 무왕의 서동요 전설이 깃든 곳이다. 드라마 '철인왕후'를 촬영한 곳이기도 하다. 철인왕후가 현실로 돌아가기 위해 연못에 물을 채우려 안간힘을 쓰는 것을 보았는데, 이곳에 와보니 지금 이 순간이 얼마나 소중한 것인지 새삼 깨닫는다.
　궁남지에는 노란 수선화와 다양한 꽃들이 피어있었고, 연잎 사이로 연꽃도 더러 보였다. 여백의 아름다움이 있는 곳이었다. 연못 한가운데에 있는 정자에 앉아 궁남지의 아름다운 정경을 마음에 가득 담았다.

　저녁식사는 지인이 강력 추천한 농가 맛집 '고구락'으로 정했다. 궁남지에서 30분 정도 거리에 있는 '고구락' 가는 길은 아름다웠다. 오른편으로 강이 흐르고, 작은 집들이 들어서 있다. 행락지도 관광지도 아닌 소소한 아름다움이 있는 곳이었다.
　예약 전화를 하니 코로나로 인해 두 팀만 받는다며 오지 말라고 한다. 인생은 될 때까지 최선을 다해야 한다. 우리는 여자 둘이고, 밖에서 먹어도 된다고 하니. 오라고 한다. 도착해서 맥문동을 넣은 백숙을 먹었는데 맛있었다. 청포묵 식감도 좋았고, 김치도 집 김치라 맛있었다. 어머니가 요리하고, 딸이 서빙하고, 손자들이 뛰어노는 곳. 동네에서 모내기 한 후 가족이 모여서 닭볶음탕과 백숙을 먹는 곳. 정말 좋은 식당이었다.

 이렇게 1박 2일 일정을 마치고 서울로 출발했다. 캠핑카는 민감해서 방지턱을 넘을 때 꿀렁거리는데, 20km로 속도를 줄이면 괜찮다. 가짜 과속방지턱에 많이 속기도 했다. 서울에 도착하니 밤 10시 반, 차 키를 반납하고 집에 오니 12시다. 겁 많은 중년 여자 둘이 용기 내어 캠핑카 여행을 떠났는데 참 잘했다는 생각이 든다. 아름다운 인생에 또 하나의 멋진 추억을 남겼다.
 코로나로 인해 해외여행이나 단체여행을 할 수 없게 되자 여행 트렌드도 다양하게 변하고 있다. 그중에 가장 관심을 끄는 것이 바로 캠핑카 여행이다. 다시 캠핑카 여행을 하고 싶은가 묻는다면 물론 '예스'다. 여행은 캠핑카 여행을 해본 이와 해보지 않은 이로 나뉜다. 나도 했으니 누구라도 가능하다. 캠핑카 여행을 꿈꾸는 이들은 당장 시도해보라고 권하고 싶다.

호남권

`호남권`

육십년지기 불알친구랑 함께한 남도기행
신안군에서 하동까지

장경식
아주대 국방디지털융합학과 교수, 공학박사, (예)공군 준장

캠핑카 여행이란 소리를 처음 들었을 땐 나와는 별로 상관없는 일로 여겼다. 지금까지 살아오면서 말로만 들었지 실제로 캠핑을 해본 적도 없었고, 더군다나 캠핑카로 여행한다는 생각조차 해보지 않은 나였다. 젊었을 때 고생은 사서라도 한다지만, 예순의 나이에 접어든 내겐 어울리지 않는 것 같았고, '이 나이에 그것도 겨울에 바깥에서 무슨 낙을 보려고 그 고생을 하지?'라는 생각이 지배적이었다. 하지만 더 늦기 전에 청춘들이 열광하는 캠핑족의 대열에 합류해보고 싶다는 오기가 생겼다. 나는 도대체 누구인지, 어디로 가고 있는지, 이렇게 사는 것이 맞는 것인지 등등 수많은 생각이 여행은 어디로 갈 것인지와 맞물려 돌아가면서 여행 3주 전부터 열심히 인터넷 검색을 하게 했다.

평소에 알고는 있었지만, 쉽게 가기 힘든 곳을 가보고 싶었다. 그래서 되도록 사람 발길이 닿기 힘든 오지 쪽을 선택하게 되었다. 겨울철이 비수기이니 사람들이 붐비지 않을 거 같아서 더 좋았고, 그래도 여러 사람이 다녀오고 좋다는 대표적인 지역들을 선정한 후에 캠핑장을 알아보고 생각나는 친구에게 연락을 취했다. 불알친구라서 그런지 더 물어볼 것도 없이 승낙했다. 태어나면서부터 한 동네의 앞집과 뒷집에 살면서 지금까지 한 번도 얼굴 붉힌 적이 없이 함께 동고동락해온 육십년지기 친구랑 단둘이서 전남 지역의 서남 해안 쪽을 둘러보기로 하였다.

떠나기 전 우리 나름의 원칙을 정했다. 서로에게 부담 주지 말자는 점에 공감하였고, 점심은 지역 맛집 탐방으로 하고, 저녁은 캠핑카 내에서 해결키로 했다. 아침은 가볍게 우유나 샐러드 정도로 정했지만, 비타민C와 두유가 전부였다.

캠핑카에 대한 사전 지식이 전혀 없는 상태여서 약 한 시간 반 정도 교육을 받고 운전석에 오르니 핸들과 가속, 정지 페달의 위치가 낯설고 운전 공간이 좁아 적응이 쉽지 않았다. 약 40년간의 무사고 운전 경력자이지만, 처음 접하는 캠핑카와 친해지기 위해서는 정신을 바짝 차려야만 했다. 캠핑카는 일반용 트럭 위에 좌우로 옆면과 위로 캠핑 공간을 덧입혀서 만들다 보니 운행 중에 바람을 많이 타는 것이 온몸으로 느껴졌다. 최고속도는 100km/h 이하를 권장한다는 내용을 미리 알고 있었던 터라 안전 위주로 80~90km/h 속도를 유지했다. 바람이 특히나 많이 느껴지는 다리 위를 지나갈 때는 더더욱 조심이 되었고 어~ 어~ 어~ 소리가 저절로 나왔다.

　　서울에서 대구까지 장거리 운행을 위해 차에 기름을 채우려고 셀프 주유소에 들어갔는데 열쇠뭉치에 열쇠가 5개나 되니 당황스러웠다. 열쇠가 많아서 부자가 된 느낌은 고사하고 도대체 어느 것이 연료통 뚜껑을 여는 것인지, 연료통 뚜껑에 왜 열쇠가 필요하게 만들어 놓았는지 아리송했다. 뒤늦게 알게 된 사실이지만, 트럭은 대부분 연료통에 잠금 장치가 있다고 한다. 분명히 설명을 들은 것 같은데 받은 열쇠를 모두 꽂아보아도 맞는 것이 없어 '이제부터 여행의 시작인가?' 하는 생각도 들었다. 하는 수 없이 차주에게 물어보고 나서야 겨우 기름을 채울 수 있었다. 요즘같이 디지털 만능주의 시대에 차량 열쇠부터 개선이 필요하다는 느낌이 강하게 들었다.

　　이번 여행을 계획하면서 고향 대구에서 죽마고우인 친구 4명이 함께했으면 했지만, 사정이 여의치 않아 두 명만 여행하게 되었다. 함께하지 못한 친구들이 대구에서 생애 첫 캠핑카 여행을 축하하는 환송 파티를 열어주겠다는 호의에 한달음에 대구로 내려갔다. 늦은 밤 네 명의 친구와 밤새도록 담소를 나누고 새벽녘이 되어서야 캠핑카 안의 잠자리에 들었다. 이때까지만 해도 시내에 있는 친구 아파트 주차장 입구에 주차했기에 바람의 영향은 전혀 느끼지 못하였다. 예상 외로 아늑한 침실에 드니 첫 경험이 주는 짜릿함이 느껴졌다. 캠핑카라는 존재가 고맙기도 하고, 아무 데서나 머리를 눕힐 수 있다는 것이 매우 매력적으로 느껴졌다. 차주의 섬세함이 느껴지는 침실 내 동그란 모양의 무드 등도 분위기를 고조시키는 데 충분히 일조하였다.

시간이 얼마나 지났는지 모를 정도로 숙면을 취했다. 어느 정도 피로를 회복한 후 해가 중천에 떴을 무렵 캠핑카에서 기지개를 켜는데 주변에 주차 단속 순찰차가 지나가는 것을 목격하고 서둘러서 출발하였다. 시내를 벗어나면서 친구가 운전하고, 나는 좀 더 휴식을 취하기 위해 누웠다. 침실에는 하늘을 볼 수 있게 위쪽에도 창문이 있었고, 머리쪽, 발쪽, 옆쪽 모두 창문이 나 있었다. 누워서 이동하는 호사를 누리니 콧노래가 절로 나왔다. 그런데 차가 달리다 속도를 줄일 때마다 몸이 좌우로 굴렀다. 순간 '나는 김밥인가?'라는 생각이 들어 저절로 웃음이 터져 나왔다.

캠핑카는 숙소를 가지고 여행할 수 있다는 것이 장점이자 매력 포인트이다. 안전 문제나 전기와 물 공급 등의 이유로 캠핑장을 찾아야만 하는데 비수기이다 보니 도착 직전에만 연락하면 아무 캠핑장이나 들어가는데는 문제가 없었다. 하지만 인위적인 시설보다는 여행 중 마음이 끌리는 해변, 공터, 도로변이 더 좋겠다는 친구 의견에 공감하며 우리는 노지에서 숙박하기로 했다. 여행 기간 동안 감사하게도 하늘이 영상의 기온을 허락하여 다행이었다. 캠핑카에 물을 채우기 위해 친구 후배가 근무하는 시골마을 경찰 치안센터를 찾게 되었다. 민중의 지팡이로서 보통 경찰관이 한 명당 약 500여 명의 주민을 위해 근무한다는데 우리가 방문한 곳은 센터장님 혼자 근무하는 외진 곳이었고, 해당 관할 지역의 주민이 2천 명가량 되는 지역이었다. 물탱크 가득 물을 채우니 장거리 여정에 점심을 굶었음에도 포만감이 느껴졌다.

1004대교와 자은도

친구와 단둘이서 떠난 6일간 남도 여행의 첫 기착지는 전남 신안군에 있는 자은도라는 섬이다. 목포에서 서북쪽으로 41.3km 지점에 위치하고, 2019년 4월에 천사대교가 육지랑 연결되면서 1,004개의 섬이 연결되는 바다 한가운데 있는 섬이었다. 섬을 연결하는 다리 길이가 엄청 길게 느껴졌고 아름답기까지 하니 분명 평소에 접하기 어려운 곳으로 이동 중이라는 사실을 느낄 수 있었다.

이동 중에 인터넷 검색을 해보니 1004대교는 길이가 무려 10.8km나 되었다. 둘이서 여행하는 것이 혼자보다 낫다는 것이 입증된 것은 내가 검색할 때는 선착장만 있고 완전히 고립된 섬이어서 포기했는데, 나보다 똑똑한 친구 덕분에 최근에 다리가 놓여서 갈 수 있다니 그렇다면 가보자고 용기를 낸 것이다.

농로를 조금 넓혀 놓은 정도의 길과 일방통행로를 거쳐 드디어 첫 기착지에 도착했다. 바람의 세기가 장난 아님에도 불구하고 여행객 서너 명이 보였고, 컨테이너 4~5개를 연결해 놓은 간이 상점들과 '無限(무한)의 다리' 비석 팻말이 우리를 반겼다.

바다 한가운데로 사람만 다닐 수 있는 '무한의 다리'는 그냥 걸어가기도 벅찰 정도로 바람이 불었지만, 상쾌함이 느껴진 것은 아마도 탁 트인 바다에서 느껴지는 일종의 해방감 같은 것이었다. 강풍이 불편하기도 했지만, 그 바람이 서해에서는 보기 힘든 큰 파도를 일으켜 새로운 볼거리를 만들었다. 서해에서 맛보는 낙조의 아름다움과 풍력 발전기가 조화를 이루어서 우리는 카메라 셔터를 누르면서 신바람이 났다.

해는 기울고 인적은 우리뿐이었다. 다리 끝 할매섬까지 구경하다 보니 어느새 어둠이 내려 서둘러서 잠잘 곳을 찾다가 공중화장실이 가까운 주차장에 자리 잡았다. 이렇게 외딴곳인데도 공중화장실이 이토록 깨끗하게 현대식으로 마련되어 있다니 놀라웠고, 화장실 선진국임이 자랑스러웠다. 그런데 밤이 깊어갈수록 바람 세기가 상상을 초월했다. 처음 한두 번은 바람에 캠핑카가 흔들려 놀라기도 했지만, 차츰 익숙해지니 흔들요람에 누운 아기처럼 색다른 재미가 있었다. 주방 전열기를 사용하여 저녁 식사로 삼겹살 구이를 했더니 배터리 잔량 수치가 급격히 내려갔다. 엎친 데 덮친 격으로 차량 연료도 바닥 수준이라 내일 무사히 이곳을 벗어날 수 있을까 하는 불안감에 난방 히터도 켤 수 없었다. 추위에 떨며 살아남아야 한다는 생각이 절실한 전투적인 밤이었다.

"아~, 섬에서의 캠핑카^^ 멋집니다. 생각만 해도 힐링이 됩니다. 멋진 여행하고 오세요.^^"

여행 단톡방에서는 부러운 시선으로 우리의 섬 여행을 응원하고 있었지만, 낯선 곳에서 우리는 예상치 못한 강풍으로 밤새 차량이 울렁거리는 것을 겪어야 했다. 자다가 추워서 잠이 깨기도 했다. 전기매트를 찾아서 그나마 온기를 느꼈는데 그것도 잠시, 냉기가 느껴져서 보니 몸부림으로 눌려졌는지 전원이 꺼져 있어 다시 누르고 자다 깨기를 반복했다. 다음 날 전기매트를 자세히 살펴보니 하나는 자동센서 버튼이고, 하나만 전원 버튼이 아닌가.

여행 전에 인생 2막에는 친구가 가장 소중하다는 우(友)테크 10훈(訓)을 음미한 적이 있다. 1)일일이 따지지 마라. 2)이말 저말 옮기지 마라. 3)삼삼오오 모여서 살아라. 4)사생결단(死生決斷) 내지 마라. 5)'오, 예스!' 하고 받아들여라. 6)육체(肉體) 접촉을 자주 해라. 7)7할만 이루면 만족(滿足) 해라. 8)팔팔하게 움직여라. 9)구구한 변명을 늘어놓지 마라. 10)10%는 베풀면서 살아라.

그런데 잠자리에서의 육체 접촉은 피하게 하려는 친구의 배려로 나는 침실에서, 친구는 운전석 위 침실 침낭 속에서 추위에 떨어야 했다. 다음 날 무사히 이 섬을 벗어날지를 고민하며 주유소를 찾았는데, 감사하게도 5분 거리에 농협주유소가 있어 용량 가득 기름을 채울 수 있어 참으로 다행이었다.

진도타워와 명량해협

평소엔 별로 생각이 없었지만 배꼽시계가 아주 정확하다는 것을 여행을 통해 다시금 인식하게 되었다. 맛집을 검색하고 찾아가는 기대감이 여행의 기쁨을 더해주었다. 영암의 '수궁한정식집'에서 가마솥 백반을 먹었다. 대기 손님들이 많아서 유명 맛집임을 실감했다. 네모난 밥상을 두 명의 직원이 들고 나는 모습에서 잘 찾아왔다는 만족감을 고조시켰으나 식객 허 선생의 입맛에는 다소 의구심이 들기도 했다. 캠핑카 차량 누수로 인해 하루 만에 물이 반으로 준 것을 확인하고, 식당 주인에게 입에 침이 마르도록 음식맛이 좋았다고 칭찬한 다음 캠핑카에 물을 가득 채웠다.

캠핑카의 매력은 없는 거 빼고 있을 거는 다 갖추고 있다는 점이다. 추위 속에 밤을 지냈지만, 온수에 세수라도 하면 좋아질까 했는데 뭐가 잘못된 건지 온수가 나오지 않는다. 전원을 켜고 5분 뒤 사용하면 된다고 했는데 따뜻한 물이 안 나오는 것이다. 찬물로 고양이 세수만 하고 진도타워에 당도하니 경치가 절경이다. 진도 앞바다에서 명량해전의 울돌목 물살을 보니 좌우로 휘돌아 감으면서 앞으로 나아가는 현상이 놀라웠고, 지형지물을 이용하여 왜구들과의 접전에서 13대 133이라는 숫자적 열세를 극복한 장군의 지혜에 감탄을 금할 수가 없었다.

팽목항 세월호를 보려고 가는 길에 송가인 마을 안내와 사진들이 여행객의 시선을 사로잡았다. 사람이 출세를 해야 하는 이유를 새삼 느끼면서 트로트 감상에 젖어 들었다. 막상 목적지에 도착했지만, 세월호는 다른 곳으로 옮겨진 상태였다. 노란 리본들에 인사하고 세방낙조에서 다시 한번 서해 다도해상의 노을을 감상하는 호사를 누렸다.

땅끝마을과 완도의 장보고 유적

둘째 날 저녁에서야 알게 된 사실이지만, 캠핑카 난방 히터를 정상 작동 상태로 일정 시간이 지나야 온수가 나온다. 바람도 거의 없는 해남 땅끝마을에 와서야 히터도 켜고, 바닥의 온기도 양호하니 아주 행복했다. 그 덕분에 처음으로 캠핑카 내에서 샤워를 했다. 360도로 온몸에 물을 적시기도 쉽지 않은 공간이었지만 콧노래가 터져 나올 정도로 감개무량했고, 감탄사가 소낙비처럼 머리와 온몸을 마구 때렸다.

밝은 햇살의 싱그러운 기운으로 새롭게 시작하는 아침이다. '땅끝마을'이라 사방팔방 상호들이 '땅끝' 글자가 많이 보이는데 그럼 '땅시작마을'(?)은 어디일까, 궁금증이 일어났다. 경험만큼 소중한 게 없다는 것을 다시금 깨닫는 귀한 여행이 되고 있어 조금씩 더 철드는 느낌이다. 마을 입구에서는 '희망 시작 땅끝마을' 글자를 본 거 같은데 생각할수록 공감이 갔다. 대한민국의 시작점이 나의 시작점이 되길 기대해본다. 지금까지도 감사한 생활이었지만, 지속 가능한 무언가를 끊임없이 갈구하고 있는 자신을 돌아본다. 흔히들 인생 2막을 이야기하는데 나는 잘하고 있는 것인지 자꾸만 자문하게 된다. 그래, 다시 한번 시작해보는 거다.

땅끝전망대에 오르기 위해 모노레일 왕복권을 구하니 30분 간격으로 운행되었다. 주중이지만 관광객들이 드문드문 눈에 띄었다. 그런데 땅끝탑을 보려면 계단을 이용하여 내려가야 했고, 가도 가도 이어지는 계단이라 무릎 관절 걱정을 저절로 하게 되었다. 한반도의 끝자락을 체험하면서 또 다른 감동이 밀려왔지만, 다시 왔던 계단으로 올라가려니 엄두가 나질 않아 포기하였다. 이곳에 와서 느낀 점은 일단 땅끝전망대는 모노레일로 왕복하고, 땅끝탑은 해안길로 평지처럼 이동하는 게 정답임을 뒤늦게 깨달았다.

땅끝마을에서 옆으로 이동하니 완도에 장보고 기념관과 옛 병영관을 복원해 놓은 것이 있었다. 군인 출신이라 그런지 더욱 애착이 갔고, 같은

베풀 장(張)가 집안으로서 자부심도 생겨났다. 코로나 여파로 기념관은 폐장 상태여서 아쉬움이 있었지만, 지역 내 어디서나 볼 수 있는 장보고 장군 동상이 자랑스럽게 가슴속에 자리 잡았다. 그 옛날 인터넷과 해도도 없었던 시절에 어떻게 복잡다단한 해상을 장악하여 해적들을 소탕하고 무역로를 열었는지 놀라울 따름이다. 외국어도 능통하여 외국에서 장군의 반열에 올랐으니 참으로 대단한 인물이 아닐 수 없었다. 유적들 사이로 녹색의 쑥들이 갈색 잔디를 헤집고 생명력을 과시하는 게 눈에 들어와서 저녁에 쑥국이나 한번 해 먹을까 싶어 쑥을 캐기로 했는데 냄새를 맡아보니 우리가 알고 있던 냄새가 아니라서 그냥 포기했다.

여수 이순신광장

아~ 여수 밤바다. 가수 장범준의 노랫말이 귓전을 울린다. 이순신광장에는 거북선 모형이 실물처럼 웅장하게 지키고 있었는데 나도 모르게 우쭐한 기분이 들었다. 다도해를 경험하면서 새롭게 깨닫게 된 것은 수많은 섬들 사이를 드나들며 물때를 이용하여 전술적으로 적용하는 지혜를 발휘했다는 점에서 다시금 이순신 장군의 위대함에 경의를 표하게 되었다. 영국 내 트라팔가 광장의 넬슨 제독도 존경했다는 바다의 영웅 이순신 장

군의 참모가 전쟁 중에 물었다. "장군님, 지금 상황일지를 기록해도 쓰것습니까?", "야야, 난중에 써!!" 그리하여 그 유명한 《난중일기》가 전해지고 있다는(?) 이순신 장군의 흔적을 더듬어보면서 역사에 훌륭한 흔적을 남기는 병제에 대해서 다시금 옷깃을 여미게 되었다.

여행 중 쉐프는 친구가 담당키로 했는데 오늘 석식은 어묵국에 카레밥이다. 농협마트에서 각자의 취향에 맞게 카레밥용으로 매운맛과 중간맛 두 개를 샀는데 막상 해 먹으려니 3분용 카레가 아닌 카레가루가 아닌가. 그것도 4인분씩이나 되는…. 인간은 자신이 살아온 환경에 자연스레 녹아들고, 그것이 습관화되는 모양이다. 전혀 고민거리 없이 선택한 카레가 우릴 보고 웃는 것 같았다. 어쩔 수 없이 포기하니 좌충우돌 캠핑기가 아닐 수 없었다. 하는 수 없이 햇반에 탱탱 불어터진 어묵국으로 저녁을 해결해야만 했다. 그래도 시장이 반찬이라고 꿀맛이었다.

여수 화태도와 향일암

여수 향일암보다 아래쪽에 있는 화태도를 찾아 들어갔다. 최근에 다리로 연결되었다는데 우리가 찾은 선착장에는 평평한 콘크리트 바닥 위에 낚시꾼들 서너 명이 벌써 자리 잡고 있었다. 모두 일반 승용차인데 우리만 럭셔리한 캠핑카라 자연스럽게 어깨에 힘이 들어갔다. 인간은 상대적 비교를 통해 만족감을 느끼는 존재인가 보다. 우리는 준비해간 새우와 감성돔 집어제랑 압맥을 섞어 밑밥을 만들고 낚싯대를 던졌다. 밤바다라 바람이 다소 불긴 했지만, 야밤에 이런 외딴 섬에서 밤낚시를 경험하니 낭만과 멋을 만끽할 수 있었다. 비록 맹탕을 치긴 했지만, 부표에 걸린 고기에게는 본의 아니게 아량을 베풀기도 했다.

향일암은 바다가 내려다보이는 기가 막힌 장소에 자리 잡고 있었다. 우리나라 4대 관음 기도 도량 중의 하나라고 하는데 해를 바라본다고 붙여진 이름으로 신라 선덕여왕 8년(서기 659년)에 원효대사가 창건하였다. 바위 틈을 통과하는 곳엔 사진을 찍으려는 인파로 붐볐다. 편리를 위해 시멘트 콘크리트로 다소 과하게 포장되어 있었다. 최고 명당처럼 보이는 지점에는 육군 2군사 예하 중대급 부대초소가 아담하게 자리하고 있었는데 볼수록 탐이 났다. 내려오는 길목 좌우엔 영락없이 상가들이 즐비하다. 이곳에서 지역 막걸리로 목을 축였다. 갈증 해소는 물론 시원함이 해풍과 어우러져 가슴이 뻥 뚫리는 것 같았다. 공짜 안주로 제공되는 여수 돌산 갓김치와 알타리무김치는 막걸리와의 궁합이 천생연분일 정도로 그 맛이 일품이었다.

순천생태공원과 순천국가정원

순천에서는 사관학교 출신이면서 한의사로 있는 동기생에게 연락하여 오랜만에 회포를 풀었다. 여행 전부터 먹고 싶었던 꼬막정식 밥상을 받으니 눈과 마음이 풍성해졌다. 여행 중에 점심은 지역 맛집 탐방을 하였지만, 역시 먹거리는 전라도가 최고라는 생각에 더욱 방점을 찍게 되었다.

비가 내리는 순천생태공원을 둘러보고, 순천국가정원 속에서 그동안 쌓인 여독을 풀어놓을 수 있었다. 우중의 갈대밭도 인상적이었고, 독특한 설계와 잘 정리된 공원에서의 힐링은 여행의 멋을 충분히 느끼게 해주었다. 꽃 피는 봄과 여름, 가을 사이에 볼거리가 풍성한 곳이라니 기회가 되면 다시 오고 싶다는 생각이 들었다. 동기생으로부터 시사와 경제에 관한 일침을 들으면서 정신이 번쩍 들었다. 군에서만 우물 안 개구리처럼 살아온 나의 무관심과 무지함이 부끄러웠다. 그러면서 참으로 이번 여행이 고맙게 여겨졌다.

하동 최참판댁과 섬진강

여행의 마지막으로 경남 하동의 최참판댁을 둘러보면서 조상들의 풍수지리적 안목에 감탄을 금할 수가 없었다. 이 정도는 되어야 집을 짓고 산다고 할 만큼 지형 지세와 가옥 구조가 탐스러웠다. 아파트에서만 자족하며 살 일이 아니라는 자기반성이 저절로 일어났다. 토지의 박경리문학관에서 이십여 년간 글기둥 하나만을 부여잡고 매진한 작가의 집념에 찬사를 금치 못했다,

섬진강변 백사장은 너무나 곱고 예뻐서 긴 여운을 선물로 받은 것 같다. 강을 사이에 두고 하동과 마주보고 있는 광양 매화마을에 들르니 홍매화랑 백매화가 꽃망울을 터뜨리기 시작한다. 나도 인생의 꽃망울을 다시 터뜨리고 싶다는 충동이 불현듯 일어났다. 섬진강 재첩국으로 아점을 해결하는데 부추를 띄운 재첩국이 정감있게 보였다. 재첩국의 시원함과 깔끔함에 감탄사가 저절로 흘러나왔다.

마지막 날, 캠핑카 내 화장실용 오수통을 정리하다 보니 생각보다 오수통이 많이 차고 무거워서 깜짝 놀랐다. 나는 한두 번 정도 사용하고 물 내린 게 다인 것 같았는데, 사병 출신 친구의 소변 뒤처리를 예비역 장군이 직접 하다 보니 '세상 참 많이 좋아졌구나.'라는 생각이 들었다. 그래서 캠핑이 좋고 친구가 좋은가 보다. 캠핑카랑 어느새

정도 들고 해서 세차장을 찾아 남자 두 명이 땡칠이(?)가 될 수준으로 거품솔로 박박 문지르고 고압 세척기로 물을 뿌려주니 꾀죄죄했던 캠핑카가 멋진 자태를 드러냈다. 보는 우리도 기분이 좋아지는데 캠핑카는 오죽이나 좋을까 싶었다. 그렇게 우리는 이별 준비를 하며 서울로 향했다.

6일간의 여정이 마무리되는 시점에서 캠핑카를 타고 누빈 남도 지역에서의 순간순간들이 마치 영화 필름처럼 뇌리를 스치고 지나간다. 참으로 비옥한 황토색 땅에 반했고, 조상들의 묘지를 나지막한 곳에 정성스럽게 단장해 놓은 효심에 새삼 울컥했다. 또한, 섬과 섬들을 이어주는 멋지고 화려한 다리들이 위용을 자랑하듯 우뚝우뚝 솟아있는 모습들이 지금도 생생하다.

좋은 추억에 젖어있던 행복도 잠시, 대구로부터 주차위반 사진과 함께 벌금 고지서가 날아왔다. 캠핑장보다 거의 두 배나 비쌌다. 고향 텃세가 너무 심하다는 생각도 했지만, 발전기금(?)을 낸다고 생각하니 웃음이 나왔다. 첫 경험에는 어떤 모양으로든 대가가 따르는 법인가 보다. 그나저나 이번에 캠핑카를 통한 남도 여행으로 바람의 멋과 바람에 대한 맛을 알아 버렸으니 이를 어찌하면 좋을까요?

※ 여행 경유지: 대구, 신안 자은도, 목포, 진도타워, 송가인마을, 진도팽목항, 세방낙조, 해남 땅끝마을, 완도 장보고기념관, 강진 가우도, 여수이순신광장, 화태도, 향일암, 순천만습지, 순천국가정원, 최참판댁, 박경리문학관, 광양 매화마을, 섬진강.

호남권

봄꽃맞이 캠핑카 여행
섬진강에서 장성까지

김경희
《봄 여름 가을 겨울 내 몸에 효소》 저자

치매에 걸린 엄마와 봄꽃 여행을 계획하다

꽃을 좋아하시는 엄마, 치매로 정신이 왔다 갔다 해도 꽃을 보면 행복해 하시는 모습을 다시 보고 싶어서 가족 여행을 계획했다. 작은딸 막내딸 다 시간이 맞지 않고, 큰딸만 갈 수 있다고 했다. 3대가 함께 여행한다는 생각만으로도 가슴이 두근두근한다. 딸과 함께 여행한 지가 얼마만인가. 엄마, 아버지 살아계시는 동안 함께 여행하고 싶어하는 내 마음을 알아준 딸이 고맙다.

여행 날짜를 잡은 이틀 뒤, 엄마는 갑자기 하늘로 가셨다. 같이 꽃구경 가기로 했는데…. 담양에서 쌍치 가마골로, 정읍 옥정호까지 봄꽃을 보여드리면 항상 "좋다, 좋다." 하시던 엄마, 봄꽃을 못 보시고 그만 하늘로 가셨다.

여행을 취소해야 하나 잠시 망설였지만 '일단 가보자.' 이렇게 마음 먹고 출발 준비를 했다. 봄에 나는 산나물과 잘 어울리는 효소 된장과 효소 샐러드용 드레싱을 만들고, 음식은 양념만 준비하고, 주재료는 현지에서 조달하기로 했다. 정읍 옥정호, 순창 섬진강변, 전남 장성 편백숲, 거금도 생태숲, 완도, 신지도 이렇게 여행할 곳을 정했다.

김경희

첫날부터 우왕좌왕

캠핑카가 있는 곳에 도착해서 사용법에 대해 설명을 들은 후 출발했다. 아파트 단지에서 빠져나와 큰 도로에 들어서는 순간 뒤에서 끼익 하는 소리가 났다. 승용차와 접촉 사고가 난 것이다. 이럴 수가! 깜짝 놀라 깜빡이를 켜고 안전한 곳에 주차한 후 사고를 수습했다.

그 당시 마음은 두 갈래였다. 하나는 '가지 말자.' 또 하나는 '그래도 가자.' 잠시 차 안에서 숨을 고르고 생각했다. 이미 여행을 시작했으니 그래 가보자 하는 마음으로 시동을 켜고 바로 고속도로로 향했다.

집에 도착하니 늦게 왔다고 아버지는 못마땅해하신다.

"나, 내일 꽃구경 안간다."

"아빠, 여기까지 저 큰 차 끌고 온 나를 봐서라도 같이 가요."

"안 가. 너희끼리 다녀와라."

아버지를 달래드리고 방에 들어와 누워서 가만히 오늘 있었던 일을 생각하니 차주의 배려가 눈물 나도록 고맙다. 덕분에 사고 수습을 잘했다. 감사한 마음을 안고 꿈속으로 빠져든다.

가이아농장 유기농 미나리 체험

가지 않겠다고 하셨던 아버지가 양봉장 다녀오는 길에 캠핑카를 보고 마음이 바뀌셨다. 정말 다행이다.

처음 도착한 곳은 섬진강변에 있는 가이아농장이다. 그곳에서 유기농 미나리를 수확하는 체험을 하면서 점심을 먹었다. 언니 손주들을 위해 가지고 왔던 한궁세트를 꺼냈다. 한궁은 전통놀이인 투호와 궁도 그리고 서

양의 양궁과 다트의 장점을 이용해 만든 놀이다. 아이들과 어른들이 쉽게 배울 수 있어 어디서나 즐길 수 있다. 한궁 게임 후 목련차를 한 잔씩 마신 후 언니네 가족과 함께 꽃길 드라이브를 시작했다.

   다리를 건너면 세녀울, 조금 더 가면 방동리, 조금 더 가면 금지, 목련과 매화가 만발한 곳을 지난다. 흰 옷을 입은 커다란 나무가 땅에서 하늘까지 닿을 듯하다. 남원의 금지는 엄마가 결혼 전에 살던 곳이다. 섬진강변을 따라 길게 늘어선 꽃길엔 버드나무가 긴 가지를 늘어뜨리고 샛노란 꽃을 곱게 피웠다. 입면에서 압록으로 가는 길목에는 매화와 배꽃이 한창이다. 철길 옆은 목련, 건너편에는 벚꽃이 웃을 듯 말듯 수줍게 피어있다. 햇빛이 닿은 곳은 활짝 피고, 그늘진 곳은 반만 피어있다. 사방천지가 온통 꽃밭이다.

   '엄마, 보고 계세요? 아직 혼백이 이곳에 머물고 있다면 지금 보고 계시지요? 엄마를 위해 준비한 여행, 이렇게 남은 가족이 봄꽃맞이를 하고 있네요.'

   좋아하던 봄꽃을 보지 못하고 하늘로 가신 엄마를 그리워하며 꽃구경 실컷 하시라고 창문을 활짝 열어놓았다.

구례 화엄사

   구례에서 잠시 쉰 후 산수유 마을을 거쳐 화엄사에 가려고 했는데, 주말이라 사람이 많이 오면 안 된다고 한다. 의논 후 화엄사로 바로 가기로 하고 출발했다. 추적추적 내리던 가랑비는 화엄사에 도착 후 그쳤다. 다행이다.

   화엄사는 홍매화가 유명하다. 활짝 핀 홍매화를 보려고 전국에서 사람

들이 몰려든다. 마침 홍매화가 절정이라 열심히 사진을 찍었다. 이렇게 개화 시기를 딱 맞추기도 쉽지 않은데 행운이라는 생각이 든다. 주변을 둘러보니 야생 동백나무가 화엄사의 담장을 에워싸고, 하늘에는 구름이 산 사이를 감돌고 있다. 그림 같은 풍경이다.

고흥 거금도 생태숲

 돌아오는 길에 아버지는 다른 차로 가고, 언니의 딸과 손자, 손녀 그리고 동생 큰딸과 함께 캠핑카에 타고 신이 났다. 캠핑카는 처음이라 신기하고 좋아서 시끌벅적이다 마침 올해가 언니의 회갑이다. 언니는 가장 좋은 선물을 오늘 받았다고 무척 좋아한다.

 식사 후 언니네는 가고, 아버지 잠자리를 봐드린 후, 거금도로 출발했다. 거금도 생태숲까지 가는 길에 고흥에 대해 이야기를 나누었다. 고흥의 소록도는 소나무와 백사장이 아름다운 곳이다. 소록도에서 나병 환자들을 위해 43년간 봉사활동을 한 마가레트 수녀와 마리안 수녀, 두 분의 이야기도 빼놓을 수 없다. 고흥에 대한 이야기를 하다 보니 밤 12시가 넘어서 도착했다. 눈 뜨면 바로 바다가 보이는 곳인 생태숲 주차장에 주차하고 바로 잠에 들었다.

어디선가 들려오는 새소리에 눈을 떴다. 여명이 걷히고 해가 구름 사이에 있다. 일출이다. 해를 바라보니 "감사합니다."라는 말이 절로 나온다. 잠든 딸을 차에 두고 카메라 가방과 삼각대를 챙겨 산으로 갔다. 계곡의 골바람 따라 꽃향이 실려 온다. 숲길을 걷고 있는데 새들이 여기저기서 인사한다. 휘파람으로 화답하니 흉내라도 내듯 서로 지저귄다.

돌계단을 따라 천천히 걸으며 주위를 둘러보니 하얀 나무의 외피를 타고 오르는 넝쿨식물들 그리고 땅 위에 작은 꽃들이 지천이다. 원시림 속을 걷다 보니 구름다리가 나타났다. 아름다운 풍경을 사진에 담았다. '전망 좋은 곳'이라는 표식이 있어 그길을 따라가니 진달래꽃이 피어있고, 그림 같은 섬과 바다가 나타난다. 바다는 햇빛에 반짝이는 윤슬로 가득하다.

한참을 앉아서 바다를 바라보다 내려오는 길에 새소리가 다시 들려온다. 숲에서 나는 새들이 사는 세상에 놀러 온 낯선 사람이다. 나무다리와 계곡 사이에 서 있는 돌복숭아꽃이 보인다. 이 꽃이 온 산에 퍼진 향기였구나.

내려오자마자 자연식으로 아침 준비를 했다 진달래 꽃잎과 쑥 그리고 먹을 수 있는 산야초로 봄에만 맛볼 수 있는 샌드위치를 만들어 김치와 함께 먹었다. 딸은 신이 나서 한바탕 춤을 추고, 나는 아침운동으로 몸풀기를 했다. 계곡의 바람과 꽃향기 가득한 곳에서 눈을 감고 아침 햇살에 몸을 맡긴다. 바람과 새가 음악이 되고, 숲에서 풍겨오는 향기가 온몸에 스며든다. 숲속의 요정이 된 기분이다.

상쾌한 기분을 안고 소원동산으로 출발했다 만개한 벚꽃과 옥빛 해안을 보면서 가니 소원동산이 나타난다. 확 트인 푸른 바다, 멀리 보이는 섬과 작은 섬들이 그림처럼 펼쳐진다.

오천을 지나 작은 능선을 넘어 산마루 어귀에서 보이는 고운 해안선에 마음을 빼앗긴다. 오른쪽으로 가야 하는데 해안선을 바라보며 예정에 없던 곳으로 좌회전을 했다

익금해수욕장

옥빛 바다를 보며 내려가는데 입구에 방금 따온 미역을 말리고 있다. 길 양 옆에 길게 걸어 놓은 미역을 따

라가니 바다가 나온다. 익금 해수욕장이다. 금빛 모래에 투명한 유리구슬 같은 물빛이다. 탄성이 절로 나온다. 이렇게 고운 바다가 있다니…. 해안선을 따라 걸었다. 깊숙이 들어가니 방파제에 미역을 거두어 들어온 배가 하역 작업 중이다. 돌아서 다시 백사장으로 와 딸과 함께 신나게 뛰어놀았다. 어른아이다. 신발을 벗어 들고 맨발로 모래밭을 걸어본다. 투명한 물빛이 마음까지 적신다. 딸과 함께 바닷가에서 한참을 걸었다. 파도와 함께 차가운 바닷물이 마냥 좋다. 돌아서기 아쉬운 해변을 두고 차가 있는 곳으로 오니 조금 전에 바닷가에서 들어온 미역이 있다. 생미역을 조금 구입해서 다음 목적지로 출발했다.

여담 하나, 이곳은 산지라 미역 구입 시 기본 금액이 만 원이다. 캠핑카를 타고 온 어떤 분이 내가 산 미역을 보고 자기도 사고 싶다며 오천 원어치만 팔라고 흥정한다. 생미역을 파는 것은 아닌데 팔아줘서 감사한 마음으로 구입했던 것이다. 그렇게는 안 팔겠다고 하니 그분은 내게 조금만 팔라고 사정이다. 하는 수 없이 더 구입해서 나눠 주었다. 시장이 아니니 흥정하면 안 된다.

예상 못한 돌풍

바닷가에서 불던 모래바람이 돌풍으로 바뀌어 차가 흔들리며 요동친다. 거금대교를 지날 때는 겁이 더럭 났다. 핸들을 단단히 잡고 속도를 낮춰 천천히 전진했다. 딸은 차를 세우라고 했지만, 바닷바람이 부는 데서 차를 세우는 것은 아닌 것 같다. 소록대교를 지나고 고흥반도를 벗어날 때까지 바람의 영향을 받았다. 한때 바닷가에서 일을 한 나도 강풍에 겁먹은 것은 처음이다. 고흥에서 잠시 멈추고 차에서 내리는데 다리가 후덜덜했다.

딸이 가고 싶어한 순천만에 도착하니 날은 춥고, 해는 져서 다음에 다시 오자고 약속하고 여행의 백미인 맛집 찾기에 나섰다. 딸이 먹고 싶은 음식은 떡갈비인데 순천만에는 없다. 인터넷으로 맛있는 떡갈비집을 찾으니 가까운 낙안읍성에 선비촌이 있다. 예약하고 늦은 시간에 도착했는데 맛도 좋고 친절하기까지 하다. 딸이 좋아하는 거라 더 주문해서 포장했다.

함양까지 딸을 데려다주기 위해 바람을 피해 내륙으로 이동하기로 했다. 중간에 주유하고 검색하니 바다보다 내륙에 더 강한 바람이 불고 있고, 앞으로 이틀간 더 바람이 분다고 한다. 가던 길을 멈추고 라디오 뉴스를 들어보니 강풍에 트럭 사고가 16건이나 된다. 이런 돌풍이 앞으로 3일간이나 더 지속된다고 한다 지금 불고 있는 바람은 사고의 위험이 커서 더 가지 못하겠다. 황전휴게소에서 차를 세우고, 예정에 없던 곳에서

잠들었다

* 주의사항: 캠핑카로 연륙교를 건너갈 때 강풍이 불면 바람이 잦아들기를 기다렸다 출발하는것이 좋다. 섬과 섬 사이에는 바람골이 만들어지고, 파도의 에너지가 바람의 영향을 받아 파력까지 더해져서 육지보다 더 세게 바람이 불어 위험하다.

섬진강 꽃길

여명에 눈을 떠서 넓게 펼쳐진 지리산 자락을 바라본다. 바람이 지나는 길에 갑자기 한겨울 날씨가 찾아왔다. 바람은 점점 강해지고, 현재 온도는 0도. 목포에서 멋진 낙조를 보고, 완도에서 일박하면서 신지도의 끝없이 펼쳐진 백사장을 보며 아침을 맞이하려고 계획을 세웠는데…. 중간에서 합류하기로 한 친구 부부에게 전화를 걸었다. 기상 상황이 내륙과 다르고, 캠핑카는 바람을 타니 안전을 위해 내륙으로 가지고 했다. 갑자기 바뀐 여행지에도 친구 부부는 괜찮다고 한다.

"친구, 우리 어디로 갈 거야?"

"섬진강 꽃길 가서 봄맞이하고, 장성 편백 숲에서 1박 하는 것이 좋을 것 같아."

1박 하는 데도 짐이 많다. 이불, 전기장판 등 내가 챙긴 것도 많은데 친구도 짐이 많다. 순창 읍내서 출발해 동네 앞들을 지나 섬진강 다리를 건너 구불구불 산길을 지났다. 내리막길에서 꽃밭이 펼쳐진다. 흰 목련과 살구꽃, 자목련 그리고 나무마다 활짝 핀 봄꽃이 환상적이다.

방동리를 지나 다리를 건너니 입면 청계동 계곡부터 이어진 섬진강 봄꽃길이다. 우리 아이들은 이 길을 '천국으로 가는 길'이라고 했다. 친구와는 처음 와보는 길이다. 친구 남편은 뒤에 있고, 우리는 아이처럼 좋아한다. 선물 같은 꽃길이 펼쳐진 길을 따라 섬진강 다리를 또 건너간다. 차를 세우고 아름다운 꽃길을 핸드폰에 담았다.

점심은 구례의 맛집에서 하기로 했다. 미리 알아본 빵집에 도착하니 수리 중이다. 빵집 옆 작은 실개천에 고목 두 그루가 서 있고, 정자 옆에는 맑은 물이 흐른다. 빵이 없어도 충분히 정감 있는 곳이다. 다른 곳을 알아보자 하고 화엄사 가는 길에 보았던 산나물 비빔밥 전문인 송죽원으로 갔다. 7가지의 산나물에 잡채, 김치, 깍두기, 도토리묵 등 반찬이 다 맛있다 비빔밥에 찐 조기까지 나왔다.

점심 후 섬진강을 따라 하동 피아골 인근에 차를 세우고 강가에 내려서 수해로 생겨난 모래톱을 보았다. 옛날 모습 그대로 복원된 모래톱이 신기하기만 하다. 상처가 아직 복구되진 않았지만, 경치 좋은 곳이라 잠시 쉬면서 차 한잔할 곳을 찾았지만, 우리가 원하는 따뜻한 찻집은 없다. 날이 추워서 다리 건너 광양 쪽에서 올라오는 섬진강 길로 향했다.

압록을 지나 경치 좋은 곳에 차를 세우고, 길가에서 파는 국화빵과 엿을 사서 요기를 했다. 길가에 새로 생긴 경치 좋고, 햇볕 잘 드는 카페를 발

견했다. 따듯한 쑥차라떼 한 잔에도 감동한다. 친절한 카페 주인은 가는 길에 마시라고 아메리카노를 선물로 준다. '하생촌' 카페와 활짝 핀 봄꽃을 섬진강가에 두고 우리는 장성을 향해서 출발했다.

장성 편백나무숲

다음 행선지는 장성 편백나무숲이다. 곡성에서 남해안고속도로로 진입, 광주 쪽으로 담양 고창 간 고속도로로 장성을 지나 장성물류 나들목으로 나왔다. 모암리 가는 길에 두부 맛집이 있어서 저녁은 그곳에서 먹으려 했는데 밥이 떨어졌다고 한다. 서삼면에 가서 저녁을 먹고 마트에 들러 과일이랑 간단히 먹을 것을 산 후 편백나무숲에 도착했다. 넓은 숲속에는 우리 세 사람밖에 없다. 하늘에는 반달이 떠 있고, 이름 모를 짐승 우는 소리가 들린다. 멧돼지일까 봐 걱정이다.

여행 마지막 날이 되어서야 캠핑을 시작한다. 그사이 친구 남편이 준비한 3년 된 소나무 장작을 피운다. 캠핑카 어디에 무엇이 있는지도 모

르는 친구 남편은 불을 피울 수 있는 도구를 용케도 찾아내어 조립한다. 신기해 하면서 바라보는데 벌써 불꽃이 활활 타오른다.

그날 밤 우리는 불꽃을 보면서 잠시 20대로 돌아갔다. 좋은 시간은 빨리 흘러간다. 불꽃이 사그라들고 숯만 남을 때쯤 아침에 먹을 간단한 죽을 준비해서 잔불에 끓였다. 숯덩이가 된 나무는 활활 타오르던 붉은 불꽃에서 푸른 불꽃으로 바뀌며 신비롭게 타오른다. 다 탈 때쯤 바나나를 올려놓으니 금방 구워졌다. 이런 것이 캠핑의 맛이라고 하면서 맛있게 먹은 후, 물을 가져다가 불을 껐다. 불은 완전히 꺼졌는지 잔불까지 확인해야 한다고 친구 남편이 이야기한다. 친구 남편은 운전석 위쪽에서 자고, 우리는 뒤쪽에 누워 도란도란 이야기하다 언제 잠이 들었는지 모를 정도로 깊은 잠에 빠졌다

새소리와 바람 소리, 계곡의 물 소리에 눈을 떴다. 어젯밤에 끓여놓은 죽에 쑥을 캐서 깨끗이 씻어 올렸다. 쑥향 가득한 죽에 미리 만들어 온 효소 된장을 얹어 아침을 먹은 후 편백 숲속으로 향했다. 친구 남편이 먼저 오르고, 친구와 내가 뒤따르면서 계곡 따라 이어진 숲길을 걷는다. 계곡으로 흐르는 물소리에 새들은 노래하고, 바람은 부드럽고, 숲에서는 특유의 향기가 났다. 양지 바른 곳 나무 아래에서 빼꼼히 고개를 내밀고 키 작은 봄꽃들이 인사한다.

지난겨울에 다리를 다친 친구가 천천히 올라오고 있다. 힘들까봐 되돌아 내려가 정자에 앉아서 편백 숲의 향기와 고요함을 온몸으로 느껴본다. 새소리까지 듣고 내려와 편백 숲

과 아쉬운 이별을 했다.

점심은 담양의 '행복한임금님'이라는 식당에서 먹었다. 한·중·일이 혼합된 듯한 독특한 실내장식에 음식 또한 퓨전한식이다. 그림 같은 접시에 완벽히 세팅된 맛있는 점심을 먹은 후 순창으로 향했다.

친구와 헤어져 순창 집에 도착했다. 캠핑카 안에 물이 없는 것을 확인한 뒤라 물을 가득 채웠다. 한참을 채워도 계속 들어간다. 나중에 알았는데 150L가 들어간다고 한다. 물을 가득 채운 후, 아버지 저녁을 차려 드리고, 간단한 김치를 담그고 나니 늦은 저녁이다. 아버지는 밤길 운전하는 딸이 걱정인지 조심하라고 거듭 당부하신다.

물을 채우니 바람이 불어도, 속도를 올려도 차가 흔들리지 않는다. 출발 전에 물을 채웠더라면 얼마나 안전했을까. 물이 없어서 차가 흔들렸는지 그 이유는 모르겠다. 늦은 밤이 되어서야 캠핑카를 차주에게 인계했다. 꿈같은 4박 5일간의 여행이었다. 다음에는 어디로 갈까? 여행이 주는 자유로움과 행복을 생각하며 벌써부터 다음 여행할 곳을 꿈꾼다.

[호남권]

버킷리스트를 위한 캠핑카 여행
강진에서 청산도까지

김도원
코리아굿 대표, 공예상품 개발

추석 연휴 중인 9월 말, 몇 달을 기다리던 6박 7일의 캠핑카 여행을 시작하였다.

선배 중 자랑스러운 도예가가 한 분 계신다. 이번 여행에 동행한 이들은 모두 선배의 팬심으로 모인 사람들이다. 선배의 30년지기인 태인 언니, 선배 도자의 열혈팬인 양평 언니-이분은 선배 대학 동기의 친언니다. 동기는 해외로 이민 가고, 남아있는 언니와의 인연이 이제는 더 길다. 막내로 미정이네 부부가 동행했다. 모두의 남동생인 미정의 남편은 무거운 캠핑카를 가볍게 운전하는 우리의 캡틴이었다. 그리고 나와 그 부부의 반려견 안영이, 이렇게 우리 6명은 캠핑카 한 대와 나의 올란도로 출발했다.

김도원

선배와 나는 도자공예과의 선후배이나 졸업 후 도자기 공방을 시작하면서 알게 되었다. 학교 다닐 때부터 선배의 명성은 이미 하늘의 별이었다. 생활 도예가로서 그 명성이 자자했기 때문이었다. 강진의 딸인 선배의 바다 사랑은 유별났다. 고등학교 시절 강진 앞바다에서 헤엄치며 놀다가 바닷속 모래더미에서 청자 다완을 주워 서울 박물관에 기증하며 선배의 도자기 사랑이 시작됐나 보다.

다른 스킨스쿠버 동호회에 몸담고 있던 선배는 내가 활동하고 있는 스킨스쿠버 동호회에 가입해 활동하면서 나와의 인연이 시작되었다. 다이빙은 꼭 2인 1조 버디로 이루어지는데 선배와 나는 단짝 버디였다. 이렇게 모인 우리의 중심에는 선배가 있었다. 선배는 어느 날 다리 저림과 여러 증상으로 심장혈관 이상 판정을 받아 그 어려운 수술을 3차에 걸쳐 받았고, 회복 중이라 일상 활동에 많은 제약이 따르게 되었다. 선후배, 지인 등 모두에게 진심을 다하여 베풀고, 도자기를 만들며 행복을 느끼던 선배의 일상은 수술 전과 후가 변함없었다. 항상 그래왔다. 다만, 바다에 "풍덩" 몸담던 다이빙만 못했을 뿐이다.

코로나로 인한 생활의 단절로 우울할 즈음 우리는 여행을 계획했다. 거기에 선배의 버킷리스트 중 하나인 캠핑카와 더불어 떠난다면 더할 나위 없는 여행일 거라 생각하고, 9박 10일의 장기간 남해 여행을 계획했다. 여행 준비하며 캠핑카 구하기에 어려움이 많았다. 여러 상황을 접하며 캠핑카 여행을 포기할 즈음 한두 명 건너 알게 된 지인 덕분에 정말 저렴한 비용에 캠핑카를 빌려 여행할 수 있는 기회가 주어졌다.

휴게소에서 차린 생일상

드디어 캠핑카 여행이 시작되었다. 우리는 모두 여섯 명. 캠핑카 한 대와 나의 올란도가 같이 출발했다. 올란도는 내게 있어 하나의 캠핑카였다. 코로나로 인해 차박 여행 붐이 일기 전부터 차박을 위해 차를 꾸며놓았다. 캠핑카에서 네 명, 올란도에서 두 명. 이렇게 체크인이 시작되었다.

여행은 언제나 옳다. 여러 사람과 함께하는 여행은 첫발을 내디딘 날부터 흥분하게 한다. 장기 일정이라 캠핑카와 올란도에는 먹거리와 캠핑 준비물이 가득찼다. 첫날 아침은 양평 언니의 생일이기도 했다. 전날 저녁 끓여 놓은 미역국과 선배가 준비한 찹쌀밥으로 호남고속도로의 한 휴게소에 들러 생일상을 차렸다. 캠핑카에 있는 테이블과 의자 등으로 야외 카페 못지않게 세팅된 첫 아침 식사는 난생처음 받는 생일상이었을 거다.

강진 방파제에서 낙지잡이

드디어 바다가 있는 강진에 도착, 우리의 식도락 여행이 시작되었다. 선배의 사촌 동생이 운영하는 횟집에서 생 오도리(보리새우), 전복, 광어, 그리고 매운탕을 먹었다.

첫날은 선배의 둘째 오빠네서 짐을 풀었다. 역시 선배다. 강진에 선배가 떴다고 하니 많은 분에게서 연락이 왔다. 오후 일정은 귀한 낙지가 방파제에서 뜰채로 들어올릴 정도로 많이 잡힌

다는 이야기를 듣고 방파제로 향했다. 그날 밤 방파제에서 비릿한 바다 내음과 더불어 플래시 불빛 아래 낙지가 올라오기를 기다렸다. 하지만 낙지 잡이가 목적이 아닌, 그저 담소하는 것에 더 큰 에너지를 쏟았다. 잡혔어? 떴어? 몇 마리~~, 이~~? 결국 2마리 잡고 일어났다. 새벽 2시나 돼야 많이 잡힌다는 말에 손 털고 일어났지만, 그 시간이 하나도 아깝지 않았다.

천관산과 명사십리 해수욕장

선배는 고등학교 때 유도선수였단다. 선수 시절 아침마다 천관산 정상까지 한달음에 뛰어오르고 했다며 가을엔 천관산 억새풀이 장관이니 다녀오자고 적극 추천하신다. 그걸 계기로 예기치 않게 천관산 등반을 시작하였다.

도립공원으로도 지정되어 있던 천관산의 절경은 한동안 등산하지 않던 나에게 자연이 준 선물이었다. 확 트인 시야와 천관산의 기암괴석은 1시간 30여 분의 등반 중 눈호강을 실컷 하게 해주었다. 멀리 다도해까지

볼 수 있어 그야말로 조망이 끝내주는 명산이었다. 그날은 추석 연휴가 시작되기 이틀 전이라 SNS로 천관산 정상에서 찍은 멋진 포즈의 사진과 함께 "해피~ 추석"의 문자를 날려 부러움을 한껏 받았다. 등산에서 돌아오니 우리를 기다리던 선배의 "부럽다~!" 한마디에 잠시 숙연해지기도….

 등산 후 완도를 거쳐 명사십리 해수욕장으로 출발했다. 해변가는 이미 음식점 및 카페가 바닷가를 향해 장막을 치고 있어 바다를 바라보는 자리를 찾기 어려웠다. 결국 명사십리 캠핑장의 한 사이트를 얻어 짐을 풀었다. 오늘부터 캠핑카가 우리의 집이 되는 것이었다. 캠핑 데크가 있고, 전기를 연결하여 쓸 수 있고, 물을 마음껏 쓰는 개수대도 있고, 화장실, 샤워실도 있었다. 조그마한 텐트도 쳤다.
 이제 도시를 떠난 캠핑이 시작되었다. 서울서 공수해온 갈빗살도 구워 먹고, 고무신 사러 나간 장터에서 고무신은 못 사고 전복 한 박스 사다 구워 먹고, 도란도란 둘러앉아 불멍을 했다. 선배는 가마불을 직접 지펴서 도자기를 구워내는 분이라 불 피우는 데는 선수다. 화로를 가운데 두고 다들 말없이 훨훨 타오르는 불길만 바라보았다. 오랜만에 맛보는 힐링의 순간이었다.

    간밤에 비가 조금 오기는 했지만, 캠핑카와 올란도 차 안 그리고 조그마한 1인용 텐트 등 각자 흩어져 잠자리에 들었다. 쏟아지는 아침 햇살에 다들 일찍이 눈을 떴다. 백사장 길이가 3.8km나 되는 명사십리의 긴 해변을 산책했다.

    이곳은 조선 후기 철종의 사촌 아우 이세보가 안동 김씨의 계략으로 신지도에 유배되어 온 후 밤이면 해변에 나가 북녘 하늘을 보며 설움과 울분을 시로 읊었던 곳이다. 억울한 귀양살이에서 풀려난 이세보가 한양으로 돌아간 다음부터 비바람이 치는 날이면 모래밭에서 마치 울음소리 같은 소리가 들렸다고 하여 명사십리(鳴沙十里)라는 이름이 붙었다. 하지만 하룻밤을 묵은 우리에게는 보드랍고 매끈한 해변을 내주었을 뿐이었다.

청산도

늦은 아침 식사 후 청산도로 출발했다. 완도항 여객터미널에서 소형차부터 대형버스까지 실을 수 있는 여객선에 우리의 캠핑카가 실렸다.

50여 분 걸려 도착한 청산도는 공해 없는 자연 속에서 전통문화를 보존하고, 도시를 떠나 바쁘게 사는 현대인들에게 느림의 삶을 체험하기 위한 슬로시티라는 국제운동에 동참한 섬이다. 아름다운 경치에 취해 천천히 걸으며 자연과 하나됨을 느낄 수 있는 섬이다.

추석 당일 '서편제'와 드라마 '봄의 왈츠' 등의 촬영지로 유명한, 꼭 와보고 싶던 대한민국의 섬 청산도에 드디어 도착했다. 우선 섬을 한 바퀴 돌면서 섬의 풍경을 만끽하며 머물 곳을 찾기 시작했다. 바다의 풍경을 한쪽

어깨에 걸친 꼬불꼬불한 도로를 천천히 달리며 섬을 탐방했다. 국화도 방파제 앞에서 잔멸치를 건조하는 모습도 구경했다.

해안도로를 따라가다 신흥해수욕장 앞에 캠핑카를 세울 수 있었다. 우측으로 목섬이 멀리 보이고, 섬 중심으로 옴폭 들어앉은 신흥해수욕장의 앞바다는 조수간만의 차로 밀물과 썰물이 공존하는 곳이었다.

앞마당에 바다를 두고 우리의 이틀 살림이 시작되었다. 일행 모두 요리가 수준급이다. 제철 음식의 맛을 알고, 각 지역 최고의 식자재를 알고 있어 여행 내내 만들어 먹는 즐거움도 여행의 재미를 더했다. 각 지역 향토 시장에서 사 온 각종 해산물과 국수리에서 구매한 건조 중인 잔멸치, 집에서부터 준비해온 각종 양념으로 만든 음식은 체중을 늘리는데 한몫했다.

추석 당일 구름 낀 보름달 아래 바로 앞에서 들리는 파도 소리, 거기에 불멍을 위한 화로를 앞에 두고 마시는 맥주 한 잔은 여행 중 맛볼 수 있는 최고의 감성이었다.

이번 여행을 마치면 몇 주 후 선배가 수술한다. 남들은 한 번도 하기 힘

든 심장혈관 수술을 네 번째 하는 것이다. 다시 선배랑 스쿠버다이빙할 수 있을까? 물속에 다시 들어갈 수 있을까? 누우면 물레질하는 원판이 천장에서 돌고 있다고 할 정도로 도자기를 만들기 위해 태어난 사람. 나만 보면 "건강 챙겨라.", "하고 싶은 거 다 해라." 하며 나보다 더 내 건강 걱정해주는 선배. 마지막이 될지도 모르는 고향 여행에 초대해줘서 아름다운 인연을 이어주고, 다른 이의 인생을 통해 미래를 준비할 수 있는 시간을 갖게 해준 선배가 고맙다.

 이번 남해 여행은 청산도에서 이틀 밤을 보내고, 다시 강진에 와서 선배 오빠 집에서 일정을 마무리했다. 무엇보다 선배 버킷리스트 중 하나인 캠핑카 여행을 체험했다는 것이 가장 의미 있었다.

 3차 수술하고 회복되면 작업장 정리하고 경기도권에 전원주택 옮기고 캠핑카 한 대 산다던 선배의 계획은 착착 진행 중이다. 작업실은 정리됐고, 양평으로 이사했고, 캠핑카 구입 여부는 4차 수술 후에나 가능할 듯 싶다. 4차 수술 후 캠핑카 한 대 사서 같이 여행 다녔으면 좋겠다. 나는 선배와 오랫동안 살고 싶다.

호남권

햇볕과 바람, 바다의 길 위에서
신안군 임자도

박우건
전) 한국정보산업연합회 상근부회장

사십여 년 만에 나 홀로 여행!

여행이라기보다 2019년 퇴직 후 코로나19와 일상으로부터 잠시나마 벗어나고자 하는 출발이다. 어디로 갈까 고민하다 한반도 서남단 1004섬의 고장 신안군으로 정했다. 70여 개의 유인도(有人島)가 있다는데, 연륙교가 개통되어 최근 섬에서 탈출(?)한 북단의 임자도를 가보기로 마음먹었다.

민어의 섬, 병어의 섬, 새우젓과 대파의 섬!

미식가들과 농수산물 유통업자들도 들으면 바로 알만 한 산물들이 이 섬의 브랜드들이라니 좀 특별하지 않은가?

낭만 목포에서 1박 한 후 임자도로 가기로 결정하고, 국도 1번지를 따라 분위기 있는 드라이브를 할까 했으나 늦게 출발하는 바람에 고속도로를 택했다. 코로나19 이후의 여행이라 고속도로 휴게소가 한적할 것이라고 기대했다.

경부선, 천안논산선, 대전당진선, 서해안선을 이동하여 밤 11시경 목포에 도착, 하당지구의 숙소에 짐을 풀었다.

그런대로의 망향휴게소, 어둠과 함께 번잡함이 줄어드는 정안휴게소, 시골역 같은 부여백제휴게소, 스산함이 찾아든 군산휴게소 그리고 고창휴게소의 쓸쓸함! 폐업 일보 직전 같은 함평휴게소까지 코로나19 이후 휴게소의 밤 풍경은 예상보다 훨씬 황량해서 당혹스러웠다.

다음 날 10시경, 최근 임자대교가 개통되어 섬에서 벗어난 임자도로 출발했다. 찐 햇감자 네 알과 열무김치를 병에 조금 담아 비상식량으로 준비했다. 차내 비상식량을 준비한 이유는 서울에서 내려가는 여행자라, 코로나19 감염이 우려되어 가능한 한 식당 이용을 자제하는 게 예의일 것 같아서였다.

요즈음 한창 뜬다는 신안군의 섬들, CNN, Fox, 이코노미스트 등 외신에 대대적으로 소개된 퍼플(purple)섬 박지도, 수산화의 섬 선도, 수국의 섬 도초도, '자산어보'로 다시 화제가 된 흑산도, 홍도, 가거도! 가보고 싶은 섬이 꽤 많다.

그중 임자도를 첫 여행지로 택한 특별한 이유는 딱히 없었지만, 맛보고

싶은 추억이랄까, 기억과 인식, 감각으로 정한 여행지이다.
  먼저 우리나라에서 제일 백사장 길이가 길다는 대광해수욕장(12km)을 찾았다. 민어 산지임을 알리는 대형 은빛 민어 조형물이 나를 맞이한다. 튤립 축제가 취소되기는 했어도, 다리 개통 덕분일까, 사람과 차량이 꽤 많다.
  전혀 예상치 않은 곳에 조희룡 미술관이 있어 둘러보니, 조선 중기 문인화가 우봉 조희룡 기념전이 열리고 있었다. 우봉 조희룡은 당시 추사 김정희의 문하에서 학문과 서화를 배웠다. 시, 서예, 그림에 모두 능했는데 특히 서예에서는 추사체를 잘 썼다는 평가를 받고 있는 문인화가다. 현종 때 인조의 계비인 조대비의 복상 문제를 둘러싸고 서인과 남인 사이에 크게 논란이 된, 두 차례의 예법에 관한 논쟁인 예송논쟁에 휘말린 우봉은 추

캠핑카 전국이 나의 별장

사 김정희가 제주도로 유배될 즈음에 임자도로 유배되었다.

우봉의 매화 그림 전시에 이어 우봉의 글씨와 임자도를 결합한 미디어 아트도 전시 중이었다. 파도와 글씨가 영상으로 생동감 있게 펼쳐져 색다른 감동을 받았다.

지난 4월, 국립중앙박물관에서 기획한 추사 김정희의 '세한도' 전시회를 보면서 추사에 대해 나름대로 공부했는데도 우봉 조희룡에 대해선 모르고 있었다. 올해 상반기 중 가장 보람되고 뿌듯한 것은 추사 김정희 '세한도' 전시회 마지막 날 가족과 함께 관람한 것이다. '세한도' 전시회를 보러 10여 차례나 박물관을 찾은 것은 정말 잘한 일 같다. 함께 '세한도'를 감상한 사람들은 오래도록 기억에 남을 것이다. 추사 김정희의 '세한도'와 우봉 조희룡의 '홍매화 서옥도'를 머리에 그려보며, 역시 "예술은 길고 인생은 짧다."라는 문구를 되새겨 보았다.

미술관을 나와 우리나라 새우 60%의 집산지라는 '전장 포구'로 향했다. 햇볕과 바람, 바닷물의 결정체인 임자도 천일염전과 대파밭을 지나 전장 포구로 가는데 너른 들이 마치 육지 같았다.

여섯 개의 섬을 '울력'을 통해 개간하여 오늘의 임자도를 만들었다니, 섬사람들의 끈질김과 인내심에 감탄이 절로 나온다. 새우젓의 옛 명성을 잃어버린 전장 포구에는 10여 개의 젓갈 상점들이 깡다리(황석어의 신안 방언)를 말리느라 파리채로 파리를 쫓는 한가함이 있을 뿐, 최근에 세워진 자그마한 새우 조형물이 옛 번성을 추억하는 듯하다. 다음에 오시는 분들은 소래포구의 번성함과 비교해봄 직하다.

지금은 폐쇄된 새우젓 토굴도 볼 겸, 포구 뒤편의 방파제로 갔다. 칠산바다의 바람과 파도에 대비한 방파제이다. 칠산바다의 바람길을 따라온 축축한 갯내음 바람에 가슴을 맡겨보았다. 20여 분 정도 바다를 바라보며,

밀려오는 칠산바다 파도에 정면으로 맞서본다. 바삐 살았던 지난 40여 년의 세월이 부서지는 파도와 바람길에 밀려간다.

칠산 바닷바람에 잘 말린, 질 좋은 반건조 농어를 사가라는 아주머니의 말을 뒤로하고 '민어의 포구' 하우리로 향했다. 일제 강점기에 일본인들이 목포는 몰라도 타리(당시 일본사람들은 하우리를 타리로 알았던 모양이다) 민어는 알았다던 곳이다.

하우리로 가던 중 특이한 돌비석을 발견했다. "용서하라"는 글귀가 새겨진 오래되지 않은 석비이다. 지역 주민들에게 자초지종을 알아본 결과, 6·25와 9·28 수복 사이에 일어난 임자도의 아픔이 새겨진 비석이었다. 좌우익의 이념적 대립 때문에, 당시 전체 인구가 12,000명 정도 되던 임자도에서 1,400여 명이 희생되었다고 한다. 숙연한 마음과 함께 '이렇게 큰 아픔이 왜 알려지지 않았는가?' 하는 의문이 든다. 당시 다른 섬 지역과 비교해볼 때 피해 규모가 상당해서, 임자도 사람들에게 그로 인한 아픔과 상처가 얼마나 클지 가늠조차 되지 않는다.

오늘날 하우리항은 너무나 평화롭고 아름답고 멋지다. 방파제 역할을 해주는 민어잡이의 섬, 재원도를 둔 하우리항은 민어 집산지로서의 명성보다 앞으로는 휴식과 힐링을 위한 안식처로 자리 잡지 않을까 예측해본다.

하우리 포구에서 바닷가 임도를 따라 은둔 마을과 우봉 조희룡이 귀양살이했던 곳을 돌아보았다. 잔잔한 바다, 파란 하늘, 민어잡이 닻배의 그림 같은 배경들이 눈에 선하다.

목포로 돌아가는 길에 지인이 소개한 식당, '나들목'에 들렀다. 식당 이용을 자제해야겠다는 처음의 생각은 '가시리 된장국'으로 인해 사라졌다. 먹는 김에 깡다리 튀김과 조림 한 접시를 주문하고 막걸리는 반 잔만 마셨다.

어느덧 다가온 노을이 임자대교를 감싸고 있다. 그 정경을 다시 눈 안에 가득 담고, 멋스러운 임자도에 다시 올 것을 기약했다.

40여 년 만에 나 홀로 여행의 첫 발자국이다.

호남권

아이들과의 특별한 캠핑카 여행
전주와 군산

최규남
(주)케이엔랩스 대표, 인공지능 헬스케어 로봇

우리 가족은 나와 아내 그리고 남매 쌍둥이, 이렇게 4명이다. 보통의 평범한 가족이다. 물론 부모님과 장모님은 따로 살고 계신다. 처음에는 부모님을 모시고 살았지만, 분가한 지 벌써 7년 정도 되었다. 주말에 친가와 장모님 집에 방문하여 반찬이며 과일 등을 공수해 오기도 한다. 한 달에 두세 번쯤 방문하는 것 같다. 그래서 우리 가족만의 시간을 갖는 것이 쉬운 일은 아니다. 그래도 가족 여행은 1년에 두세 번 정도 하고 있다.

올해는 아이들이 초등학교 5학년이 되었다. 아들은 아직 사춘기가 오지 않았는데, 딸은 벌써 초경을 시작했다. 당황스러운 경험이었지만, 그렇게 아이들도 신체적으로나 정신적으로나 많이 성장하였다고 생각하니 대견했다. 별문제 없이 건강하게 자라줘서 감사할 따름이다.

한편 불안한 감정도 들어왔다. 딸의 사춘기가 시작된 것이다. 엄마와의 충돌이 잦아지고, 이제는 꼬박꼬박 엄마의 말에 말대꾸까지 한다. 물론 자주 있는 일은 아니지만, 앞으로 점점 더 심해질 수밖에 없을 것이다.

사춘기가 되면 친구들과의 관계가 더 중요해진다. 부모와 시간을 보내는 것보다는 친구들과 함께 노는 것을 더 좋아하게 된다. 주변의 선배들과 얘기해보면 어렸을 때 부모와 여행을 즐겼던 아이들도 중학생이 되면 같이 여행하기 힘들다고 한다. 그래서일까. 나의 조바심도 여기에서 나오는 것 같다. 앞으로 2년, 아이들이 중학생이 되면 자신들만의 길을 찾아 떠나게 되고, 어렸을 때 부모와 함께한 기억도 점점 사라지게 될 거라고⋯. 사실 나도 부모님에 대해 감사한 마음은 있지만, 어렸을 때 가족과 여행하며 즐거운 기억을 공유한 적은 없어서 더 그런 생각이 드는 것 같다.

캠핑카로 떠나볼까

올해부터는 매월 1박 2일, 분기마다 2박 3일 정도로 여행하는 것을 계획하고, 어렵지만 실천하고 있다. 친구들은 캠핑을 많이 가지만 우리 가족은 캠핑을 좋아하지 않는다. 유난히 깔끔 떠는 아내는 벌레들을 싫어하고, 딸은 모기에 잘 물리는 체질이다. 한 번 물리면 다른 사람들보다 두세 배는 더 부어오르는 탓에 다른 사람들의 캠핑여행을 부러워해 본 적이 없다. 그래도 아이들에게 캠핑의 기억을 남겨주고 싶어서 야외에 텐트를 치는 캠핑이 아닌, 캠핑카로 떠나는 여행을 생각하게 되었다.

페이스북 피드에 가끔 올라오는 것 중의 하나가 캠핑카이다. 심지어 캠핑카를 직접 만드는 유튜브 영상도 본 적이 있다. 그렇게 기억의 한 자리를 차지하고 있던 캠핑카를 실제로 교육도 받고 시운전해볼 기회도 갖게 되었다. 처음 캠핑카를 타본 아이들은 차 안에 있는 잠자리와 화장실, 냉장고와 TV 등을 구경하며 마냥 신기해 했다.

교육받은 지 3개월 후에 여행 계획을 세웠다. 처음에는 부모님과 함께 가려고 했지만, 캠핑카는 버스전용차로를 이용할 수 없고, 최대 5인까지 밖에는 탈 수 없어 포기해야 했다. 내부에 방이 있기는 하지만, 차가 운행 중일 때는 의자에 앉아 안전벨트를 해야 해서 정원이 정해져 있다. 우리 가족만 여행하기로 하고, 목적지는 전주 한옥마을로 정하였다. 전주 한옥마을은 몇 년 전에 아이들과 함께 다녀왔지만, 아이들의 기억에서 이미 사라진 지 오래다. 사진 속에는 아련히 남아있는 기억이지만, 또 오고 싶을 정도로 좋았던 곳이다.

전라북도 전주시 완산구에 위치한 전주 한옥마을은 을사조약 이후에

100년이라는 짧은 기간에 생성된 마을이다. 일본인들의 침략이 심해지고, 일본인들의 거주 인원이 늘어남에 따라 일본식 가옥이 점차 많아지게 되었다. 이에 대항하는 의미로 전주의 양반들이 '팔작지붕의 휘영청 늘어진 곡선의 용마루'를 가진 신식 한옥을 지어 살기 시작하였다고 한다. 한 마디로 전주 한옥마을은 독립운동과 같은 특별한 의미를 지닌 곳이다. 이 지역에는 경기전, 전동성당, 오목대와 같은 유적지와 함께 다양한 박물관이 어우러져 대한민국을 대표하는 관광지로 자리매김하고 있다. 하지만 여기도 코로나19의 영향에서 벗어나지 못하고, 연 1,000만 명을 웃돌던 관광객이 500만 명으로 줄어들 것으로 예상되고 있다.

처음 타본 캠핑카

예상보다 늦게 일이 마무리되는 바람에 캠핑카를 저녁 무렵에 가지러 가야 했다. 007 첩보영화에서처럼 우편함에 들어있는 캠핑카 키를 찾아 가라는 미션을 미리 하달받았기에 시간적인 압박은 없었다. 예전에 교육받았던 곳에 도착해 차량을 확인하고, 우편함의 위치를 확인해보니 상당히 멀리 떨어져 있었다. 마음속으로 007영화의 주제가를 생각하며, 찾아 걸어갔다. "당다가당당 다다당 당다가당당 다다당…."

세월의 무게가 느껴지는 우편함에서 자동차 키를 찾을 수 있었다. 내 차에 있던 짐을 캠핑카로 옮기고, 내 하이패스 카드도 챙겨서 이제 출발하려는데 사이드미러가 접혀져 있다. 다행히 백미러 카메라의 화각이 넓어서 좌우측 사이드미러를 대신해줄 수 있을 거 같아 그냥 출발했지만, 막상 도로에 나왔을 때는 사이드미러를 사용하지 않고, 백미러 카메라 하나만 사용해서는 어려움이 있었다. 다시 차 안의 버튼들을 하나씩 체크해 나가기 시작해 결국 운전대 옆의 사이드미러 버튼을 찾을 수 있었다. 무사히 도착해 조심조심 주차하고 집에 들어서니, 아이들은 이미 꿈나라로 가있었다.

다음 날 아침은 캠핑온 것처럼 집에서 내가 준비했다. 밥은 전기밥솥에 안치고, 미역국은 전날 사 온 양지머리로 끓이고, 호박죽 팩은 전자레인지에 넣어 돌렸다. 집에서 요리를 즐기는 편이 아니어서 기억이 가물가물하다. 거의 1년만에 해보는 것 같다. 우리 가족은 여행을 가도 될 수 있으면 사 먹는 편이다. 밥은 그럭저럭 되었는데, 미역국은 신의 한 수라는 멸치액젓을 마지막에 넣었는데 짜다. 호박죽은 팩에 써 있는대로 3분을 데웠는데 차다. 음…, 아침은 폭망이다.

아이들은 전에 캠핑카 교육에 같이 참석해서 캠핑카에 친숙한데, 아내는 걱정이 태산이다. 차가 생각보다 크고, 사고 없이 잘 갈 수 있을지 걱정이라나…. 무엇을 가져가야 하는지도 잘 모르겠단다. 캠핑카에 다 준비되어 있으니 아무것도 따로 가져갈 것이 없다고 딱 잘라 말했다.

기대 반 설렘 반으로 어느덧 톨게이트를 지나 첫 번째 휴게소에 도착했다. 이제는 아내도 캠핑카에 익숙해진 것 같다. 휴게소에서 여러 가지 간식거리와 아이들이 좋아하는 맥반석 오징어도 샀다. 중간중간 아내와 아이들은 자리를 바꿔가며 앉았는데 뒷자리는 기차처럼 진행 방향과 반대로 앉게 되어 있어 불편하다고 했다. 화장실 문과 창문들이 고정이 잘 안 되어 덜컹거리는 소리도 들린다고…. 하지만, 내 것이 아니니 어쩔 수 없지.

전주 한옥마을

고속도로에서는 시속 80Km가 넘지 않도록 천천히 주행하고, 가장 바깥 차선으로 달렸다. 과속 카메라도 걱정이 없다. 만약 전용차선을 갈 수 있었다면 민폐였을 거라는 생각이 들었다.

　전주 한옥마을 주차장에 왔을 때는 생각보다 사람이 많아서 놀랐다. 한가할 거라고 생각했는데, 주차장은 이미 만원이다. 예전에 왔을 때와는 달리 완전 반대 방향으로 와 있었다. 주차원의 안내에 따라서 앞으로 5분가량 더 가서 '대성공영주차장'에 주차하고 무료 셔틀버스를 탔다. 공영주차장은 무료이다. 그곳에는 벌써 3대 정도의 캠핑카가 전용 구역에 주차되어 있었다. 다른 캠핑장처럼 캠핑카에 전기와 물을 공급해주지는 않지만, 전용 주차구역으로 분리되어 있어, 기회가 된다면 여기서 무료로 차박해도 괜찮겠다는 생각이 들었다.

　다른 캠핑카 옆에 주차하고, 셔틀버스에 올라타니 어느새 2시가 다 되었다. 셔틀버스는 매일 10시부터 토요일은 저녁 7시 40분, 다른 요일은 저녁 6시 40분까지 수시로 운행한다. '대성공영주차장'에서 '전주 한옥마을' 사이에 부산의 '감천문화마을'과 같은 '자만벽화마을'이 있다. 전주시에서 인위적으로 조성한 것이지만, 40여 곳의 담장과 골목에 꽃, 만화, 하트 등 다양한 테마로 예쁘게 단장되어 있다. 이곳에 정류장을 만들어 셔

틀버스를 잠시 세워줬으면 하는 생각이 들기도 하였다.

벌써 점심 시간이 되었으므로, 우리의 첫 목적지는 식당이다. 1952년부터 내려온 비법으로 지금까지 운영되고 있는 대한민국 원조 전주비빔밥으로 유명한 곳이다. 세월의 흔적이 어느 정도 남아있는, 조금은 허름한 식당이었다. 곳곳에 옛날 서예 글씨들과 유명인들의 사진, 신문 기사들이 걸려 있었다.

2시인데도 순번을 기다려야 했다. 이 집의 전주비빔밥이 다른 집과 다른 점은 황포묵을 넣는다는 것. 탱글탱글한 청포묵에 치자로 노란 물을 들인 것이 황포묵이다. 또 다른 점은 계란이 들어가지 않는 것이다. 그 시절에는 계란도 귀했을 것이다. 아무리 미슐랭 가이드에 나와 있는 맛집이고, 오색 빛깔 한국의 맛으로 유명한 전주비빔밥이라도 우리 아이들의 초등 입맛에는 맞지 않는 것 같다. 나중에 커서 어떤 맛으로 기억할지 궁금하다. 실은 나도 기대만큼 별 감흥이 없었다. 도시의 맛에 익숙해진 것일 수도 있지만, 어느 정도 외국인 입맛에 맞도록 변형된 것 같다는 느낌도 들었다. 다음에는 훨씬 저렴한 현대식 전주비빔밥을 선택할 것 같다.

식사 후 본격적인 한옥마을 탐방을 위해 한복으로 갈아입기로 했다. 한복을 입고 한옥마을 곳곳을 누비고 다니는 사람들을 보며, 아이들의 마음도 들썩들썩거렸다. 한복을 대여해주는 가게에서 연호는 임금님 곤룡포를 입고, 연아는 벚꽃 색깔의 한복으로 갈아입었다. 어렸을 때는 명절에 한복을 입었지만, 아이들이 훌쩍 커버린 지금은 명절에도 한복을 입을 기회가 없었다. 무척 기분이 좋은지 아이들 입꼬리가 하늘로 올라간다.

골목골목마다 있는 다양한 먹거리를 구경하며 한옥마을에 자연스럽게 스며들었다. 그곳에 대하소설《혼불》의 작가 최명희의 생가가 보존되어 있으며, '최명희로'라는 골목길로 기념하고 있다. 몇 년 전 이곳에 와보았는데 그때와는 또 다른 느낌으로 다가왔다. 코로나19로 인해서 많이 변한 느낌도 있다. 외형적으로는 더 많이 확장되어서 신식 한옥들과 호텔, 카페들이 많아졌으나, 빈 상점도 많이 보이고, 체험하는 곳도 많이 줄어들었다. 빨리 예전의 활력있는 모습으로 돌아왔으면 하는 바람이다.

다른 사람들은 전동카트를 타고 다니지만, 연아가 무섭다고 하여 우리는 걸어서 한옥마을을 골목골목 돌아다녔다. 줄서서 사는 유명한 만두집에서 만두도 사고, 연아가 좋아하는 부채도 사고, 연호가 좋아하는 잠뜰인형도 샀다. 갈증을 느낄 때쯤 전망대 카페에 다다랐다. 전망대 카페는 이번에 처음 와본 곳인데 '전주 한옥마을'에서 가장 높은,

자그마치 5층에 있다. 그곳에 올라가면 한옥마을 전체를 내려다볼 수 있어 전망이 아주 좋은 곳으로 야경도 멋지다고 소문난 곳이다. 항상 사람들이 북적이는 곳이지만, 운 좋게도 좋은 자리에 앉을 수 있었다. 아이들도 사진을 예쁘게 잘 찍어 왔다.. 다음에는 야경을 볼 수 있는 시간에 와보고 싶다는 생각이 들었다.

군산 청암산 오토캠핑장

 예약하지 않고 와서 이제는 캠핑장을 정해야 했다. 틈틈이 알아보니 산속에 있는 글램핑장과 군산에 있는 글램핑장이 예약 가능했다. 아내는 군산에 있는 '청암산 오토캠핑장'으로 가자고 했다.
 오토캠핑장에서는 가져온 캠핑카에서 숙박하거나 텐트에서 자지만, 우리 가족은 글램핑 침대에서 자기를 원했기 때문에 숙박지를 결정하는데 어려움이 있었다. 청암산 오토캠핑장은 군산시에서 글램핑과 오토캠핑을 같이 운영하는 곳이었다. 다행히 산속은 아니어서 벌레들의 습격도 최대한 피할 수 있는 곳이었다.
 전주 한옥마을에서 캠핑장까지는 40분 정도 소요되었다. 마침 캠핑장 근처에 농협마트가 있어서 저녁에 구워 먹을 소시지와 라면 등을 살 수 있었다. 농협마트는 저녁 7시까지밖에 운영하지 않아서 우리가 마지막 손님이었다. 도시에서는 상상할 수도 없지만, 여기는 7시만 되어도 인적이 드물었다.
 캠핑장 사무실에 들러서 예약을 확인하고 글램핑 숙소를 배정받았다. 군산 시내와 가깝고, 산속이 아닌데 왜 청암산이라는 이름을 붙였는지 의아했지만, 이름만으로도 깊은 산속에 캠핑온 느낌이 들었다.

캠핑장을 한 바퀴 돌아서 숙소에 가는데 이미 장비들을 펼쳐놓고 저녁 식사를 즐기는 사람들을 볼 수 있었다. 생각보다 많은 사람이 수많은 장비와 어마어마한 텐트들을 설치해 놓고 있었다. 그에 비하면 우리는 캠핑카 하나가 전부였다. 글램핑장은 1층과 2층으로 구분되어 있었고, 캠핑카는 그 옆에 주차하였다.

자, 이제 본격적으로 저녁을 준비할 시간!

관리실에 숯과 바비큐 화로, 가스, 그릴 등을 요청했다. 우리가 준비할 것은 은박지와 소시지 뿐이다. 감성을 위해 장작도 한 박스 샀다. 여기는 장작용 화로가 따로 없고, 바비큐 화로에 그냥 하면 된다고 했다. 아이들은 고기를 별로 좋아하지 않아서 이번에는 그냥 소시지만 구워 먹기로 했다. 토치를 사용해서 숯불을 피우는 것도 여러 번의 시도 끝에 성공하였다. 숯불 준비를 하는 동안에 아내는 글램핑장을 청소하며 푸념을 한다. 벌레가 한가득이라고, 바닥이 닦아도 닦아도 마음에 들지 않는다고. 하지만 깨끗한 욕실이 있고, 침대가 있고, 따뜻한 바닥 난방이 되는 것이 어딘가?

본격적인 캠프파이어

소시지를 구워 먹던 화로를 캠핑카 뒤쪽으로 옮기고, 이동식 의자와 탁자를 꺼낸 후 캠핑카의 그늘막 차양을 설치하였다. 화로에 장작을 넣고, 연아가 불과 함께 춤을 추기 시작했다. 활활 타오르는 장작 불꽃을 보며 아내가 소원을 빌었다.

한창 캠프파이어를 즐기던 중 갑자기 천둥이 치기 시작하였다. 아이폰 시리에게 날씨를 물어보았지만, 비 소식은 없었다. 아내가 숙소에서 돌아오더니 밤 10시부터 새벽 6시까지 비가 올 거란다. 요즈음 날씨 예보는 참 정확한 것 같다. 여지없이 10시가 되니 비가 내리기 시작했다. 의자며 탁자를 치우는데 아이들도 도와주어 쉽게 자리를 정리할 수 있었다.

이제는 자야 할 시간이다. 모기와의 전쟁이 시작되었다. 글램핑 숙소 안 가득히 모기향 스프레이를 뿌렸다. 아이들이 캠핑카에서 자겠다고 한다. 연호는 캠핑카 뒤쪽, 연아는 운전석 위쪽을 차지했다. 나 혼자 캠핑카에서 자려고 했는데, 계획이 빗나갔다.

"우르르 쾅쾅 쏴쏴!"

글램핑장의 숙소도 천막으로 되어 있어서 천둥소리와 빗소리가 그대로 들려왔다. 하늘은 순식간에 빛깔을 바꾸었다. 밤하늘이 무지갯빛을 내뿜었다. 천둥·번개의 합작품이었다. 아내도 빗소리에 잠을 못 자고 있는데 연아가 무섭다고 울면서 숙소로 들어왔다. 우는 아이를 달래며, 아내가 연아를 잠재웠다. 나는 캠핑카로 가서 연호를 살펴보았지만, 연호는 그래도 잘 자는 편이었다.

캠핑카에서 듣는 천둥·번개와 내리치는 빗소리는 밤의 적막 탓인지 더욱 크게 들려왔다. 이전에도 캠핑 중 텐트에서 비를 맞아 본 기억이 있지만, 이렇게 크게 들리지는 않았다. 천둥소리를 들으며 곤히 잠든 아들과 함께 캠핑카 작은 공간에 같이 있는 이 순간이 정말 좋다. 나중에 연호가 커서도 이날을 기억할까? 연호에게 행복한 기억으로 남았으면 좋겠다.

군산의 철길마을

밤새도록 내린 비가 아침이 되니 활짝 개었다. 덕분에 청명한 아침을 맞이하였다. 캠핑장에서 군산 시내는 가까워서 금방 갈 수 있었다. 차창 밖으로 보이는 군산 시내는 시간이 멈춰 버린 듯, 1970년대에 머물러 있었다.

첫 번째 목적지는 '이성당' 빵집이다. 1945년부터 빵을 만들기 시작한 현존하는 가장 오래된 빵집이라고 한다. 그런데 문을 닫았다. 정기휴일이란다. 택배로도 빵을 배달하는 곳인데…. 아쉬움을 남기고 철길마을로 가기로 했다. 예전에도 군산여행을 온 적이 있는데, 철길마을을 가지 못했었다.

군산 '경암동 철길마을'은 페이퍼코리아 공장과 군산역을 연결하는 철로 주변의 마을을 일컫는다. 지금은 기차가 다니지는 않고 관광지로 개발되어 있으며, 추억을 그리워하는 교복 세대를 불러모으고 있는 군산의 대표적인 핫플레이스이다.

우리가 도착했을 때도 여러 가족이 이곳을 둘러보고 있었다. 철길을 따라서 주변의 가게들을 구경하는 맛이 일품이다. 아이들이 좋아하는 달고나 체험을 직접 연탄불에 해보고, 얼굴만 한 달고나를 만들어보는 재미가 쏠쏠하다. 기념품으로 UN 성냥을 구매했다. 지금은 사용하지 않아 기억 저편에 숨어있던 것이지만, 이곳에서는 관광상품으로 멋지게 진열되어 있다. 캠핑하는데 성냥이 유용할 것 같았다.

점심을 먹고 돌아오는 길, 아이들과 아내는 이제 캠핑카에 익숙해져 있다. 아이들은 특히 운전석 위쪽 공간을 무척 좋아했다. 가장 좁은 곳인데 이유를 모르겠다.

집에 돌아와 아이들에게 여행소감을 써보라고 했다. 연호는 캠핑장 놀이터에서 재미있게 놀았던 기억을, 연아는 빗소리 때문에 무서웠다며, 비 오는 날에는 캠핑카에서 자지 않겠다는 이야기를 적어 놓았다.

짧은 시간이었지만, 아이들에게 다양한 경험을 하게 해주고 싶어 캠핑카 여행을 다녀왔는데 어떤 기억으로 남을지 궁금하다. 부디 좋은 기억으로 남았으면 하는 바람이다.

경상권

경남권

추억으로 가는 여행
속리산과 주왕산

손광현
S전자 35년 근무

정년퇴직이 1년 정도 남았다. 지난 34년간의 회사 생활이 많은 추억과 아쉬움으로 남는다. 매일 매일 반복된 일상, 숫자와의 싸움, 끝도 없는 회의, 그동안 이룬 성과도 많았지만, 가정에 대한 소홀함, 여유로운 삶에 대한 미련이 항상 남아있었다. 이젠 몸과 마음도 조금 여유를 가지고 조용한 곳, 공기 좋고, 물 맑은 곳으로 여행하고 싶다는 생각이 간절하다.

이젠 그동안의 고달팠던 심신도 달래고, 지난 추억을 더듬어보면서, 인생 1막을 슬기롭게 마무리할 시기가 온 듯하다. 그리고 새로운 인생 2막을 어떻게 슬기롭고 행복하게 살아갈까 하는, 생각할 시간이 필요했다.

고등학교 동창, 43년 지기인 나의 친구도 올해 퇴직해서 심경이 나와 비슷한지라 서로 같은 주제로 이야기를 나누던 중, 부부 동반으로 넷이서 캠핑카 여행을 하기로 계획했다. 친구 부부와는 신혼 시절부터 지금까지 서로 친하게 지내던 터라 막역한 사이지만, 캠핑카 여행은 처음이고, 특히 두 부부가 같이하는 여행이라 내심 걱정이 많이 되었다. 여자들이 불편해 하지는 않을까, 서로 맘 상하는 일은 없을까, 걱정이 많았으나 하루 하루 설레는 마음으로 새로운 경험에 흠뻑 빠져 즐거운 여행이 되었다.

손광현

속리산 세조길

이번 여행의 첫 코스는 속리산(俗離山)으로 정했다. 세속을 떠나 찾는 산이란 한자 뜻처럼 이번 여행의 취지에 딱 맞고, 나의 추억이 많은 곳이기도 하다.

세조는 세 번 속리산을 방문하였다는데, 나도 이번이 세 번째이다. 조선 세조의 첫 번째 방문은 당시 복천암에 거주하고 있던 신미대사를 수 차례 찾아가 훈민정음 보급에 대하여 논의한 것이고, 두 번째는 과거 고려 태조 왕건이 속리산에서 불경을 읽다 할아버지(작제건)의 유적을 찾기 위해 속리산 능선을 따라 말티재길을 걸었는데, 훗날 고려 태조를 크게 흠모하던 세조가 진흙으로 된 말티재길에 얇은 돌을 놓아 정비한 뒤 그 길을 그대로 따라 걸었던 것이다. 세 번째는 말년에 피부병에 걸린 세조가 요양 차 온 것이다.

나의 첫 번째는 고등학교를 막 졸업하고 친구들과 청바지 입고 배낭이나 등산에 대한 아무 준비도 없이 속리산 문장대를 오르면서 무척 고생한 기억이 있다. 정상에서 목이 말라 쌓인 눈으로 목을 축이고, 먹을 것도 준비하지 않아서 너무나 배가 고팠던 기억이 있다. 지금 생각하면 젊은 호기에 위험한 산행이었지만, 기억에 오래 남는 추억이다.

두 번째는 신혼 시절, 아내와 첫 휴가를 여기서 즐겁고, 달콤한 추억을 쌓은 곳이다.

이번에는 가장 절친한 두 부부가 과거 추억을 회상하면서 즐기고 힐링하는 여행이다.

속리산 세조길은 법주사에서부터 세심정까지이다. 세조가 바위 그늘에 앉아 잠시 생각에 잠겼던 자리인 눈썹바위, 약사여래의 명을 받은 월광태자가 꿈에 나타나 점지해준 곳에서 세조가 목욕한 뒤 피부병이 깨끗이 나

앉다는 목욕소, 세조가 성스러운 불당 바로 앞이니 모두 말에서 내려 걸어가도록 했다는 법주사 하마비, 그 외에 세조가 문신들과 시문을 읊었다는 속리산 문장대, 세조가 직접 관직을 내린 천연기념물 103호 속리산 정이품송, 세조가 법주사 승려들에게 쌀 3백 석, 종 30명, 논밭 2백 결을 내리며 추가로 "복천암에 있는 돌기둥을 끌되 돌이 더 이상 끌리지 않는 곳까지 법주사 땅으로 주겠다."고 약속하자 이에 승려들이 돌기둥을 밧줄에 묶어 온 힘을 다해 끌고 또 끌었다는 설화가 전해지는 사하촌 은구석 등 여러 볼거리들이 있다.

우리는 속리산 입구 식당에 주차하고 법주사 옆으로 지나 세조길로 들어섰다.

법주사 삼거리부터 복천암까지 약 3.2km에 이르는 풀코스와 저수지를 한 바퀴 도는 1.8km 무장애 탐방로 두 가지 코스가 있는데, 우리는 풀 코스를 선택했다. 왕복 2시간 정도 걸렸다.

때로는 흙길이고, 편안한 데크길도 있었다. 숲길을 걷다가 조그마한 저수지를 만났다. 수변 데크 주변으로 등나무와 소나무, 단풍나무들이 어우러져 색다른 멋진 풍경을 보여준다. 작은 쉼터 벤치에 앉아 저수지의 호젓한 풍경을 감상하며, 저수지에 사는 피라미들을 보면서 서로 즐겁게 깔깔 웃고, 벤치에 앉아 도란도란 이야기를 나누니 젊은 시절 연애 기분이 난다. 정말 심신이 정화되고 힐링이 되는 듯하다.

주왕산

속리산 입구 식당에서 친절한 사장님이 서비스로 준 동동주와 버섯전

골을 맛있게 먹고, 주왕산으로 출발하였다. 주왕산은 회사 초년병 시절 거래처 사장님들을 모시고 봄 야유회를 왔던 곳이다. 그때 맑은 공기, 계곡을 타고 내려오는 물소리와 아기자기한 기암괴석에 너무 매료돼 꼭 한 번 더 오고 싶었던 장소이다.

평일이라 그런지 코로나 영향인지 주왕산캠핑장은 한산했으며, 캠핑하

는 분들은 세 팀 정도 있었으나 벌써 식사 후 조용히 텐트에서 쉬고 있는 듯했다. 우린 서둘러 캠핑카를 주차하고 벤치에 만찬을 준비했다.

주왕산캠핑장은 주변이 잘 정비되어 있고 세면장, 화장실 등이 깨끗했다. 국립공원의 맑은 공기. 반짝이는 밤하늘에 우리의 이야기는 끝이 없었고, 40여 년의 지난 세월 살아온 이야기와 앞으로의 살아갈 이야기에

첫 밤은 짧기만 했다.

주왕산의 유래는 중국 당나라에 반역을 일으킨 주왕이 신라로 피신와 숨은 계곡이며, 그의 아들 이름이 대전도군인데 그 이름을 따서 대전사를 지었다고 한다.

주왕산의 아침은 서울에서 찌든 우리의 마음과 몸을 한순간에 정화하기에 충분했다. 눈부신 푸른 하늘과 맑은 공기, 조용히 흐르는 시냇물 소리, 저 멀리 보이는 기암…. 주왕계곡 탐방로의 대전사~용추폭포 구간은 평탄하고 잘 정비된 흙길이어서 도란도란 이야기하면서 걷기에 참 편한 길이었다.

계곡 입구의 대전사를 둘러보고 평탄한 길을 걷다 보니, 옆으로 시원한 계곡물이 흐르고, 사람 옆모습처럼 생긴 바위도 있었다. 아쉽게도 태풍으로 인하여 등산길이 훼손되어 폭포까지 가보진 못했지만, 우리의 마음을 촉촉히 적셔주기엔 충분히 아름다운 길이었다.

단풍철이 아니라서 그런가. 코로나19 영향인지 탐방객이 너무 없어서 우리 일행이 국립공원 전체를 전세 얻은 느낌이었다. 넷이서 호젓이 걷는 계곡 숲길, 맑은 계곡물, 주왕산의 모든 걸 가슴에 흠뻑 적셨다.

주산지, 김기덕 감독의 영화 촬영지

청송은 사과와 닭기 백숙이 유명하다. 그래서 닭기 약수터 근처 백숙집에서 점심을 먹고, 주산지 가는 길 도로변 사과 직판장에서 사과 한 박스를 구입한 후 주산지로 향했다. 주산지는 김기덕 감독의 영화 '봄여름가을 겨울 그리고 봄'으로 유명해진 저수지다. 주산지의 사계절 아름다운 풍경이 계절별로 잘 표현된 작품이다. 특히 아침에 물안개가 필 때의 몽환적인 느낌과 물속에서 자라는 왕버들나무가 신기하다.

주산지는 조선 시대 때 완공한 인공 저수지인데 약 300년 동안 아랫마을 농업용수로 사용됐으며, 만들어진 이후 한 번도 바닥을 드러낸 적이 없다고 한다. 저수지 바닥 지질이 스펀지 같아서 물을 머금고 있기 때문이라고 입구에 세워진 안내판에 적혀 있다.

물안개의 몽환적인 장면 대신 오늘은 이슬비가 내리는 조용한 저수지를 만났고, 물속에서 저리도 큰 나무가 몇 백 년간 살아있는 신비스러운 장면을 보았다.

울진 금강송캠핑장

경북의 오지, 청송을 뒤로하고 울진 금강송캠핑장으로 향했다.

우리나라 최고의 금강송 군락지인데 지금까지 유지될 수 있었던 이유는 울진 지역이 너무 오지라 도벌하여 운반하기 힘들고, 조선 시대에도 궁궐용 목재로 엄격히 관리되었기에 가능했다고 한다.

우린 지난 태풍의 피해가 이렇게 컸다는 걸 모르고 있었다. 국도에서 산길로 접어들어 포장도로를 한참 지나면 비포장도로가 나오는데, 태풍으로 인하여 도로가 유실되고 군데군데 토사와 나무들이 떠내려와 처참해 보였다. 임시 복구를 하여 차량은 겨우 지나갈 수 있었으나, 몇몇 구간은 아슬아슬하게 통과했다.

깊은 산골은 해가 빨리 지는 법, 점점 어두워지더니 금세 깜깜해졌다. 깊은 산길에 태풍으로 유실된 위험한 비포장길을 약 1시간 가량 올라가면서, 되돌아가야 하나? 계획한 대로 강행해야 되나? 갈등과 두려움이 교차했다. 겨우 캠핑장 입구에 도착하였는데, 태풍으로 인해 캠핑장이 유실되어 당분간 폐쇄되었단다. 가슴이 철렁했다.

평일이라 예약하지 않아도 되겠지 하는 안이한 생각이 문제를 만들었다. 할 수 없이 캠핑장 위쪽에 빈 공터가 있어 거기서 1박 하기로 하고 캠핑카를 주차했다. 아무도 없는 캄캄한 오지 산골에 우리 넷만 있으니 처음엔 무섭기도 했다. 그러나 허기진 배를 간단한 요기로 달래고 나니 하늘에 별이 보이고, 차 불빛에 푸른 소나무들이 보이면서 차츰 마음의 안정을 찾기 시작했다.

이런 예기치 못한 상황에서 캠핑카의 진가가 발휘되었다. 차 안에서 식사를 해결하고, 따뜻한 물로 샤워도 할 수 있고, 편안한 잠을 잘 수 있는 우리의 보금자리가 되어주었다.

울진 불영사, 덕구온천, 망상해수욕장

　조식을 간단히 해결하고 불영사로 이동했다. 주차장부터 불영사 입구까지 금강송 군락지가 형성돼 있는데, 밤새 내린 이슬비로 촉촉히 적신 금강송은 노란 근육질의 몸통과 짙은 초록 잎을 한껏 뽐내고 있었다.
　30여 년 전, 계곡에서 취사가 허용되던 시절이 있었다. 그땐 물 좋고 경치 좋은 곳이면 어김없이 많은 사람이 취사하고, 야영하는 바람에 계곡이 약간 지저분한 곳도 있었다. 그러나 불영계곡은 그때도 취사가 금지된 곳이었다. 너무나 맑고 깨끗한 이미지로 나의 기억에 남아있어 아내에게 꼭 한 번 더 오자고 약속한 장소이다.
　불영사는 비구니 사찰로 큰 연못이 있는 아름다운 사찰이다. 불영사에서 바라보는 산 중턱에 부처를 닮은 바위가 있는데, 연못에 투영되어 불영사란 이름이 붙었다.
　주차장에서 약 1.2km 정도의 흙길이 걷기에 편안했고, 길옆으로 웅장하게 솟아있는 금강송은 화려하면서도 기백이 있어 보였다. 전날 금강송 길에서 제대로 감상하지 못한 금강송을 여기서 맘껏 즐길 수 있었다. 계곡 옆에 솟아오른 바위와 그 아래 굽이치는 계곡물이 정말 맑았다.

불영사 입구 템플스테이 공간과 스님들이 가꾸는 밭을 지나 드디어 부처바위가 투영되는 연못에 왔다. 그런데 연못엔 과거와 달리 수초가 덮여있어 부처바위가 투영되는 모습은 볼 수 없었다. 불영사의 특징이 없어진 듯해서 조금 아쉬웠다. 대웅보전 기단엔 거북이 두 마리가 깔려있다. 아니 받치고 있다. 화재가 하도 많이 나서 불기운을 누르기 위해 수신(水神)인 거북을 끼워놓았다고 한다.

덕구온천과 망상해수욕장

　힘찬 기운의 금강송과 흙길의 푸근함, 조용하고 아름다운 불영사를 뒤로하고, 이틀간의 여행 노고를 풀 겸 덕구온천으로 방향을 돌렸다. 덕구온천은 대한민국의 유일한, 진짜 자연용출 온천이며, 여기서만 불순물을 섞지 않고 42.4도 온천수 그대로 뽑아 나온단다. 약 4km 위에 있는 원탕으로 트레킹하고 싶었지만, 보슬보슬 내리는 눈 때문에 가질 못해 아쉬웠다. 그러나 자연용출 온천이라 그런지 이틀간의 피로가 싹 풀리면서 기분이 매우 상쾌해졌다.

망상해수욕장 오토캠핑장에 가기 전, 먼저 묵호항에 들러 횟감을 구입했다. 동해안은 모두 자연산 회만 판매했다. 자연산 회가 많이 공급되기도 하지만, 남해안에서 양식한 물고기를 이곳까지 운송하는 비용이 더 비싼 이유같다.

망상해수욕장은 15년 전, 지인들과 펜션에서 하루를 지냈는데 그때 해변에 많은 오토캠핑카와 캐러밴을 보고 부러워했다. 이번 기회에 나도 오토캠핑을 제대로 즐기고 싶었다. 바람 부는 바닷가, 파도 소리를 음악 삼아 회 한 점, 소주 한 잔은 또 하나의 추억을 쌓기에 충분했다. 캠핑카 안에서 네 명이 밀담을 하듯 속삭이며 밤새 즐거운 이야기꽃을 피웠다.

정동진, 강릉 순긋 해변

서울 광화문에서 정동쪽, 나루터가 있는 마을이라는 뜻의 정동진은 신라 때부터 임금이 사해용왕에게 친히 제사를 지내는 곳이란다. 2000년 해돋이 국가 행사로 밀레니엄 해돋이 축전을 성대히 치른 곳으로 강릉시와 삼성전자가 1년짜리 모래시계를 제작·설치하였고, 주변엔 열차박물관, 레일바이크 등과 소나무 숲이 조화를 잘 이룬다. 1994년 모래시계의 촬영지로 잘 알려지면서 유명세를 탔다.

정동진이 한눈에 내려다 보이는 언덕 위에 그림 같은 선크루즈 리조트가 있었다. 그 주변의 조각공원, 스카이워크 천국의 계단에서 인생 샷도 찍고, 다양한 조각들과 이국적인 야자수 파라솔 벤치에서 낭만을 즐겼다. 정동진 해변의 아름다운 전경이 한눈에 보이는 스카이 라운지는 360도 회전이 되어 천천히 차를 마시면서 해변 전체를 감상할 수 있었다. 리조트 객실 발코니에 개인 전용 작은 풀이 보인다. 다음엔 발코니 개인 전용 풀에서 먼바다를 바라보며 시원한 맥주 한잔하는 멋진 모습을 상상해본다.

조각공원에서 심곡항 부채길로 향하는 바닷길 트레킹도 하고 싶었으나, 코로나19로 인하여 부채길이 폐쇄되어 포기하고, 강릉 위쪽 순긋 해변으로 향했다. 순긋 해변은 '1박 2일' 촬영지로 동해안 노지 캠핑으로 많이 알려진 곳이다.

해변에 도착할 즈음 가을비가 내리기 시작했다. 조용한 해변의 가을비는 사람의 감성을 불러온다. 비가 그치고 해거름이 질 때쯤, 해변길과 주변을 산책했다. 조그만 바닷가에 차박하는 사람들이 제법 와 있었다. 차량 트렁크에 조명등을 달고 와인을 마시는 감성 캠핑 연인족, 간이 테이블을 사이에 두고 안주와 소주로 바닷바람을 즐기는 사람들, 해변 옆 소나무 숲 사이에서 홀로 낭만을 즐기는 나 홀로 캠핑족 등 다양하게 가을 해변을 즐기고 있었다. 우리도 캠핑카 안에서 이번 여행의 마지막 밤을 즐겼다.

동해안의 일출은 장엄하면서도 아름답고 시원한 느낌이었다. 우린 해변으로 나가 연신 카메라 셔터를 누르며 일출을 감상하였다. 차 안에서 두 연인이 손을 꼭 잡고 떠오르는 태양을 보면서 뭔가 약속을 하는 모습도 보이고, 신나게 뛰노는 강아지, 일출을 배경으로 모델처럼 포즈를 취하는 중년의 여인네도 있었다. 우리는 태양과 구름과 부서지는 파도가 멋지게 어우러진 모습을 맘껏 즐기고, 4박 5일 첫 캠핑의 추억을 남기며 서울로 향했다. 첫 캠핑 여행이 너무나 즐겁고, 색다른 경험이라 일행 모두가 다음에 또다시 좋은 추억을 만들자고 다짐하였다.

내년에 퇴직하면 어떻게 살 것인가에 대해 아내와 의논을 하였다. 차박에 적합한 차량을 구입해서 전국 방방곡곡 자동차 여행을 하고 싶다. 맛집 기행도 하고, 자연과 어우러져 사색도 하고, 멀리 있어 자주 보지 못했던 형제와 친구들도 만나보고, 그러면서 인생 2막을 다시 설계해보고 싶다.

경남권

조금 천천히, 느리게 가도 좋아
문경

신혜숙
《자전거 타는 남자, 버스 타는 여자》 저자

여행을 앞두고는 걱정 반 설렘 반이었다. 솔직히 처음에는 걱정이 더 컸다. 지난해 8월, 남편의 강연 일정으로 가게 된 부산 가족여행 이후 모처럼의 장거리 여행인 데다 처음으로 캠핑카로 떠나는 여행인지라 7살, 4살 딸아이들을 데리고 과연 어떨지 머릿속에 그림이 그려지지 않아 조금은 막막한 느낌이었다.

돌아다니는 게 체질이라고 이야기할 정도로 여행을 좋아해서 아이가 하나일 때만 해도 남편의 강연 일정이 잡힐 때마다 함께 지방투어도 하고, 기회가 닿는 대로 여기저기 참 부지런히 돌아다녔다. 물론 그때도 고생스럽지 않은 건 아니었다. 그래도 좁은 집에서 있는 것보다 나가서 얻는 에너지가 더 컸기에 고생스럽더라도 어떻게든 나갔다.

아이 없이 지낼 때와 아이가 태어나고서가 천지 차이고, 아이가 하나일 때와 둘일 때가 천지 차이라고 흔히들 얘기한다. 역시나 둘째가 태어난 이후로는 활동반경이 급격히 좁아지면서 생활패턴이 완전히 정적으로 바뀌었다. 어린 아이들을 데리고 어딘가를 가는 일 자체가 에너지 소모가 많이 되다 보니 집을 나설 생각만 해도 번거롭게 느껴졌다.

그러니 하나에서부터 열까지 우리 손으로 준비해야 하는 캠핑은 꿈도 꿔보지 못한 터였다. 더구나 지난해는 코로나로 발이 묶여서 거의 집 근처 공원과 놀이터만 열심히 순회했다.

여행 날짜가 다가오면서 어디를 갈지 알아보고, 여행 가서 먹을 음식들을 준비하면서 걱정보다는 설렘이 더 많이 들기 시작했다.

캠핑 여행에서 빠트릴 수 없는 라면과 짜파게티, 소스와 물만 넣고 끓이면 되는 떡볶이, 상추와 쌈장, 고기 대신 참치캔, 김치, 샐러드, 과일, 아이들 간식과 음료수까지 모자라지 않게 준비했다. 첫째인 봄희는 가족 여행을 할 거라고 이야기를 해준 날부터 출발할 날만 손꼽아 기다렸다.

드디어 기다리고 기다리던 토요일이다! 봄희는 6시부터 일어나 빨리 출발하자고 성화를 부린다. 여행하기에 아주 좋은 화창한 날씨다. 비가 와도 분위기가 있겠지만…. 캠핑카를 처음 타본 아이들은 한껏 들떠 있다. 운전석 위 침실로 올라가 거기 앉아서 가겠다는 걸 산신히 설득해서 차 뒤편 침실로 데리고 가서 다같이 "출발! 렛츠고!"를 외치며 문경으로 향했다.

**나올 듯 안 나오는 출구를 찾아서
'문경생태미로공원'**

문경에 도착해서 처음으로 찾은 곳은 문경새재 맞은편에 있는 문경생태미로공원. 문경새재에 도착한 시간이 3시가 넘은 시간이었기에 문경새재를 오르기엔 무리일 것 같았다. 남편은 남편대로 몸에 익지 않은 캠핑카를 운전하느라, 나는 나대로 편하게 앉아있지 못하고 계속 아이들 챙기느라 둘 다 이미 지쳐있었다.

만만하게 생각하고 들어간 첫 번째 미로에서는 초입에서 헤매는 바람에 갔던 길을 다시 되돌아오기를 반복하다가 어렵게 출구를 찾았다. 집중력이 확 떨어지는 데 일조한 것은 미로공원 입구에서 둘째인 하이가 응가를 했는데, 아뿔싸!! 차에서 기저귀를 안 챙겨온 것이다. 기저귀를 빠트린 나 자신을 탓하며 순간 멘붕이 되었다. 주차장에서 미로공원까지

걸어오는 것만도 킥보드 때문에 옥신각신하다가 40분이 걸렸는데 거길 다시 갔다 와야 한다니…! 남편이 혼자 다녀오겠다고 했지만 아빠바라기인 하이가 한사코 아빠를 따라가겠다고 고집을 부려서 남편은 하이를 데리고 차로 향했다.

남편이 하이 기저귀를 갈고 돌아올 동안에 봄희와 나는 네 번째 돌로 만든 미로까지 돌고 전망대에 올라갔다. 봄희는 처음 경험하는 미로공원이기에 나름 신기했는지 만족스러워했다.

문경새재와 미로공원 사이에 있는 계곡에서 아빠와 함께 놀고 있던 하이는 이번엔 언니 손을 잡고 몇 발자국 걷다가 순간 미끄러지면서 물에 빠지고 말았다. 다행히 다치지는 않았지만 하이는 놀라서 울고, 아이들 가까이 있으면서도 왜 지켜주지 못했냐고 나는 남편에게 화살을 돌렸다. 아까는 기저귀가 없었는데 이번엔 갈아입힐 옷이 없어서 결국 옷을 다 벗기고 하이를 안고서 차로 돌아왔다.

우리는 첫째 날 숙박 장소로 정한 소야솔밭에 도착해 차를 주차하고 간단히 짐 정리를 한 뒤 남편은 어닝을 펴고 식탁을 설치하고, 나는 전기냄비에 떡볶이를 만들었다. 사용 미숙 탓인지 화력 탓인지 전기포트로 끓인 물을 부었는데도 도통 끓지 않아서 버너로 옮겨 가까스로 완성했다. 퉁퉁 불은 떡볶이와 주먹밥을 먹으며 졸려 하는 봄희와 칭얼대는 하이를 달래느라 정작 우리는 떡볶이 맛을 느낄 겨를

없이 어디로 들어가는지도 모르게 정신없이 먹고 치우기 바빴다. 고단한 몸을 캠핑카에 누이며 내일은 한층 좋아진 컨디션으로 여행할 수 있길 바라며 여행의 첫날을 마무리했다.

대자연의 넉넉한 품에 안겨 걷다가 쉬다가 '문경새재' 트레킹

문경으로 여행지를 정했을 때 가장 먼저 떠오른 곳이 문경새재였다. 워낙 유명한 곳이라 예전부터 익히 들어 알고 있었지만, 한 번도 가본 적은 없기에 단연 이번 여행의 1순위 코스였다.

문경새재 트레킹 코스는 1관문인 주흘관부터 2관문인 조곡관까지가 3km, 2관문부터 3관문인 조령관까지가 3.5km, 왕복 약 13km 거리로 어른 걸음으로도 족히 5~6시간은 걸리기 때문에 우리는 3관문까지 다녀오는 건 엄두도 못 낼 일이었다. 대신 갈 수 있는 만큼만 가보기로! 길은 유모차를 밀고 가도 좋을 만큼 길이 아주 넓고 잘 나 있었다.

'한국인이 꼭 가봐야 할 관광지' 100선 중 1위로, '한국의 아름다운 길' 100선 중 높은 순위로 선정된 문경새재는 한해 100만 명 정도가 찾는 우리나라 대표적인 관광지가 되었다. 지금은 많은 이들이 가족, 연인, 친구와 함께 힐링과 휴식을 위해 찾는 곳이지만, 과거에는 영남권과 한양을 가장 빠르게 연결하는 '영남대로'로써 교통의 중요한 역할을 담당했다고 한다.

올라가다 보면 곳곳에서 그런 흔적들을 만날 수 있었다. 청운의 꿈을 안고 과거를 보러가는 조선 시대 선비들과 전국을 누비던 상인들이 허기진 배를 채우고, 목을 축이며 여독을 풀던 주막과 하룻밤 쉬어갈 수 있는 숙박시설인 조령 원터가 복원되어 있다. 잠시나마 여독을 풀며 시를 읊기도 하고, 술잔을 부딪치며 고단한 몸과 마음을 달랬을 그들의 모습이 지금을 살아가는 사람들과 크게 다르지 않은 듯 친근하게 느껴진다.

옛날에는 무인주점이 있었다는 바위도 인상적이다. 주인 없는 바위라고 해서 이름 붙여진 무주바위. 주인이 따로 없으니 누구든 앉으면 주인이 되는 바위. 그곳에 술과 간단한 안주가 구비돼 있어 마신 만큼의 주대를 자

캠핑카 전국이 나의 별장

유롭게 내고 갔다고 한다. 누구의 간섭도 받지 않고 바위에 걸터앉아 건너편 조령산의 경치를 감상하며 목을 축이는 나그네의 모습을 떠올려보니 흐뭇한 미소가 지어진다.

길은 과거에서 현재에 이르기까지 헤아릴 수 없이 많은 사람들의 이야기를 품고 있다. 눈에 보이지는 않지만, 이 길에는 얼마나 많은 사람들의 땀과 애환, 꿈과 소망이 서려 있을까.

악어가 튀어나와 있는 듯 시선을 확 끄는 바위도 만날 수 있었다. 기름을 짜는 기름틀을 닮았다고 해서 이름 붙여진 지름틀(기름틀의 경상도 사투리)바위는 우리 눈엔 마치 악어가 공중에서 툭 튀어나와 입을 벌리고 있는 것처럼 보였다.

우리는 2관문 바로 직전에 있는 조곡폭포를 기점으로 하고 내려오기로 했다. 아주 웅장하지는 않지만, 물줄기가 시원하게 흘러내려오고 있는 조곡폭포는 문경새재 길을 오르는 여행객들에게 잠깐의 쉼과 즐거움을 주기에 충분했다. 출발부터 꾀를 부리며 걷기를 싫어하던 봄희는 동생의 유모차에 앉았는데, 오르막이라 밀기가 무거우니 제발 내려와서

걷자는 엄마의 간청에도 "조금만 더, 조금만 더" 하다가 결국 유모차에서 잠이 들었다. 보고 싶어 하던 폭포도 보지 못하고….

유모차를 독점하던 언니로 인해 하이는 그 조그만 발로 열심히 따라왔다. 한 번씩 아빠가 태워주는 목마를 타기도 하고…. 중간중간 물이 흐르는 곳에서는 손을 담그고 한참을 놀기도 했다. 내려오는 길엔 봄희가 깨고, 하이가 잠이 들었다.

길을 따라 계곡들이 쭉 이어져 있어 트레킹을 하다 계곡에 잠시 발을 담그고 갈 수도 있고, 너른 바위 위에 앉아 쉬었다 가기에도 좋다.

문경새재 길에는 맨발로 걷는 사람들이 꽤 많이 있다. 올라갈 때는 봄희가 앉아있는 무거운 유모차를 미느라 시도를 못했지만, 내려올 때는 땅을 좀 더 가깝게 느끼고 싶어 신발을 벗었다. 남편과 봄희도 나를 따라 신발을 벗고 셋이 함께 맨발로 걸었다.

시간에 쫓기는 것 없이 하루 종일 문경새재에서 걷다가 쉬다가 계곡에 발을 담그고 물놀이도 하다가 느긋하게 시간을 보내는 것도 좋겠다는 생각이 든다.

진남교반의 멋진 풍경이 한 눈에 '고모산성',
사진 찍기 좋은 명소 '오미자테마터널'

　문경새재의 다음 코스는 단산모노레일 탑승. 모노레일을 타는 것 자체가 목적이라기보다 패러글라이딩 탑승 장소인 활공장에서 바라보는, 한 블로거의 말을 빌리면 알프스가 부럽지 않을 만큼 웅장하고 멋진, 가슴이 탁 트이는 경치를 꼭 보고 싶었다.
　그런데 아뿔싸…! 예약을 미리 하지 않고 갔는데 매진이어서 탑승이 안 된다는 것이다. 예약이 기본이고, 현장 구매도 주말엔 보통 오전 11시 전에 오후까지 매진된단다. 모노레일을 타기 위해 점심도 햄버거로 대충 때우고 달려왔는데 너무 속상했다. 이번 여행에서 문경새재보다 더 기대했던 장소였기에 아쉬움이 이만저만이 아니었다. 내가 미리 표를 예매하지 않아 이렇게 된 것이니 누구를 탓할 수도 없었다. 모노레일을 타고 백두대간의 수려한 경치를 감상하기 위해서라도 문경에 다시 와야겠다. 그땐 패러글라이딩도 도전해보리라!
　아쉬움을 달래면서 우리는 고모산성으로 향했다. 오후 5시가 다 되어 고모산성에 오르기 시작했는데, 낮에는 화창하던 날씨가 조금 흐려져 있다. 두 아이들은 아빠와 함께 언덕에서 놀면서 따라올 생각을 하지 않기에, 혼자 돌계단을 오르고 있는데, 뒤를 돌아보니 어느새 봄희가 성큼성큼 뒤따라오고 있었다. 산성을 오르며 좌측으로 보이는 진남교반 풍경에 매료된다. 진남교반은 경북8경 중 1위로 꼽힌 장소라고 한다. 정상에 오르니 진남교반을 둘러싼 풍경이 시원하게 펼쳐져 있다. 짧은 시간 산성을 오른 수고에 비하면 정상에서 바라보이는 경치는 비교할 수 없는 큰 선물이다.
　고모산성에서 내려온 뒤에는 산성 바로 밑에 있는 오미자테마터널을 관람했다. 터널 안에 들어서니 서늘한 공기가 여름에 오면 딱일 듯하다. 터널 곳곳에는 짱구 일본 애니 주인공, 카카오프렌즈 등 아이들이 좋아할 만한 캐릭터가 그려진 벽화, 툭 튀어나온 듯 입체적으로 그려진 기린, 생생한 느낌의 공룡 그림으로 꾸며진 천정 등 아이들이 사진 찍기 좋은 포토존이 즐비하다. 평소 사진만 찍으려고 하면 상당히 비협조적인 봄희도 테마터널 안에서는 자진해서 사진을 찍어달라고 하며 즐거운 시간을 보냈다.

저녁은 기름진 음식으로 배를 든든히 채우고 싶어 문경에서 유명한 약돌돼지 식당을 찾아 삼겹살과 목살을 주문했다. 점심을 대충 먹어 아이들도 배가 고파서 쌈을 싸 주는 것마다 서로 경쟁하며 받아먹는다. 봄희는 쌈을 먹고는 특유의 익살스러운 막춤을 추며 세리머니를 표현한다. 우리는 언제나 그렇듯 아이들을 먹이느라 여유있는 식사를 할 순 없었지만, 쫄깃한 식감의 돼지고기로 입은 즐겁고 배는 든든해졌다.

모두가 만족스러운 식사를 마치고 둘째 날의 숙소로 잡은 불정자연휴양림에 짐을 풀고 물 떨어질 걱정 없이 원 없이 나오는 뜨끈한 물에 아이들을 씻기고, 남편도 나도 노곤한 몸을 녹이며 문경에서의 마지막 밤을 맞았다.

밀림의 타잔이 되어 '문경 짚라인'

여행의 마지막 날인 셋째 날. 이번 여행에서 아이들과 떨어져 나를 위해 잡은 일정이 하나 있다. 오래전부터 체험해보고 싶은 레저 1순위가 행글라이딩, 2순위는 짚라인이었다. 막힌 것 없이 탁 트인 고지에 올라가서 하늘을 날고 싶은 꿈은 아직 이루지 못했지만, 짚라인만큼은 이번 기회에 꼭 해보고 싶었다. 서둘러 아침을 먹고 숙소 정리를 한 뒤 남편이 아이들을 데리고 휴양림 입구에 있는 유아숲체험장에서 노는 동안 나는 휴양림 안

에 있는 짚라인을 타러 갔다. 지금은 아웃도어 레포츠로 자리 잡았지만, 처음에는 하와이 원주민들이 밀림 안에 있는 뱀, 벌레, 독이 있는 식물들을 피하기 위해 나무 사이에 로프를 걸고 이동수단으로 개발된 것이라고 한다. 호주와 뉴질랜드 개척 시대에는 음식이나 물건 등을 동료들에게 전달하기 위한 수단으로 쓰이기도 하고, 전쟁 시에는 전방에 있는 병사에게 탄약을 전달하기 위한 수단으로 쓰이기도 했다.

   불정자연휴양림 안에는 총 9개의 짚라인 코스가 있는데 1, 2코스는 보수 중이라 3코스부터 시작했다. 예약한 인원이 전날까지 나밖에 없어서 혼자 외롭게 타는 줄 알았는데 다행히 아침에 부부가 예약을 해서 쓸쓸하지 않게 탈 수 있었다. 가이드는 3코스가 제일 속도가 빠른 코스인데 처음부터 난이도가 있는 코스를 경험했으니 나머지 코스는 무난히 할 수 있을 것이라고 설명해주었다. 가이드의 안전수칙 설명을 듣고 드디어 첫 번째 코스 시작! 나무들이 우거진 초록 숲에서 줄 하나에 매달려 공중을 가로지르는 쾌감이란…, 말로 다할 수 없이 짜릿했다. 가이드가 내준 미션으로 타잔처럼 소리를 지르기도 하고, 줄에 매달린 상태로 손을 놓고 누워보기

도 했다. 마지막 9코스는 가장 긴 코스로, 300m가 훌쩍 넘는 코스였는데 그만큼 가장 기억에 남았다. 잠시나마 밀림의 타잔이 되어 본 느낌! 짚라인은 30kg 이상 100kg 미만인 사람만 탑승할 수 있는데 봄희가 좀 더 크면 봄희와 함께 해도 참 신날 것 같다.

느긋하게 바람을 느끼는 '철로자전거', 여름이 오기 전에 즐기는 피서 '선유동계곡'

아이들을 위한 코스로 진남역에서 출발하는 철로자전거를 타러 갔다. 발로 열심히 페달을 밟아 전동의 힘으로 가는 철로자전거는 느린 속도만큼 주변의 경치를 느긋하게 감상하며 불어오는 바람을 느끼기에 안성맞춤이었다. 요새 자전거 타기에 푹 빠져있는 봄희는 가족이 모두 함께 자전거를 타는 것만으로 잔뜩 신이 났다. 철로자전거로 구랑리역까지 갔다 와서는 짚라인 가이드가 추천해준 점촌의 주꾸미 맛집에서 곱창주꾸미를

먹고, 마지막 코스인 선유동계곡으로 출발! 차를 세우고 걸어서 100m만 내려가면 만날 수 있는 선유동계곡은 문경에서 나름 유명한 명소인데 아직 본격적인 더위가 시작되기 전이라 사람이 없었다. 피서객들이 없어 호젓하고 운치 있는 계곡을 우리 식구가 독점해서 한가롭게 즐길 수 있었다. 몇 초만 담그고 있어도 정신이 확 들 정도로 물이 차가웠다.

    아기 때부터 물을 좋아하던 봄희는 아빠 엄마와 번갈아가면서 물장구를 치며 신나게 즐기고, 원래 물을 무서워하는 데다 첫째 날 미끄러진 경

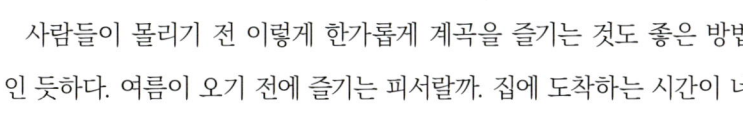

힘으로 더욱 몸을 사리게 된 하이는 바위 한구석에 앉아 찰랑이는 물에 발장구만 쳤다. 그것만으로도 하이는 큰 용기를 낸 것이다.

   사람들이 몰리기 전 이렇게 한가롭게 계곡을 즐기는 것도 좋은 방법인 듯하다. 여름이 오기 전에 즐기는 피서랄까. 집에 도착하는 시간이 너무 늦어질까 봐 갈까 말까 망설였는데 안 오면 후회할 뻔한 탁월한 선택이었다.

계획한 대로 되지 않아도 – 여행의 예상치 않은 변수 받아들이기

아이들과 함께하는 여행은 편하지 않다. 가고 싶은 곳을 마음대로 갈 수도 없고, 집에 있을 때보다 몇 배로 고생스럽다. 아이들 비위 맞추는 일이 여간 쉽지 않고, 생각지 못한 아주 사소한 것으로 한바탕 실랑이를 벌이다가 기진맥진할 때도 빈번하다. 계획대로 안될 때는 또 얼마나 많은가. 아이들과 함께하는 여행에서는 아이들이 가장 큰 변수다. 평소에도 그러할진대 여행이라고 해서 아이들이 갑자기 천사가 되어 엄마 아빠의 말을 고분고분하게 들을 리 만무하다. 그걸 알면서도 아이들이 우리 마음처럼 잘 따라주지 않아 속이 끓어오를 때가 한두 번이 아니다. 특히 안전에 관련된 것이나 다음 일정 때문에 시간의 여유가 없는 상황에서는 불안이 올라와 아이들을 다그치게 된다.

아이들과 함께하는 여행은 어디를 가서 무엇을 보고 무엇을 먹느냐보다 계획대로 되지 않을 때 그 상황 그대로를 받아들이는 마음의 넉넉함이 더 중요하다. 가족이 이 시간을 함께한다는 것만으로 의미가 있는 것이기에….

또한 여행을 떠나기 전 나름 꼼꼼히 준비를 한다고 해도 미처 챙기지 못한 부분 때문에 불편함이 생기기도 하지만, 부족하면 부족한대로 어설프면 어설픈 대로 그것 자체를 여행의 묘미로 받아들일 수 있는 여유가 필요하다.

"이것만큼은 꼭 해야 해.", "이곳만큼은 꼭 가봐야 해." 하는 욕심이 서로를 힘들게 할 수도 있다. 내가 계획한대로 되지 않으면 신경이 잔뜩 예민해지고 마음에 날이 선다.

몇 년 전 남편과 첫째아이 6개월 때 즉흥적으로 제주 여행을 할 때였다. 첫날부터 일정이 꼬여서 심기가 불편한 상태로 찾은 여행지에서 이적의 '걱정 말아요 그대'가 흘러나오는데 "지나간 것은 지나간 대로 그런 의미가 있죠"라는 노랫말에 마음이 스르르 녹았다. 이처럼 아주 작은 요소들에 꽁꽁 언 마음이 녹는 순간들이 있다. 지나간 것은 지나간 대로 내버려 두어야 하는데 지나간 것을 붙들고 있느라 현재의 순간을 누리지 못할 때가 얼마나 많던가.

그러는 나와 다르게 남편은 신기할 정도로 그런 것에 전혀 매이지 않는 사람이다. 계획한 대로 되지 않아 애달아하고 있을 때 남편은 내게 늘 이미 벌어진 일에 대해서는 탓하지 말고 털어버리자고 이야기를 한다.

소야솔밭에서 1박을 하고 둘째 날 아침 산책을 하다가 스타렉스 옆에서 고무장갑을 끼고 바닥에 무언가를 말리고 계신 아주머니와 인사를 나누게 됐다. 60대 부부인 그분들은 집이 서울인데 스타렉스 차를 개조해서 차 안에 미니 살림을 꾸려놓고 전국을 누비고 계셨다. 이번에는 집을 나온지 3개월이 됐다고 한다. 그분들의 여행은 마치 그 지역에서 살듯이 몇 주씩 느긋하게 머무는 방식이었다. 진정 여행의 고수들이셨다.

차에서 삼시세끼 밥도 해 먹고, 태양열로 충전한 배터리를 이용해 전기장판도 깔아서 따뜻하게 잠도 잔다고 한다.

첫째아이 봄희가 우리가 나누는 대화를 듣고 아주머니에게 "이것도 캠핑카예요? 캠핑카가 왜 이렇게 생겼어요?"라고 묻자 아주머니는 "너희껀 호텔이고, 우리껀 가정집이야."라고 웃으며 대답하셨다. 기성품으로 제작된 캠핑카이든 직접 개조를 한 캠핑카이든 취향에 맞게 여행을 즐길 수 있다면 그것으로 충분하다.

서두르지 않아도 좋아 – 다음 여행을 기대하며

내가 느낀 캠핑카 매력의 장점이라면 숙박에 대한 걱정 없이 가고 싶은 곳이라면 어디든 갈 수 있다는 것, 여행을 하다가 마음에 드는 장소가 있으면 그곳에 차를 세우고 마음껏 쉬었다 갈 수 있다는 것, 차에서 음식을 조리해 먹을 수 있고 야외에서 식탁을 펼치면 그곳이 남부럽지 않은 식당이 된다는 것, 자연의 소리를 가깝게 느끼며 잠을 청할 수 있다는 것 등이다.

남편은 운전하느라 고생하고, 나도 아이들의 안전을 신경 쓰고 이런저런 요구들을 들어주느라 가만히 앉아있을 겨를이 없어 허리가 너무 아팠지만, 아이들은 캠핑카 뒤편 침실에서 잠이 오면 편히 누워서 자기도 하고, 엎드려서 태블릿 PC에 저장해온 영화를 보기도 하고, 나란히 앉아 책을 읽다가 장난을 치기도 하며 마냥 신이 났더랬다.

집으로 돌아오는 길, 하이가 핸드폰을 빼앗아 이것저것 만지작거리다가 SD카드에 쇼크가 생겼는지 갑자기 인식이 안 되면서 문경에서 찍은 수백 장의 사진을 포함, 앨범에 저장돼 있던 만장에 가까운 사진들이 애석하게도 순식간에 모조리 날아가 버렸다. 그나마 다행인 게 앨범에 있는 다른 사진들은 구글 포토에 거의 백업이 돼 있고, 문경에서 찍은 사진들은 날아가 버렸다. 그래도 남편의 핸드폰으로 찍은 사진들은 무사해서 다행이다.

인생도, 여행도 기대했던 일이 틀어지기도 하고, 전혀 예상치 못한 변수가 튀어나오면서 당혹스러운 일이 생기기도 하지만, 그럴 때 얼마나 유연하게 대처하고 마음을 다르게 먹을 것인지가 중요한 관건이다. 이미 벌어진 일은 막을 수 없고, 누구를 탓할 수도 없는 일이니…. 소중한 여행의 추억을 얻은 것과 누구 한 사람 다치지 않고 무탈하게 집으로 귀가할 수 있는 것만으로 감사해야 할 일이다. 아이들에게도 엄마·아빠와 함께한 여행의 순간들이 마음에 오래 간직될 것이다.

집에 도착하니 무사히 돌아왔다는 안도감과 함께 집의 편안함이 새삼 느껴진다. 동시에 일상으로 돌아왔다는 사실에 아쉬움과 허전함이 느껴지기도 한다. 불편하고 고생스럽더라도 다시 어딘가로 여행을 떠나고 싶다는 생각과 함께….

코로나로 인해 해외여행에는 많은 제약이 생겼지만, 자기만의 방식으로 지금 이 시간에도 여행을 즐기고 있는 사람들이 있을 것이다. 일상을 여행처럼, 여행을 일상처럼 하면서 살 수 있다면 얼마나 좋을까. 시간, 돈, 자녀 등 매이는 것이 많은 현실에선 비록 어렵더라도 그런 꿈을 마음 한켠에 간직하는 것만으로도 달콤한 일이다. 새로운 장소를 가보는 것은 언제나 설레는 일이다.

쫓기는 것 없이 매이는 것 없이 아이들을 다그치지 않고 좀 더 느긋하게 여행을 즐기고 싶다는 바람을 가져본다. 수많은 사람들의 이야기를 품고 있는 길과 마음을 사로잡는 자연의 풍광이 펼쳐진 여행지를 향해 머지않아 또 짐을 꾸리고 있을지 모를 일이다.

경상권

소띠 친구들의 회갑기념 캠핑카 여행

안동 하회마을과 경주

장윤상
호텔인터불고 대구 서울본부장

안동 하회마을과 하회별신굿탈놀이

지난봄 회갑을 맞이한 친구들과 설레는 마음으로 말로만 듣던 캠핑카를 타고 안동 하회마을로 출발했다. 평일인데도 고속도로에 차가 많았지만, 마음이 들뜬 우리는 최고의 기분이었다

안동 하회마을에는 조선 시대 대학자이신 류성룡의 생가 방문 및 전통마을을 관람하러 갔는데 "가는 날이 장날"이라는 말을 실감하였다. 하회마을에는 유명한 '하회별신굿탈놀이'가 있다. 대학 시절 선조들의 멋과 해학이 담긴 것을 체험하기 위해 안동 하회별신굿탈놀이 써클 활동을 하였다. 1981년 그 놀이를 전수받기 위해 북과 장구를 메고 이곳을 찾은 적이 있다. 완행열차 비둘기호를 타고 안동역에서 내려 시외버스로 갈아탄 후 하회마을까지 가는 길은 엄청난 고행이었다. 하회별신굿탈은 국보 121호로 등재되어 있다.

40년 전. 나는 하회별신굿탈놀이 열 개 마당 중 다섯 마당인 할미 배역을 맡았다.

한평생 어렵게 살아온 상민들의 애환을 '베틀가'와 함께 한 많은 세상을 노래하였고, 조선 시대 양반을 풍자하는 상민들의 정서를 나타내면서 신명 나게 탈춤을 추었다. 코로나19로 하회별신굿탈놀이 상설공연은 생각지도 않았는데 탈춤 공연을 하고 있었다. 뜻밖의 행운이었다. 마침 예전에 내가 맡았던 할미마당이 재현되고 있어서 형언할 수 없을 만큼 가슴이 뛰었고, 아련한 옛 추억이 되살아나서 감회가 새로웠다.

지금 나는 61살이 되었고, 그 당시 별신굿 추던 선생님 중 세 분이 생존하여 지금도 공연하고 있다. 세 분 중 한 분은 할미마당을 하시는 김춘택 인간문화재 선생님이시다. 선생님과 함께 신명 나게 탈춤을 추기도 하였다.

하회별신굿탈놀이를 보고 우리의 전통적인 삶이 그대로 계승되고 있는 하회마을을 한 바퀴 둘러보았다. 어릴 적 시골에 가면 느낄 수 있었던 정감을 아직도 간직하고 있었다. 600년 된 삼신당 신목(新木)과 양진당의 고택, 서애 류성룡의 일대기가 보존된 기념관도 둘러보았다. 어려운 시대에 국가를 위해서 노심초사한 서애의 기상은 후손들이 반드시 본받아야 할 점이라고 생각했다.

고도 경주 둘러보기

하회마을을 나와 다음 목적지인 경주로 향했다. 통일신라 시대의 주역인 문무왕의 정신과 얼이 서려 있는 문무대왕릉 부근으로 차를 몰아 바닷가를 바라보는 횟집에 도착했다. 이곳은 이번 여행에 동참한 김창림 친구의 고향 마을이며, 지금도 일가친척들이 사는 지역이었다. 이번 여행은 캠핑카로 여행하면서 특별한 추억을 쌓는 것이었는데, 친구의 고향 방문으로 이어져서 첫날 저녁부터 싱싱한 회와 좋은 분들과 마시기 위해 오랫동안 보관해온 귀한 양주를 마시며 소띠들의 회갑기념 여행 1일 차 만찬을 즐겼다. 미리 준비한 회갑 기념 문구가 적힌 현수막을 뒤에 걸고 멋진 인증샷을 찍기도 했다.

1일 차 캠핑카의 숙박지는 창림 친구의 생가가 있는 토함산 아랫마을이었다. 모닥불을 피워놓고 네 명이 각자 살아온 인생사를 이야기하느라 시간 가는 줄도 몰랐다. 창림 친구가 연세대 체육과 졸업 후 교사를 하다가 우연한 기회에 사업가로 변신하여 성공한 이야기를 하였고, 병태 친구는 육군사관학교를 졸업한 뒤 장군이 되고 전역하기까지 30번의 이사를 하는 등 가슴 찡한 이야기도 털어놓았다. 승도 친구는 L사 영업사원에서 영업총괄 상무까지 30년간 근무하면서 경험한 무용담을 실감 나게 이야기하였다. 나는 인터불고그룹에서 30년간 근무하던 중 대구 유일의 5성 호텔인 호텔인터불고 대구 공사를 직접 담당하였으며, 41살인 2001년 호텔 영업을 시작하면서 살아있는 전설이 된 이야기를 하였다. 1961년생으로서 각자 나름대로 열심히 살아온 이야기를 나눈 후 꿈나라로 향했다.

창림 친구는 고향을 위해 경주 토함산 아래에 미식축구장과 암벽 클라이밍장을 만들려고 계획하고 있다. 우리는 현장을 방문하여 각자 의견도 피력하고, 체육인인 창림 친구의 사업이 잘 추진되기를 기원하였다. 이른 아침부터 현장 방문 후 전날의 주독(酒毒)을 해소하기 위해서 경주 감포의 해수탕을 체험하는 호사를 누리기도 하였다. 해수탕에서 반신욕을 하며 바다를 바라보니, 어려운 시기에 태어나서 지금까지 잘 버텨온 인생이 파노라마처럼 스쳐 지나갔다.

감은사지와 문무대왕릉, 남산 일대와 반월성

　본격적인 경주 여행 시작이다. 가장 먼저 찾은 곳이 감은사지 삼층석탑이다. 신라 문무왕이 삼국을 통일했지만, 동해에 일본 왜구의 침입이 잦았다. 죽은 후에도 왜구의 침입을 막겠다며 감포 앞바다에 자신을 묻어 달라고 하여 문무대왕릉은 수중릉으로 남아있다. 부처님의 힘을 빌어 왜구 침입을 막자는 취지와 감은사지에서 바라보이는 바다에 수장된 문무대왕에게 감사하는 뜻으로 문무왕의 아들 신문왕이 건설한 절이 바로 감은사이다. 이곳의 지명이 전에는 경주시 양북면이었는데, 금년 4월 1일부로 경주시 문무대왕면으로 변경하여 삼국 통일의 주역인 문무대왕의 기상을 더욱 기억하는 계기가 되었다. 앞으로 이곳은 토함산에서 동해를 보면서 출발하여 감은사지, 문무대왕릉, 이견대를 거쳐 맛있는 동해 회까지 즐길 수 있는 훌륭한 트레킹 코스로 여행객들의 사랑을 듬뿍 받을 것이다.

　오후에는 통일 신라의 기상을 꿈꾸는 남산 일대와 반월성을 둘러보았다. 우선 통일신라 시대를 만드는데 초석이 된 신라 시대 화랑들의 정신을 계승하는 곳인 '화랑교육원'을 방문하였다. 이곳은 우리가 중고등학교 시절에 학교 대표로 선발되어 화랑도 정신을 통해 강인한 인성 교육을 받던 장소였다. 교육에 있어 가장 중요한 요소는 '올바른 인성 교육'이다. 호텔에서 30년간 근무한 경험을 통해 인성 교육의 중요함을 누구보다 절실히

깨닫고 있다. 초중고에 '호텔리어'로서 재능기부 강의하러 갈 때마다 '참다운 인성 교육'에 중점을 두고 있다. 화랑교육원이 인성 교육의 표본이 되기를 바라는 마음 간절하다.

여행하면서 볼거리도 중요하지만, 그 지역의 먹거리도 중요하다. 점심은 어머님의 손맛이 담긴 삼릉 고향 칼국수를 먹었다. 간식으로 경주의 명물인 황남빵, 찰보리빵, 계피빵을 사서 이동 중에 맛있게 먹었다.

통일신라 시대는 불교 문화가 융성하였고, 그 진면목을 남산에서 확인할 수 있었다. 경주 남산과 삼릉을 둘러보며 하나의 국가가 천년의 사직을 유지하는 것이 얼마나 위대하고 대단한지를 느꼈다.

남산의 심장부인 삼릉 일대 탐방을 마치고 다음은 포석정을 방문하였다. 이곳은 '수로를 굴곡지게 만들어서 그 안에 물을 흘려보내고, 물 위에 술잔을 띄워 그 술잔이 자기 앞에 올 때 시 한 수 읊는 놀이문화'인 유상곡수연(流觴曲水宴)이어서 선조들의 풍류를 즐기는 모습을 상상해볼 수 있었다.

이어 천마총, 황남대총, 미추왕릉 등이 있는 대릉원을 관람하면서 12만

평이 넘는 웅장한 규모에 놀라움을 금치 못하였다. 왕릉에서 출토된 금관, 금관제모, 금허리띠 등의 유물들은 신라 시대의 번창과 국가의 위력을 새삼 실감케 하였다. 대릉원을 배경으로 찍은 소띠들의 멋진 인증샷은 이번 여행에서 잊을 수 없는 소중한 순간으로 남아있다.

첨성대

대릉원의 웅장함을 뒤로하고, 현존하는 동양 최고의 별 관측소인 첨성대를 관람하였다. 첨성대 꼭대기의 우물 정(井)이 28단인데 기본 별자리인 28수를 상징한다. 서기 647년에 축조된 첨성대는 과학적인 기법으로 만들어져 선조들의 우수함을 실감케 하였다.

첨성대 주변 넓은 광장에는 계절마다 화사한 꽃 축제가 펼쳐진다고 한다. 푸른 하늘 아래 놀러 나온 가족들의 연 날리는 모습을 보면서 잠시 동심의 세계로 돌아갔다. 대릉원, 첨성대로 이어지는 대공원에 피어있는 꽃들로 인해 눈호강을 제대로 했다.

월성 일대를 관람하면서 신라 천년의 웅장한 기세를 확인할 수 있었고, 외침(外侵)을 막는 해자(垓子)의 우수함에 감탄이 절로 나왔다. 동행한 육군 장군 출신 병태 친구가 부연 설명을 해주어 더욱 생동감이 느껴졌다. 10월에는 월성 일대에 핑크뮬리가 피어 장관이라고 한다. 요석궁에 살던 요석공주를 만나기 위해 원효가 건넌 다리가 월정교이다. 월정교의 아름다운 조명은 야경투어로 새로이 부각되는 장소이다. 경주에는 수많은 문화유산이 있지만, 짧은 시간 동안 보고 싶었던 유산들을 알차게 둘러보아서 보람 있는 하루였다.

2일 차, 저녁 캠핑카 장소는 석굴암 주차장으로 정했는데 비가 많이 오

고 바람이 불어서 평지인 그곳에 차를 세울 수가 없었다. 고민 끝에 토함산 아래에 있는 창림 친구 고향 마을에 캠핑카를 세운 후 모닥불을 피워놓고 밤 깊도록 이야기를 나눴다. 격동기에 태어나서 씩씩하게 살아온 1961년생 소띠의 인생 경험담은 끊이질 않았다.

불국사

경주에는 수많은 문화유산이 있지만, 그래도 빼놓을 수 없는 곳이 불국사이다. 불국사(佛國寺)는 신라인이 부처의 나라를 현세에 구현한 최고의 건축물이며, 국보와 보물이 많이 모여있는 곳이다. 우리나라 사람이라면 불국사의 청운교, 백운교, 연화교, 칠보교와 석가탑 및 다보탑 앞에서 찍은 사진 한 장쯤은 가지고

있을 것이다. 불국사에서는 문화해설사와 시간이 맞아서 상세한 설명을 들을 수 있었다.

불국사 경내를 둘러보며 신라 시대의 우수한 석조 문화를 직접 눈으로 확인하였다. 불국사 극락전 현판 옆에 복(福)돼지가 있고, 그 마당에는 금농돼지상이 있는데 여기에 소원을 빌면 효험이 있다고 한다. 실제로 몇몇 사람들이 소원을 빈 후 로또 복권에 당첨되었다고 한다. 동행한 병태 친구도 이곳에서 지극 정성으로 기도한 덕분인지 다음 날 서울 인근 골프장에서 골프를 쳤는데 '홀인원'의 영광을 차지하기도 했다. 불국사는 사계절의 풍광이 각기 달라서 경주에 오면 계절마다 다른 모습을 볼 수 있다. 마음도 정화하고 좋은 기운도 듬뿍 받아서 새로운 에너지가 충전되는 곳이기도 하다.

양동마을과 경주엑스포대공원

신록이 우거진 경주에서 또 하나의 명소인 양동마을로 향했다. 이동 중에 나타나는 들판을 보니 신라 천년의 기상이 서려 있는 말발굽 소리가 나는 듯했다. 경주 양동마을은 누구나 한 번쯤은 꼭 가봐야 할 중요한 장소이다. 이곳에서는 500년 전 조선 시대의 촌락 형태를 볼 수 있다. 특히 양반과 평민의 가옥 조화가 뛰어나며, 조선 시대 유교 문화가 가장 잘 살아있는 지역이다. 많은 고택이 있지만, 서백당의 수령 600년 향나무에서 인증샷도 찍길 강추한다. 500년 전 양반으로 태어나 사랑채에서 벗들과 시를 읊으며 풍류를 즐기는 모습을 상상해보니 잠시나마 즐거웠다.

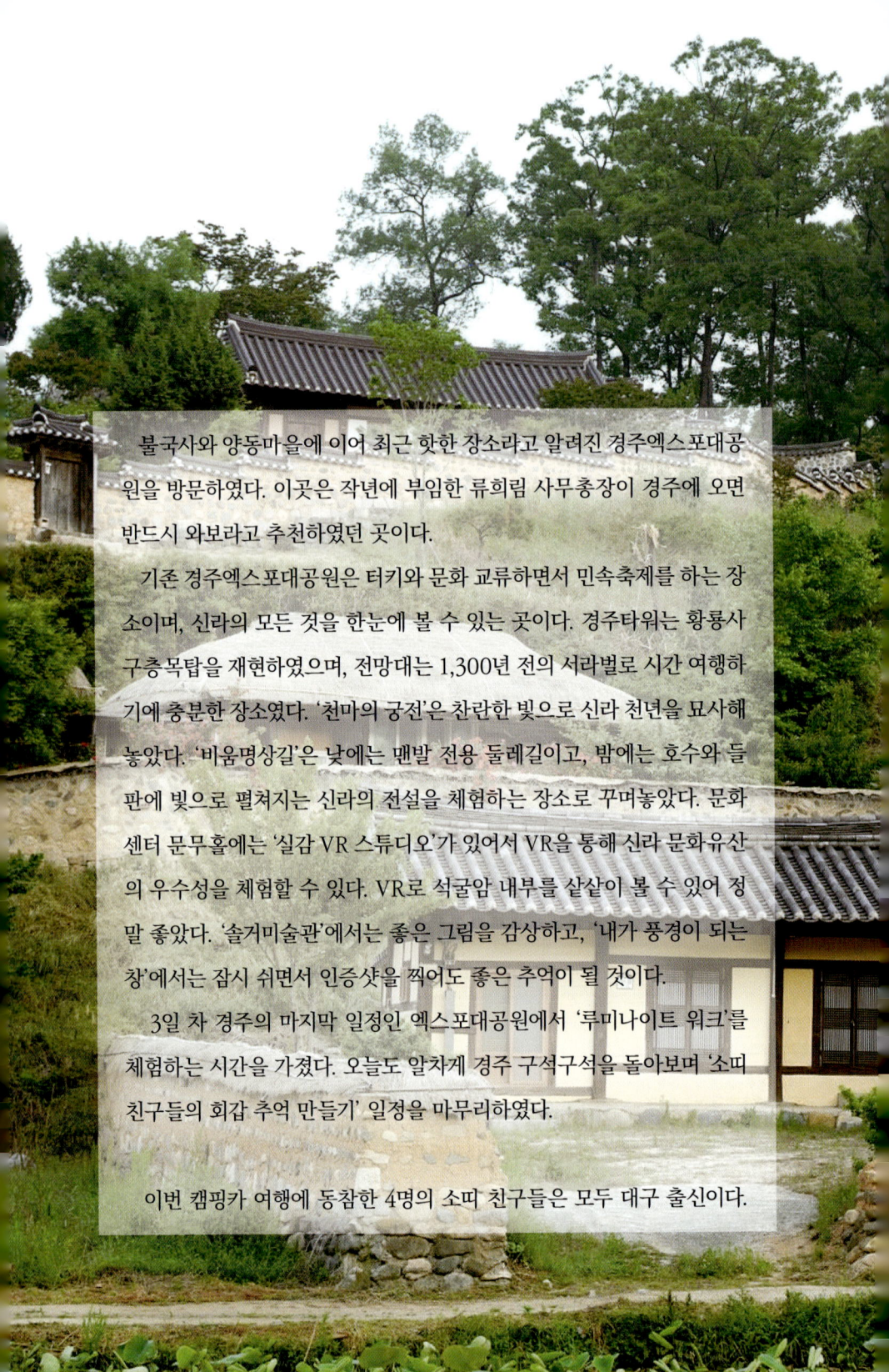

　불국사와 양동마을에 이어 최근 핫한 장소라고 알려진 경주엑스포대공원을 방문하였다. 이곳은 작년에 부임한 류희림 사무총장이 경주에 오면 반드시 와보라고 추천하였던 곳이다.

　기존 경주엑스포대공원은 터키와 문화 교류하면서 민속축제를 하는 장소이며, 신라의 모든 것을 한눈에 볼 수 있는 곳이다. 경주타워는 황룡사 구층목탑을 재현하였으며, 전망대는 1,300년 전의 서라벌로 시간 여행하기에 충분한 장소였다. '천마의 궁전'은 찬란한 빛으로 신라 천년을 묘사해 놓았다. '비움명상길'은 낮에는 맨발 전용 둘레길이고, 밤에는 호수와 들판에 빛으로 펼쳐지는 신라의 전설을 체험하는 장소로 꾸며놓았다. 문화센터 문무홀에는 '실감 VR 스튜디오'가 있어서 VR을 통해 신라 문화유산의 우수성을 체험할 수 있다. VR로 석굴암 내부를 샅샅이 볼 수 있어 정말 좋았다. '솔거미술관'에서는 좋은 그림을 감상하고, '내가 풍경이 되는 창'에서는 잠시 쉬면서 인증샷을 찍어도 좋은 추억이 될 것이다.

　3일 차 경주의 마지막 일정인 엑스포대공원에서 '루미나이트 워크'를 체험하는 시간을 가졌다. 오늘도 알차게 경주 구석구석을 돌아보며 '소띠 친구들의 회갑 추억 만들기' 일정을 마무리하였다.

　이번 캠핑카 여행에 동참한 4명의 소띠 친구들은 모두 대구 출신이다.

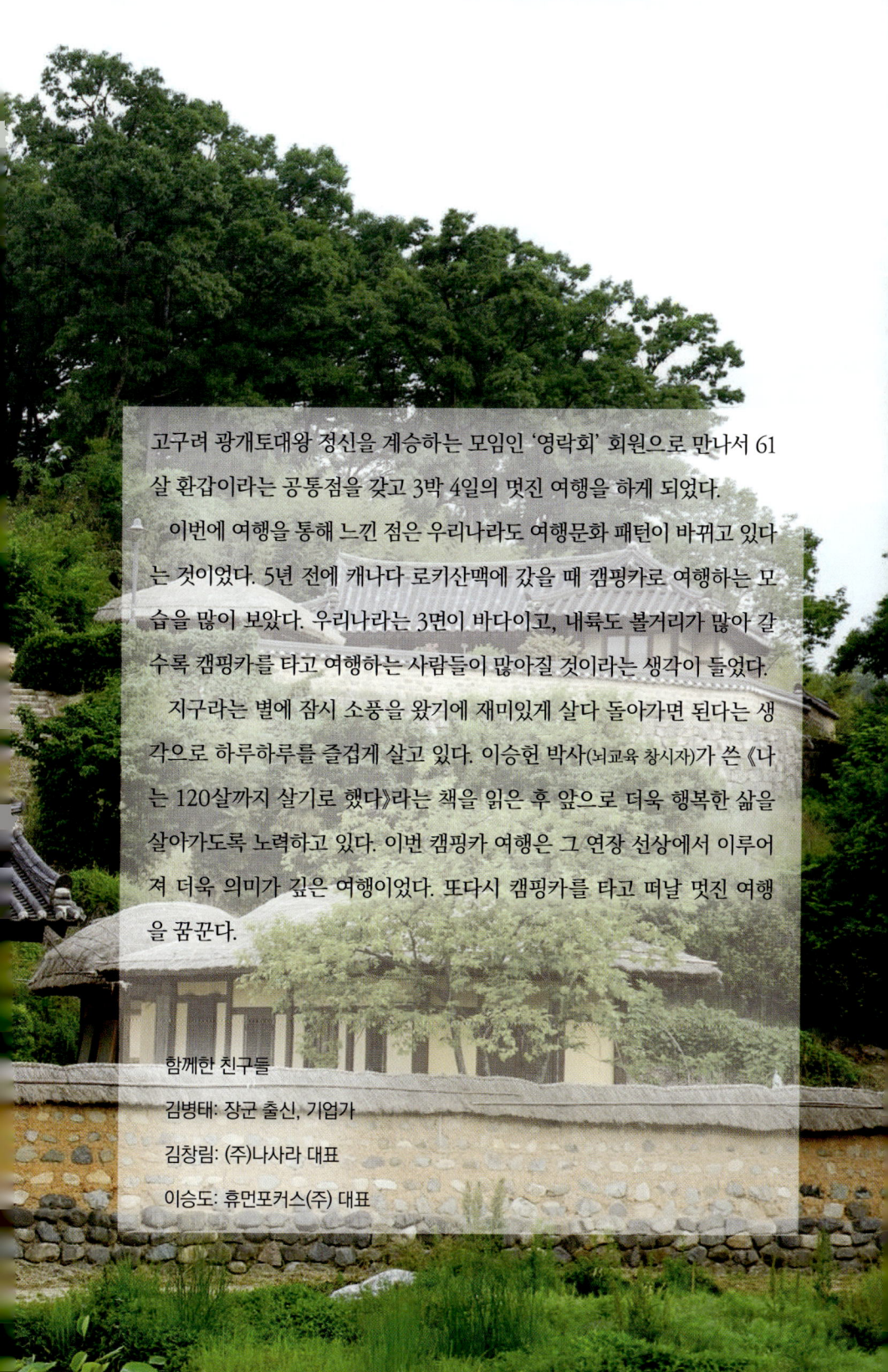

고구려 광개토대왕 정신을 계승하는 모임인 '영락회' 회원으로 만나서 61살 환갑이라는 공통점을 갖고 3박 4일의 멋진 여행을 하게 되었다.

이번에 여행을 통해 느낀 점은 우리나라도 여행문화 패턴이 바뀌고 있다는 것이었다. 5년 전에 캐나다 로키산맥에 갔을 때 캠핑카로 여행하는 모습을 많이 보았다. 우리나라는 3면이 바다이고, 내륙도 볼거리가 많아 갈수록 캠핑카를 타고 여행하는 사람들이 많아질 것이라는 생각이 들었다.

지구라는 별에 잠시 소풍을 왔기에 재미있게 살다 돌아가면 된다는 생각으로 하루하루를 즐겁게 살고 있다. 이승헌 박사(뇌교육 창시자)가 쓴《나는 120살까지 살기로 했다》라는 책을 읽은 후 앞으로 더욱 행복한 삶을 살아가도록 노력하고 있다. 이번 캠핑카 여행은 그 연장 선상에서 이루어져 더욱 의미가 깊은 여행이었다. 또다시 캠핑카를 타고 떠날 멋진 여행을 꿈꾼다.

함께한 친구들

김병태: 장군 출신, 기업가

김창림: (주)나사라 대표

이승도: 휴먼포커스(주) 대표

[경상권]

마음 비우기와 여름 캠핑
밀양 표충사

안지환
현) 밀양시 관광진흥과 관광고문, 전) 한국관광공사 강원지사장

대학 졸업후 32년을 다닌 직장인 한국관광공사를 퇴직하고 고향으로 내려와 밀양시청에서 관광고문을 맡은 지도 2년 반이 지났다. 대학 후배이자 사촌누님의 막내아들이기도 한 조카가 막내아들과 함께 서울에서 캠핑카를 몰고 와서, 표충사 인근의 밀양 표충오토캠핑장에서 함께 토요일 밤을 보내게 되었다.

안지환

밀양시와 캠핑

흔히들 영남알프스라고 부르는 지역은 태백산맥 남단에 해발 1천m 이상의 9개 고산이 수려한 산세와 풍광을 자랑하며, 유럽의 알프스와 견줄만 하다고 해서 붙여진 이름이다.

1,241m의 가지산을 필두로 간월산, 신불산, 영축산, 천황산, 재약산, 고헌산의 7개 산을 지칭하나 운문산과 문복산을 포함시키기도 한다. 그중에서 가지산, 재약산, 운문산 등은 산림청이 선정한 남한 100대 명산에 속한다.

영남알프스는 전체 면적이 약 255㎢이며, 사자평과 간월재 등 가을이면 곳곳의 황금 억새평원에 나부끼는 순백의 억새가 환상적이라 전국 등산객들의 발길이 끊이지 않고 있다. 그래서 한강 이남에서는 가장 아름답다는 평가를 받고 있다. 특히 억새군락지로 유명한 재약산과 천황산 동쪽의 사자평은 약 130만 평이라고 알려져 있으며, 10만여 평의 고산 습지인 산들늪이 있다. 밀양 관내에는 가지산, 운문산, 천황산, 재약산이 속해 있고, 그중에서 얼음골 계곡과 표충사가 유명한 편이다.

밀양은 전체적으로 동북쪽이 고산지대, 삼랑진과 하남읍이 있는 서남쪽이 저지대로서, 고산에서 발원한 20여 개 지방하천이 밀양강에 모인 후, 창녕쪽에서 흘러온 낙동강과 삼랑진에서 합류한다. 따라서 산, 계곡, 하천과 평야가 모두 발달한 밀양은 자연풍광이 수려하고 물산과 전통문화가 풍부하여 캠핑은 물론 걷기, 트레킹, 자전거 여행에도 아주 적합한 지역이다.

코로나 시대의 캠핑

코로나로 인해서 국내여행이 많이 위축된 상황 속에서 골프장과 캠핑이 레저 활동의 대세로 떠올랐다. 비대면 안심 여행이 강조되면서, 수요 폭발로 인해서 골프장 요금은 인상되고, 차박과 캠핑에 관한 TV 예능프로그램도 여럿 생겨났다.

밀양은 캠핑장과 펜션이 영남지방에서는 아주 많은 지역으로서 얼음골 계곡, 표충사 계곡, 밀양댐 계곡에 주로 집중되어 있으며, 특히 여름 휴가철에 이용객들이 몰리는 편이다. 한국관광공사의 전국 캠핑장 누리집(gocamping.or.kr)을 조회하면, 밀양시에는 14개의 오토캠핑장을 포함해 총 40개의 캠핑장이 있다.

그 외 밀양에서 차박 하기에 좋은 장소로는 단장천 금곡교, 범도캠핑장,

금시당 유원지, 암새들 공영주차장, 표충사 국민관광지 야영장과 삼랑진 생태문화공원, 안태공원, 작원관지 주차장 등을 들 수 있다.

    표충오토캠핑장은 표충사 들어가는 초입에 위치하며, 약 100개의 캠핑 사이트가 있다. 사면이 산으로 둘러싸여 있고, 40여 개의 파쇄석 사이트를 가지고 있는 캠핑장이다.

    사이트 공간이 넓어서 여유롭게 텐트를 설치할 수 있어 편하고, 2~3개 사이트마다 배전판이 있어서 전기 사용이 편리하며, 릴선이 짧아도 충분히 가능하다. 수영장이 좋아 여름이면 꼭 이곳을 찾는다는 캠퍼들도 있을 정도다. 넓은 수영장엔 그늘막이 설치되어 있어 햇볕을 차단해주고 있고, 수심이 깊지 않아 아이들이 놀기에 좋으며, 물은 매일 오전 깨끗한 지하수로 교체하고 있다.

    주말을 맞이해서, 인근 대도시에서 캠핑온 어린이들과 부모들이 캠핑장과 수영장에 가득 차 있다. 캠핑장 옆으로는 맑은 계곡이 흐르고 있어서 물고기, 다슬기 등을 잡을 수 있어서 아이들 자연학습장으로도 손색이 없다. 수영장 옆에는 트램펄린도 있고, 캠핑장 한쪽으로는 작은 잔디운동장이 있어서 아이들이 놀기에 좋다.

    우리 일행은 캠핑카와 장비들을 대충 설치해 놓고, 남는 시간을 활용해 오후의 더위를 피해 표충사 입구의 소나무 숲길과 표충사 경내를 둘러보았다. 캠핑은 내가 대학 시절에 많이 이용했던 여행으로, 가입한 대학 서클에서 1박 2일 내지 3박 4일로 50여 명 이상이 몰려다니던 시절이었다. 80년대만 해도 캠핑 여행을 가면 개인들이 텐트, 코펠, 버너, 모포, 음식 재료 등을 다 배낭에 짊어지고 다녔다.

    특히 여름방학을 이용한 하계수련회는 대구에서 출발해 기차를 몇 번이나 갈아타고서 강원도 동해안 쪽의 해수욕장과 경치 좋은 계곡을 함께 끼워서 다녔다. 동해안 최대의 망상해수욕장이나 옥계, 주문진 등 여름 바닷가는 단조로워서 하루 이상은 보내기가 힘들었다. 모래사장에서 수영팬티만 입고 놀다 강한 직사광선에 피부 화상을 입기도 했고, 코펠에 지은 밥 속에는 머리카락과 모래가 어적이기 일쑤였다. 오대산 소금강계곡에서 보았던 비 그치고 난 밤하늘의 빛나는 은하수들, 동해시의 무릉계곡과 망상해수욕장, 정선군의 몰운대와 광대골 등은 지금도 선명히 내 기억 속에 남아있다.

캠프장에서 밤에 모닥불을 피우고, 누군가의 기타 반주에 맞추어 트윈폴리오나 양희은, 대학가요제 수상곡들을 함께 부르면서, 끓어오르는 정열과 낭만을 불태우던 시절이었다. 그때의 처녀들은 어미가 되고, 동자들은 아비가 되어서 코로나 시대에 서로 얼굴 보기도 힘들지만, 젊고 초롱초롱했던 이십 대 초의 눈망울들은 내 기억 속에 여전하다.

표충사와 사명대사

비 온 뒤의 표충사가 재악산 기슭에 의연하게 서 있다. 표충사 경내로 들어서면서 일행들에게 사명대사 이야기를 들려주었다. 임진왜란이 지나고 조선 조정에서는 임진왜란에 큰 공을 세운 불교계의 세 분 스님(서산대사, 사명대사, 기허대사)을 기려서 사명대사의 고향인 지금의 무안면 소재 대법사 자리에 표충사당을 세워 봄·가을로 향사를 지내고, 인근에는 표충비(일명 땀 흘리는 비석)를 세우고 이를 관리하는 홍제사를 건설하였다.

사명대사는 교토의 도쿠가와 이에야스 막부와의 전후 협상 끝에 일본에 끌려간 3천여 명 조선 포로를 생환해 왔으며, 사명대사가 다녀오신 길이 바로 조선통신사 길로 이어져, 이후 한일 간 평화교류의 시대가 도래

했다. 이로 인해 사명대사의 별호가 백성을 널리 구제하였다고 하여 홍제존자라고도 불린다.

   불교가 배척받던 조선조, 불교 제1 금기인 살생을 각오하면서, 오로지 도탄에 빠진 백성들을 구제하겠다고 분연히 떨쳐 일어섰던 스님들의 자비심이 오롯이 느껴진다.

그 후 사명대사의 법통을 이어받은 8세손 천유 스님이 표충사당에서 봄·가을 향사 등을 지내기 위한 제사 음식과 이동 등이 너무 불편해 조정에 탄원한 결과, 1839년(헌종 6년) 당시 영정사라 불리던 절로 표충사당을 옮겨오며 절 이름도 표충사로 바뀌었다. 이로 인해 지금의 표충사는 유교식 서원(사당)과 불교식 사찰이 공존하는 전국 유일무이의 독특한 사찰 구조를 갖게 되었다고 한다. 지금도 매년 유불 합동의 봄·가을 향사를 지내는 전통이 이어지고 있다.

표충사 경내의 두 번째 관문인 수충루(표충사당으로 들어서는 2층 누각), 보물 467호인 삼층석탑, 대웅전이 아닌 비로자나불을 모신 대광전, 불교의 4물이라 불리는 범종루의 범종·법고·운판·목어, 법정 스님과 고은 시인의 스승이자 초대 통합 불교 종정을 지낸 효봉 대종사 부도탑 등을 둘러보고, 넓은 우화루 누각에 앉아서 시원한 계곡 바람을 쐬며, 시간 가는 줄 모르고 함께 잡담을 나누며 망중한을 즐겼다. 계곡에서 불어오는 시원하고 맑은 공기 탓에 한여름의 더위가 싹 가셨다.

캠핑과 마음 비우기

캠핑이 유행하면서 최근에는 불멍이나 물멍이라는 용어가 유행하고 있다. 캠핑 자체가 번잡한 도시와 일과 관련한 스트레스에서 벗어나, 풍광 좋은 곳에서 쉬면서 멍 때리고 힐링하는 여행이다.

명상이나 단전호흡, 요가도 멍 때리기와 비슷한 면이 있다. 우리가 아름다운 밤하늘의 별들을 바라보거나, 히말라야 같은 눈 덮인 설산이나 나이아가라 폭포 같은 압도적인 자연경관을 응시하거나, 아름다운 꽃들을 바라볼 때, 아름다운 음악 선율을 들을 때 감탄하는 것은, 거기에 내 개인이나 다른 사람과의 이해관계가 개입되지 않은, 순수한 바라봄과 몰입이 있기 때문이다.

우리의 뇌는 일상에서 잠시도 쉬지 않고, 온갖 잡생각들이 끊임없이 떠올라 우리를 고민하고 걱정하고 불안하게 한다. 이러한 다람쥐 쳇바퀴 도는 잡생각에서 벗어나는 좋은 방법이 멍 때리기, 명상, 단전호흡 등일 것

이다.

　수도자들이 오랜 수행을 통해서 도달하는 경지이겠지만, 우리 같은 평범한 사람들은 캠핑 여행 같은 일상에서 벗어나기 혹은 마음 비우기 습관 형성 등을 통해 마음의 평화를 얻어봄 직하다.

　코로나, 정치, 도쿄올림픽, 부동산, 업무 등 우리 마음을 번잡하게 하는 것들에서 벗어나, 이 여름날 마음 맞는 사람들과 캠핑 여행을 떠나서 멍 때리기 해보는 것도 좋을 것이다.

강원권

[강원권]

15년 만에 다시 만난 캠핑카

함백산에서 강릉까지

황규만
(사)한국컨택센터산업협회 회장

남들보다 한참 늦은 나이에 결혼하다 보니 나를 믿고 인생을 함께하기로 한 아내에게 무언가 기억에 남을만한 추억을 남겨주고 싶어 3개월 신혼여행 계획을 짰다. 캠퍼밴Camper Van을 빌려 뉴질랜드를 한 달 여행하고, 호주에서는 한 달짜리 그레이하운드 버스 티켓을 끊어 동해안 북단 케언스에서 시드니까지, 마지막으로 중국 광저우에서 한 달을 머물며 중국을 느껴보는 3개월 신혼여행 계획을 세웠다. 그리고 뉴질랜드에서 캠핑카를 운전하기 위해서 출국 전 국제면허증도 발급받았다.

2005년 3월 8일 뉴질랜드 오클랜드 공항에 내리자마자 캠퍼밴을 예약해놓은 Maui 셔틀버스를 타고 사무실로 갔다. 그곳에서 미리 준비해놓은 4인용(자동) VAN을 직접 보니 둘이 타기에 너무 커서 2인용(수동)으로 바꿔 달라고 했다. 그런데 외국인이어서인지 한 달간 보험료만 RENT비와 맞먹는 80만 원이 들었다.

한 달간 뉴질랜드를 여행하면서 든 생각은 뉴질랜드에는 차도 별로 없는 데다, 주중에는 모두 출근하니 도로에 차가 없어 왜 그런 거금을 주고 보험을 들었는지 살짝 후회되기도 했다. 그 당시 나는 오십견에 걸려 왼쪽 어깨가 무지 아플 때였는데, 뉴질랜드는 운전석이 우측에 있어 왼손으로 기어를 수동으로 작동해야 해서 고통이 이만저만이 아니었다. 게다가 지금은 스마트폰만 있으면 이용 가능한 내비게이션이 없던 시절이라 모든 것이 낯선 뉴질랜드에서 지도 한 장에 의지해 물어물어가며 정말 박진감 넘치는 여행을 할 수 있었다.

뉴질랜드 북섬 오클랜드에서 캠퍼밴을 빌려 북쪽으로 올라가다 오레와 해변 근처에 있는 Puriri Park에 들어갔다. 차를 빌리면서 들은 주의사항 중에는 반드시 합법적으로 차박이 가능한 곳에서만 캠핑을 하라는 것이었다. 그래서 타국에서 실수해 문제를 만들기 싫어 가능하면 캠핑장에서 묵기로 했다.

이곳에서 'TOP10 Holiday Park' 1년 회원권을 끊었더니 뉴질랜드 전역에 있는 캠핑장에서 10% 할인이 되며, 전국에 있는 캠핑장 위치가 나와 있는 소개 책자를 주었다. 전원이 있는 Powered Site에 차를 세우고, 아직 3월이라 저녁에는 추워 케이블을 연결해 히터를 틀었다. 차량에 시동을 걸지 않고 전원이 공급되므로 디지털 카메라(당시에는 스마트폰이 나오기 전임)도 충전되고, 전자레인지로 음식도 데우는 등 모든 장치를 사용할 수 있었다. 캠핑장에 있는 동안에는 샤워와 화장실은 캠핑장에 비치되어 있는 시설을 이용해서 좋았다.

캠퍼밴 신혼방

우리 부부가 신혼여행 중에 묵었던 캠퍼밴 내부다. 평상시에는 차를 마시거나 식사를 할 수 있는 테이블로 되어 있는데 밤에는 사진처럼 침대로 만들어 잠도 잔다. 다른 부대시설로는 화장실, 샤워실, 냉장고, 가스스토브, 전자레인지, 옷장 등 없는 것이 없다. 이 차의 제조회사는 BENZ로 기가 막히게 잘 나간다. 차가 우리나라와 달리 왼쪽으로 달리고 수동 기어에다 왼손으로 기어를 넣어야 하고, 클러치 유격이 깊어 처음에는 고생했지만 금방 익숙해졌다.

뉴질랜드 어디를 가나 아름다운 해안선이 즐비하며, 주차장에 차를 세우고, 근처에 맛집이 있으면 사 와서 해안가 식탁에서 먹어도 되고, 아니면 마트에서 산 스테이크를 굽고 샐러드를 만들어 멋진 피크닉 식사를 하기도 한다. 캠퍼밴이 있으면 가장 좋을 때가 비 올 때이다. 비가 오면 모두들 돌아가지만, 우리는 가스스토브로 물을 끓여 커피를 마시며 비 내리는 아름다운 바닷가의 전경을 즐길 수 있다.

뉴질랜드를 여행하는 동안 시내 중심을 빼놓고는 신호등을 본 적이 별로 없다. 대부분 사거리가 로터리로 되어 있으며, 먼저 진입한 차량이 우선권이 있어 절대 사고의 위험이 없다. 우리나라도 요즘 신호등이 없는 로터

리가 많이 생겼는데, 먼저 진입한 차량에 우선권이 있는데도 차들이 마구 밀고 들어와 사고의 위험이 높다.

또한 차가 한 대만 지나갈 수 있는 도로를 지날 때는 도로 양쪽에는 도로 표시판이 있는데 본인이 있는 쪽 화살표가 검은색으로 크게 표시되어 있는 쪽에서 먼저 진입한다. 그러므로 내 쪽 표시판 도로가 빨간색으로 작게 표시되어 있으면 반대편에 차가 없을 때까지 기다려야 한다. 어찌 되었든 여행 한 달 내내 신호등이 없어도 운전하는데 어떤 어려움도 없었다. 아쉬웠던 것은 한 달 동안 여행했는데도 시간이 부족했다는 것이다. 오토

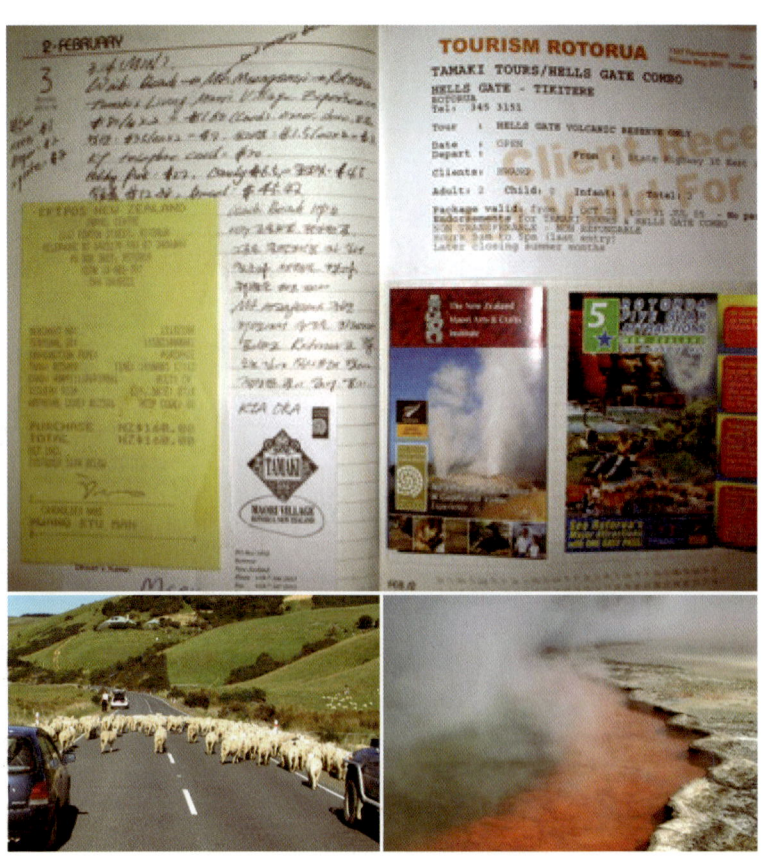

캠핑장에서 만난 유럽인들은 보통 3개월 동안 여행한다고 하는데 최소 두 달 정도는 되어야 제대로 뉴질랜드 여행을 할 수 있을 것 같다.

    뉴질랜드 북섬 끝단에 있는 등대로 오른쪽은 태평양이고, 왼쪽은 테즈먼해인데 두 바다가 이곳에서 만나 사랑을 나누게 된다고 한다.
    타우포에서 Napier로 가는 방향으로 49km 정도 가면 폭포라는 표지는 없고, 단지 볼거리가 있다는 Look-out라는 표지만 보이는데 이름도 없는 폭포가 정말 아름답다. 전망대에서 멀리 떨어진 곳이었는데 물이 낙하하는 소리가 들릴 정도로 수량이 풍부했다.
    매일 밤 다음 날 갈 여행지에 대해 자세히 검토하고, 여행을 마친 후 영수증과 팸플릿 등 자세한 여행기를 기록했다.
    뉴질랜드 여행 중 가끔 양떼를 만나는데 이럴 때는 양떼들이 다 지나갈 때까지 기다려야 한다. 양도, 양치기도, 운전사들도 누구 하나 서두르지 않는다.

한국에서의 첫 경험

    2005년에 신혼여행으로 단둘이 캠퍼밴을 빌려서 한 달간 뉴질랜드를 여행한 이후 딱 15년 만인 2020년 여름 중학생인 아들과 초등학생 딸과 함께 4인용 캠핑카를 빌려 여름휴가를 가게 되었다. 이 차는 4인용으로 뉴질랜드에서 탔던 2인용에 비해 생각보다 커서 잘 운전할 수 있을지 순간 고민이 되었다. 하지만 캠핑카로 여행한다는 생각에 들떠 있을 아이들이 생각나 캠핑카를 빌린 후 손에 익을 때까지 뒤에서 빵빵거리는 것 개의치 않고 천천히 운전하며 가족을 태우러 집으로 향했다.

　차선 변경도 만만치 않았다. 특히 회전할 때 회전 각도가 평소 내가 타던 소형차와 달라 생각보다 더 넓게 돌아야 했다. 1시간 가까이 걸려 아파트에 도착했더니 휴가 복장으로 분장한 아이들이 여행 가방을 들고 캠핑카를 기다리고 있었다. 캠핑카를 본 아이들은 신이 나서 차 문을 열고 들어가 운전석 위 다락방을 포함해 캠핑카 구석구석을 탐방하기에 바빴다.
　가족들이 탑승하고 각자 자리를 잡고 앉자 나는 첫 번째 방문지인 함백산 야생화 축제장이 있는 강원도 고한 만항재로 향했다. 원래 계획은 가는 길에 제천에 들러 토박이 친구를 만나 차박할 만한 멋진 장소 소개도 받고, 바비큐 파티를 할 예정이었다. 가면서 친구에게 전화했더니 지금 제천은 폭우로 길이 끊기고 인명 피해가 심각한 상태인 데다 본인도 복구작업에 매진하고 있다고 해서 제천을 우회해서 지나가야 했다. 가는 길에 흙탕물이 급류가 되어 흐르는 것을 보니 실감이 났다. 하지만 아이들은 굽이치는 흙탕물이 신기했는지 잠시 쉬어 가자고 해서 차를 강가 옆 주차장

에 세우고 잠시 쉬었다. 출발하기 전 캠핑카 창문마다 가족을 배치한 후 사진을 찍었는데 재미있는 사진이 나왔다.

함백산 야생화 축제가 열리고 있는 만항재에 도착한 것이 4시 반경. 비가 하루 종일 쏟아져 행사장은 모두 철수한 상태였다. 다행히 운영위원회 사무실에는 근무자가 있어 축제장에서 준비한 캠핑장 위치와 저녁을 먹을만한 시내 맛집을 소개받았다. 혹시나 해서 전화로 주차가 가능한지 확인하며 언제쯤 도착할 것 같다고 얘기하고 방문했는데, 저녁 식사 시간인데다 맛집으로 소문난 곳이라 대기 줄이 길었다. 다행히 출발 전 전화로 한 문의가 예약으로 잡혀 있어 줄 서 있는 분들의 부러움을 받으며 바로 들어가는 행운을 잡았다. 고기가 가장 맛있다는 '낙원회관'과의 연은 이렇게 만들어졌다.

안으로 들어가니 사람이 많아 정말 도떼기시장이 따로 없었다. 메뉴는 정말 단순했다. 달랑 특수 부위와 일반 부위 2개 밖에 없었다. 서울이었다면 엄두도 못 낼 가격인 1인분(150g) 33,000원인 일반 부위 4인분을 시켰다. 두 개 중 한쪽만 가스불이 들어왔지만 고기를 구워 먹는 데는 아무 지장이 없었다. 하지만 주인 입장에서는 미안했던지 지나면서 고기를 한 움큼 집어 우리 불판에 올려주고 간다. 족히 1인분은 되어 보이는데 이런 횡재가 있다니. 오늘 운이 따따블이다. 후식으로 된장 소면을 먹고 깔끔하게 저녁 식사를 마쳤다. 고한 시장 안은 옛날에 이곳이 탄광이었다는 것을 보여주듯 타고 난 연탄재를 쌓아서 그림을 그려 전시해 놓았고, 석탄빵을 팔고 있었다. 이곳은 해발 700m다.

함백산 야생화 축제장과 맹방해수욕장

국보332호로 지정된 정암사 수마노탑을 새벽에 올라 모든 사람들이 고통에서 벗어나 행복하기를 기원드렸다. 정암사에서 야생화 축제가 열리고 있는 만항재로 오르는 길에 바로 옆에 물이 흐르는 아침식사를 할만한 멋진 공간이 눈에 띄어 차를 세웠다. 캠핑카를 탄 이후 처음으로 캠핑용 의자도 펴고, 준비한 누룽지를 끓인 후 김치와 함께 맛있는 아침 식사를 했다. 달랑 누룽지와 김치였지만, 쌀쌀한 날씨에 자연에서 먹는 아침은 최고의 조합이었다.

함백산 야생화 축제장에서 해설사의 안내로 멋진 야생화 군락을 둘러보았다. 날이 활짝 개지는 않아 활짝 핀 야생화를 볼 수는 없었지만, 수줍은 듯 다소곳한 야생화들이 함백산을 뒤덮고 있었다. 아쉬운 마음에 가족들과 내년에 다시 와 함백산에 2~3일 묵으며 아름다운 야생화와의 재회를 약속했다.

아이들에게는 '방학' 하면 해수욕장이 떠오르나 보다. 곰곰이 생각해 보니 나도 어렸을 때는 바닷가를 좋아했던 것 같다. 아이들 성화에 차를 몰아 명사십리로 소문난 맹방해수욕장으로 달렸다. 바닷가에 차를 세우고 수영복으로 갈아입혔더니 모래성을 쌓으며 어찌나 재미있게 놀던지 잘 왔다는 생각이 들었다. 집 떠난 지 2일째, 오늘은 해수욕을 한 날이라 삼척 시내에 있는 천지연 사우나로 가서 지친 몸을 쉬게 하고, 근처의 맛집인 '소나무집'에서 흑돼지 삼겹살을 맛있게 구워 먹었다. 종업원들만 친절하면 더 맛있었을 텐데 무표정이라 아쉬웠다. 이날 밤은 맹방해수욕장 정자 옆에 캠핑카를 세우고 깊은 잠에 빠졌다.

장호항과 망상해수욕장

어제저녁에 마트에서 구매한 시리얼과 우유 그리고 빵으로 아침 식사를 하고 초곡용굴촛대바위길로 가서 해변에 만들어 놓은 데크를 따라 바닷길을 걸었다. 오랜만에 탁 트인 바다를 볼 수 있어 정말 좋았다. 하지만 햇빛이 너무 뜨거워 빨리 벗어나야 했다. 차를 몰고 물이 맑은 장호항으로 향했다. 이곳은 모래가 없고 바위로 되어 있어 물이 맑다 보니 스노쿨링을 즐기는 사람들로 북적거렸다. 아이들에게 2인용 투명 카약을 1시간 빌려주었는데 투명 바닥으로 인해 바다 밑이 깨끗하게 보이니 마치 스노쿨링하듯 멋진 시간이 되었다고 한다. 아이들을 기다리며 그곳 직원과 얘기를 나누다 보니 사람이 붐빌 때는 타이트하게 시간을 재지만, 한가할 때는 직원이 들어오라고 할 때까지는 모른 척하고 타도 된다고 한다. 좋은 팁이다.

이곳에서 점심을 먹으려 했으나 간편식밖에 없어 삼척 시내에 있는 죽서루 주차장에 차를 세우고 죽서루를 둘러본 후 맛집이 모여있다는 근처 중앙시장 2층 청년몰로 올라갔다. 청년 요리사들을 모아 놓아서인지 친절하고 싸고 맛있었다. 삼척시 가격으로 서울에서 먹는 맛을 느낄 수 있다고나 할까? 정말 깨끗하다. 꼭 한번 들러보기를 권한다. 식사 후 아들이 세종과학고 온라인수업을 해야 해서 동해시에 있는 'TOZ'에 아들과 아내를 내려주고, 딸과 나는 근처에 있는 빨래방에서 그동안 모아 놓았던 빨래를 한 후 오늘 저녁에 묵을 해변과 맛집을 찾아 나섰다. 숙박은 해변도 좋고 캠핑카 주차가 자유로운 망상해수욕장으로 정하고, 저녁은 시내에 있는 갈비찜이 맛있다는 '갈비당'을 찾았으나 맛집

이어서 갈비찜 판매 소진으로 소 갈빗살(양념)과 냉면으로 허기진 배를 달랬다. 망상해수욕장역 캠핑카 주차장은 바로 옆에 텐트 캠핑장이 있어 화장실과 세면대 이용하기가 편해서 좋았다.

정동심곡바다부채길

아침에 일어나 간단히 식사한 후 소나무 숲에서 책을 읽다 해수욕을 했는데 위로 올라갈수록 물이 깨끗했다. 해변 멀리까지 모래로 물이 깊지 않아 아이들이 놀기에 좋았다. 샤워장에서 샤워하고 점심을 먹은 후 정동진에 있는 정동심곡바다부채길을 걷기로 하고 길을 잡았는데 아이들이 곤하게 자고 있어 중간에 옥계 해변에 차를 세우고 오랜만에 아내와 카페에서 커피를 마시며 둘만의 시간을 가졌다. 아이들이 깬 후 썬크루즈리조트 주차장에 도착해 바다부채길 표를 끊고 왕복 5.8km 바닷가 데크길을 걷기로 하였지만, 사진 찍는 것을 좋아하는 아내와 딸은 걷다가 아들과 내가 돌아올 때 합류하기로 했다. 바다에 다리를 놓아 만든 부채길은 시간 여유를 갖고 걸으면 좋겠다는 생각이 들었다. 그리고 왕복할 생각이라면 심곡항에 차를 세우고 출발하는 것이 좋고, 5시까지는 마쳐야 하니 조금 일찍 가면 좋을 듯하다.

안목해변

오늘 밤 묵을 예정인 안목해변으로 향했다. 해변에 도착하니 해안선을 따라 카페 불빛들이 화려했다. 카페 앞에는 차를 세울 공간이 없었으나 안목항 바로 좌측 주차장에 차를 세우고, 카페 투어에 나섰다. 그러다 찾은 KIKRUS. 내부 인테리어도 편안하고 빵도 맛있는 집이었다. 안목해변은 조명을 해놓아 사진을 찍으면 아름답게 나왔다. 조명이 안목해변을 SNS에 올리면 아름답게 보이는 1등 공신인 듯했다.

여행 후 귀가할 땐 반드시 빨래방에!

새벽에 차를 두드리는 빗소리에 잠을 깨 차를 지난 밤과 달리 텅 빈 카페 앞쪽으로 옮긴 후 딸과 사진을 찍으며 해변을 걸었다. 그리고 KIKRUS에서 간단히 브런치를 먹고, 강릉 시내 빨래방에서 5일치 빨래를 완전히 말린 후 출발했다. 그렇지 않으면 집에 돌아와 빨래하고 말리느라 고생할 일이 눈에 선했다.

캠핑카 여행은 아이들에게는 무엇보다 신나는 일이지만, 아내에게는 잠자리를 포함해 불편한 것이 한두 가지가 아니다. 그래서 여행을 준비하면서 아내와 약속한 것이 3가지 있다.

첫째, 아침은 몰라도 점심과 저녁은 근처 맛집에서 먹는다.

둘째, 산속이 아닌 해수욕장에서 잘 때는 근처 사우나에서 여행에 지친 몸을 풀어준다.

셋째, 틈틈이 빨래방에 들리되 집으로 귀가하는 날에는 여행 중 입었던 모든 옷을 빨래방에서 반드시 세탁한다.

캠핑카로 여행하면서 지역 빨래방은 아내에게는 최고의 선물이 되었다. 여름은 우기(雨期)라서 빨래를 해도 잘 마르지 않는데, 빨래방에 잠깐 들리면 건조까지 되어 나오니 아내가 가장 좋아했다. 다른 분들도 혹시 캠핑카로 여행을 간다면 참고하면 좋을 듯하다.

이번 여행을 준비하면서 한 가지 아쉬웠던 것은 차박 명소로 알려진 멋진 장소들이 앞서 차박을 다녀온 분들의 뒤처리가 부실해 다시는 차박을 못하게 되었다는 안타까운 소식이다. 더 이상은 이런 소식이 들리지 않도록 차박 동지들의 분발을 촉구하는 바이다.

> 강원권

플라이 낚시와 함께한 내린천 캐러밴 여행

인제

성연재
대한민국 오지여행 작가, 연합뉴스 여행레저 전문기자

캐러밴 여행을 하게 된 계기

우연히 지인 소개로 캐러밴 소유자로, 이 책의 한 부분을 책임지게 됐다. 잠시 고민했으나 캠핑카뿐만 아니라, 캐러밴 여행의 모습을 보여드리는 것도 나쁘지 않을 듯해서 용기를 내게 됐다.

나는 캐러밴을 소유한 지 10년이 됐다. 캐러밴 소유의 동기는 다음과 같다. 실제로 캐러밴을 간절히 소유하고 싶었기보다는 다소 엉뚱한 이유에서 캐러밴을 구입하게 됐다. 10여 년 전은 대한민국에 오토캠핑의 바람이 막 불 때였다. 때마침 오랜 기간 캠핑을 즐겨오던 경험을 되살려 책을 썼다. 2019년 대한민국에서 캠핑 관련 첫 번째 서적이라 할 수 있는 《잇츠캠핑》을 출간해 베스트셀러 작가가 됐다.

오토캠핑이란 원래 캐러밴이나 캠핑카를 끌고 다니며 하는 캠핑을 뜻하는 것이지만, 그만큼 값비싼 캠핑카나 캐러밴이 많이 보급되지 않던 시절이기에, 차량에 텐트를 싣고 다니면서 하는 캠핑을 넓은 의미로 오토캠핑이라고 부를 때였다.

어느 날 캠핑 관련 강의 초청을 받아 연세대 의료원에서 강의하게 됐는데, 한 의료인이 캐러밴에 대한 질문을 하는 것이 아닌가. 캐러밴을 소유한 적이 없던 필자는 상식선에서 답변했고, 캠핑 전문가라는 사람이 이래선 안되겠다는 생각이 들어 수천만 원이라는 거금을 들여 캐러밴을 구입하게 됐다. 그러나 솔직히 토로하건대, 막상 캐러밴을 구입했지만, 실제로 그렇게 자주 다니지는 않았다. 실제 대한민국의 좁은 도로 사정 탓에 캐러밴을 끌고 다니는 것이 부담되기도 했고, 본인의 캠핑 스타일은 단순함을 추구하기 때문이었다.

아웃도어에서 빼놓을 수 없는 내린천

원래 플라이 낚시인인 나는 강원도 내린천을 수백 번쯤 드나들었다. 지금은 보호어종으로 지정되어 낚시를 하지 않고 있지만, 처음부터 열목어 낚시가 금지된 것은 아니었다. 강원도 인제군과 홍천군을 넘나드는 내린천은 맑고 풍부한 수량 덕분에 1급수에만 사는 열목어들이 생존하기 알맞은 곳이다.

내린천은 인제군 상남면의 가마봉(1,191m)에서 발원해 미산리에서 방내천과 합쳐지고, 다시 약 1km를 흘러내려 간다. 내린천 최상류를 이루는 청정 하천답게 내린천 계곡에는 물이 차고 깨끗한 1급수가 아니면 못 산다는 금강모치를 비롯해 여러 냉수성 어종이 살고 있다.

내린천은 한여름에도 발이 시려 얼마 버티지 못하고 나올 정도로 시원하며, 나무 그늘도 많아 여름철 계곡 캠핑 장소로도 최적의 입지 조건을

가지고 있다. 평소에는 아무 곳에나 세우고 캠핑을 했겠지만, 내린천에 갈 때는 오랜 시간 내가 낸 여러 책에서 소개한 살둔마을 생둔분교를 자주 찾는 편이다.

    강원도 인제의 생둔분교 캠핑장은 맑고 투명한 물로 유명한 내린천 옆에 위치하고 있다. 이곳은 텐트와 캠핑카 등 약 25동을 수용할 수 있는 아담한 규모의 캠핑장으로, 시원한 청정 계곡을 접하고 있어 주변 풍경도 훌륭하다. 비성수기에는 한적하기 때문에 여유로운 가족 캠핑을 즐기기에 적격인 장소이다.
    간단히 캐러밴을 세팅한 뒤 저녁 무렵 물놀이객들이 없는 틈을 타 플라이 낚시를 하기 위해 캠핑장 앞 계곡으로 내려갔다. 이곳 캠핑장 옆 내린천은 물놀이에도 낚시에도 최적의 장소라 할 수 있다. 아무도 없는 계곡에서는 때마침 물고기들의 식사 시간인 해

질 무렵을 맞아 많은 물고기의 움직임이 포착됐다. 곤충이 알을 낳으려 수면에 착수하는 순간, 물고기들은 이 곤충들을 노린다. 플라이 낚시는 이런 곤충 모양의 미끼를 사용한다.

영화 '흐르는 강물처럼'의 주인공 브래드 피트처럼 아름다운 라인을 그리며 낚시를 했다. 때마침 아름다운 열목어 한 마리가 잡혔다. 보호어종으로 지정되기 전에는 열목어 낚시에 제약이 없었지만, 이렇게 피라미나 갈겨니를 잡다가 나오는 것은 어쩔 수 없는 일이다.

플라이 낚시의 미덕인 '캐치 앤 릴리즈'(고기를 잡고 다시 놔주는 것)를 시행하는 것은 플라이 낚시인의 자랑스러운 덕목이다. 단 어름치는 천연기념물이므로 잡으면 바로 놓아줘야 하고, 열목어는 천연기념물은 아니지만, 보호어종이므로 우연히 낚시에 잡히면 놓아줘야 한다.

〈내린천 즐기기〉

* 먹을거리: 내린천의 맑은 물에서 갓 잡아낸 민물고기 매운탕과 강원도 청정한 산골에서 난 만들어낸 묵과 손두부, 산채정식 등이 맛있다. 캠핑카를 수용하지 않지만, 인근 반디하우스 캠핑장의 닭칼국수도 권할 만 하다.

* 주변 볼거리: 주변에 방태산 자연휴양림을 비롯해 진동계곡, 내린천 계곡, 미산계곡 등 강원도의 야생 절경을 즐길 수 있는 곳이 많다. 인제와 홍천 주변에는 우리나라의 대표적인 오지인 삼둔사가리(살둔, 월둔, 달둔과 연가리, 명지가리, 아침가리, 적가리)가 있다. 지금은 교통의 발달로 오지라는 개념 자체가 모호해졌지만, 그래도 한 번쯤 둘러보는 것도 좋다.

성연재

> 강원권

첫 캠핑카 여행은 설렘이었다
– 오래간만의 가족 완전체 여행
철원

강신영
(주)디티앤씨그룹 부사장, 전) 한국오라클 부사장

엉겁결에 결정한 캠핑카 여행

우리 가족은 아이들이 어릴 때 국내외로 자주 여행을 함께 다녔다. 그러나 두 남매의 유학 이후엔 함께할 기회가 거의 없었다. 미국에서 학부를 마치고 대학원 진학을 앞두고 있던 큰아이와 싱가포르에서 학업을 마치고 취업 준비를 하던 딸아이가 코로나 사태로 모두 잠시 귀국하게 되었다. 덕분에 우리는 결혼기념일에 모처럼 가족 여행을 계획하였다.

코로나로 인해 여행이 자유롭지 못해 고민하던 중 IT 분야 지인이자 CIO포럼 회원분의 페북을 통해 캠핑카 여행을 접하게 되었다. 펜데믹 시기에 안전하고, 재미있을 거 같아 가족에게 캠핑카 여행 계획을 이야기하였다.

마침 큰 조카가 캐러밴을 구매해 주말에 전국을 여행하고 있어 언젠가 한 번쯤 빌려 내 차에 간단히 장착하면 되겠다 싶었다. 하지만 조카와의 통화를 통해 그저 장착만 하면 되는 게 아니라는 걸 알고 얼마나 무모한 계획이었는지 알게 되었다. 우선 별도의 캐러밴 운전면허를 취득해야 하고, 차량에 장착하기 위한 장치도 따로 구매해 부착해야 하는 등 보름 안에 당장 준비해 떠난다는 것은 불가능한 일이었다. 아내는 잠자리가 불편할 거라며 캐러밴 여행에 회의적이었지만, 모처럼 특별한 경험으로 추억을 쌓을 수 있겠다며 내심 기대하는 눈치였는데 접어야 했다.

일정이 얼마 남지 않은 상태라 제주도나 다녀올까 하며 포기하려 했는데 궁하면 통한다고 했던가. 페북을 통해 지인이 퇴직 이후에도 삶의 다양한 스펙트럼을 열정적으로 그려나가는 모습을 보던 중 마침 주변 사람들에게 캠핑카를 빌려준다는 게시글을 보게 되었다. 바로 연락하여 방문했다가 여행기를 함께 쓰는 분께는 반값 할인을 해준다는 솔깃한 정보를 알게 되었다.

조금 망설여졌으나 오라클 사내 웹진인 Orasis에 유럽 자동차 여행기를 연재한 경험도 있고, 《좌충우돌 여행기》에 대해 부러움도 있던 터라 덜컥 약속하였다. 방문한 날 바로 도장 찍듯 페북에 동참하기로 했다는 내용을 같이 찍은 사진과 함께 올려버렸다. 캠핑카와 관련된 자료와 간단한 프레젠테이션을 들은 후 집에 돌아와 가족들에게 캐러밴 대신 캠핑카로 진행하기로 하였다고 전하였다. 가족들은 처음 경험하게 될 캠핑카 여행에 호기심과 기대감을 나타내었다.

여행 장소와 일정 등을 상의하며 근처에 사는 처제 부부도 함께하기로 하였다. 내가 술을 잘하지 못하니 아들 녀석이 술친구가 필요할 듯했다. 주말에 늘 고향을 찾는 동서를 배려해 여행 장소는 동서의 고향인 철원 지역으로 정했다. 동서는 전날 저녁에 미리 고향에 가고, 우리 가족은 당일 오전에 캠핑카를 픽업하여 점심때쯤 합류하는 일정이었다.

나의 여행은 번개 스타일

나의 여행은 한번 꽂히면 차분히 계획하기보다는 일단 저지르는 스타일이었던 거 같다. 아내와 단둘이 다녀온 유럽 자동차 여행도 갑자기 결정해서 떠났었다. 인터넷 자료와 유럽 여행 관련 서적 몇 권 사서 읽어 보곤 유로 패스나 패키지여행이 아닌 렌터카, 캠핑장, 민박을 이용한 자동차 여행에 도전했었다. 갑자기 결정한 여행은 방학 성수기라 항공료가 무척 비쌌지만, 아내는 지금도 프랑스, 독일, 스위스, 스페인 등 5,000km 자동차 여정이 꿈을 꾼 듯, 잊지 못하는 여행이었다고 한다. 역시 여행은 오랫동안 계획하고 떠나는 것도 좋지만, 시간이 날 때 마음의 움직임에 따라 부딪쳐보는 것도 좋은 거 같다.

처음 캠핑카로 떠나는 여행, 알아가는 재미는 덤!

코로나로 인해, 여행 가기가 꺼려지는 상황이었지만, 우리 가족 모두 꿈꿔왔던 캠핑카 여행이었기에 캠핑카를 빌리러 가는 길이 무척 설레었다.

송파에서 캠핑카를 인수하며 자세한 설명을 들은 후, 초보운전 때의 긴장감으로 운전대를 잡았다. 그런데 얼마 못 가 일정량 주유가 돼 있는 거로 알았던 주유 게이지가 거의 바닥이었다. 원래는 캠핑카를 사용하고 반납할 때는 일정량을 채워놓는 게 규정이라고 알고 있었는데 당황스러웠다. 시 외곽까지 가는 건 무리일 듯싶어 주변의 주유소를 찾았다. 처음 해보는 캠핑카 운전이다 보니 한동안은 무척 긴장되었다. 철원에 들어설 때쯤 되니 익숙해졌다.

주말이라 길이 많이 막혔는데 아이들은 캠핑카 뒤편 침대에 누워 웃고 떠들며 재미있어했다. 운행 길은 지방도로라 과속방지턱이 많았다. 캠핑카는 차체가 높고 바퀴가 작아 조심을 해도 많이 꿀렁거렸다. 캐빈에 있는 아이들은 놀이기구를 타는 거 같다며 흔들림에 몸을 맡기며 즐거워했다. 평소에도 안전 운행을 강조하는 딸아이는 "아빠, 안전 운행하세요!"를 몇 번이나 외쳤다.

철원에 도착해 '갓냉이 국수'에서 한우버섯전골 국수정식으로 맛있게 점심을 먹었다. 식사 후 동서 어머님께 인사를 드리려 동서 집에 잠깐 들렀다. 동서 집으로 들어가는 골목길은 좁고 처마가 낮아 초긴장 상태였는데 큰아이가 내려서 봐주어 겨우 들어갈 수 있었다. 인사 후 동네 정육점에서 저녁에 먹을 바비큐용 철원산 육우와 돼지고기를 구매하였다. 동서의 철원산 육우와 돼지고기 자랑이 대단하였다. 맞은 저녁에 평가하기로 했는데 다음 날 귀경길에 다시 들러 구매하였고, 이후 동서가 주말에 고향 가면 자주 부탁해 사다 먹게 되었다.

장을 본 후 전날 동서가 전화로 문의했던 가***캠핑장으로 갔다. 생각보다 차들이 많았다. 캠핑카 주차 자리를 확인한 후 비용을 문의했다. 비용은 전화로 문의했을 때보다 거의 두 배가 되었다. 게다가 주인장이 전날 밤 늦게 전화 문의한 것까지 타박하며 불친절해 기분이 상했다. 우리가 미리 자세히 알아보지 못한 실수도 있었지만, 장사가 잘돼 배짱을 부리는듯한 주인 부부의 태도가 거슬렸다. 캠핑장의 횡포(?)로 즐거웠던 분위기가 망가지는 게 싫어 다른 곳으로 가기로 하였다.

마침 근처에 동서 초등학교 동기가 운영하는 디퍼펜션이 있어 동서네까지 함께 1박을 하기로 하였다. 토탈 비용도 오토캠핑장 이용 때보다 더 적어 가성비 최고였다.

환상의 조합 캠핑카와 펜션, 가족의 정을 오롯이 느낀 저녁 시간

펜션에 도착하니 야무지고 친절한 동서 동기분과 인심 넉넉해 보이는 남편분이 반갑게 맞아주었다.

펜션은 마당이 넓어 캠핑장처럼 사용이 가능했다. 집사람도 캠핑카에서 네 식구가 모두 자는 것이 불편할 수 있었는데 오히려 잘 되었다며 좋아했다. 우리는 펜션은 펜션대로, 캠핑카는 캠핑카대로 두 개를 모두 활용할 수 있어 좋았고, 코로나로 운영이 어려운 펜션 주인에게도 도움이 되니

최고의 선택이었다. 캠핑장을 나온 것이 오히려 전화위복이 된 셈이었다. 철저한 준비와 계획되지 않은 여행은 이렇게 가끔 뜻하지 않은 행운도 가져다주는 묘미가 있음을 또 한 번 경험했다

우리는 캠핑카를 펜션에 두고 동서 차로 한탄강, 직탕폭포, 고석정,

은하수교, 노동당사, 승일교 등 주변 관광지를 둘러보았다. 철원 출생인 동서가 재밌고 유익하게 가이드를 해주어 즐거웠다.

저녁에 도착한 펜션은 코로나로 인해 손님이 우리밖에 없었다. 주인장에게는 미안한 일이지만, 펜션은 오롯이 우리만의 공간이 되었다. 펜션이 주는 편리함과 캠핑카의 조합은 환상이었고, 색다른 경험이었다. 가족이 4인 이상 성인인 경우 정말 최적의 조합인 거 같다

보슬비가 내려 주인장이 농막에 바비큐 자리를 마련해주어 편하게 저녁 식사를 할 수 있었다. 철원 육우와 돼지 목살을 바비큐로 맛있게 먹었다.

저녁 식사 후에도 보슬비가 내려 마당에 자리한 캠핑카의 어닝을 폈다. 바비큐 그릴을 캠핑카 쪽으로 옮겨 캠프파이어를 했다. 캠핑카의 푸른 조명과 바비큐 그릴의 장작불에서 뿜어져 나오는 불빛은 정말 환상적인 분위기를 만들어내었다. 장작불을 보며 와인을 마실 때는 모두가 영화의 주인공 같았다. 아이들이 틀어놓은 블루투스 스피커를 통해 나오는 음악에 맞춰 두 부부가 블루스를 추었다. 아이들은 블루스를 추는 두 부부의 모습을 사진과 동영상으로 촬영하며 연신 환하게 웃고 있었다. 캠핑카가 없었다면 비가 오는 날 야외에서의 캠프파이어는 꿈도 꾸지 못했을 것이다. 캠핑카의 어닝 덕에 비 오는 날에도 운치 있게 캠프파이어를 하고, 춤도 추며 분위기에 한껏 취할 수 있었다.

모처럼 아이들과 함께 노래도 하고 춤도 추었다. 와인을 마시며 이런저런 이야기를 하는 동안 웃음이 끊이질 않았다. 새삼 이런 게 행복이지 싶었다. 아내가 너무 행복하다고 속삭였다. 두 아이가 아르바이트하며 번 돈으로 함께 준비해온 깜짝 결혼 기념 선물과 케이크도 감동이었다.

누구의 눈치도 보지 않는 우리들만의 축제는 모두가 잠든 늦은 밤까지 이어졌다. 큰아이가 캠핑카 잠자리를 독점하기로 하고, 나머지 식구들은 펜션에서 잤다. 자리에 누워서도 여흥이 남았다. 정말 잘 선택한 여

행이었다.

　돌아오는 길에 만두전골로 유명한 '솔향기'에서 맛있는 점심을 먹고 동서네와 헤어졌다. 우리는 선수촌 아파트에서 캠핑카를 무사히(?) 반납하고 귀가하였다.

　이번 여행은 캠핑카를 체험해볼 수 있어 좋았고, 마음 맞는 동서네와 함께할 수 있어 더 좋았다. 1박이라는 짧은 여행이었지만, 모두에게 가족의 소중함을 더 알게 해주었고, 오랫동안 함께할 소중한 사람들이 있음에 감사했다.

* 철원 한탄강 은하수교: 한탄강 주상절리 길 1코스인 동송읍 장흥리와 2코스인 갈말읍 상사리를 연결하는 다리이다. 철원 한탄강 은하수교라는 이름은 풍광이 수려한 '한탄강'에 '철원'의 지명을 추가하고, 별들로 이루어진 길을 뜻하는 '은하수'를 따와서 지었다고 한다. 은하수교 중앙 바닥은 한탄강이 보이는 투명 강화유리로 되어 있다. 코로나로 인해 출입을 금지해놓아 아쉬웠다.

* 철원 직탕폭포: 한탄강 하류인 동승 읍에 있는 폭포다. 한탄강 양안에 일직선으로 거대한 암반을 넘어 물이 수직으로 쏟아져 내리는 장관을 이루고 있다. 철원 8경 중 하나로 직탄폭포라고도 하며, 철원용암대지의 일부로 추가령열곡을 따라 분출한 용암이 평평한 대지를 만들었다고 한다.

* 철원 노동당사: 철원읍 관전리에 있는 북한의 구 조선노동당이 세웠던 철원 노동당사는 러시아 양식으로 지어졌으며 6·25전쟁이

일어나기 전까지 북한의 노동당사로 이용되었다. 6·25한국전쟁을 거치면서 외벽의 총탄과 포탄의 흔적이 고스란히 남아있다.

* 승일교: 한탄강을 가로질러 철원군 동송읍과 갈말읍을 잇는 높이 35m, 길이 120m, 폭 6m의 다리다. 승일교는 절반은 북한측이 절반은 우리측이 만든 다리로 유명한데 본래 승일교를 먼저 건설한 것은 북한측이었다. 1948년 8월, 북한은 이 다리를 군사적 용도로 활용하기 위해 동송읍 쪽에서부터 공사를 진행했다. 그러나 다리가 절반 정도 완성된 상태에서 6·25전쟁이 발발해 건설이 중단되었다. 이후 이 지역을 수복한 우리 정부는 1958년 북한과는 다른 공법으로 다리의 나머지 구간을 완성해 '승일교'라 이름 지었다. 따라서 승일교의 교각을 자세히 보면 북한측과 우리측이 공사를 진행했던 부분의 모양이 다른 것을 알 수 있다.

강원권

140년 만에 처음 떠난 캠핑카 여행

고성 삼포 해변

김명희

(주)마인드펀치 심리상담센터 원장

54년만에 처음 떠난 아내의 캠핑카 이야기

우리 가족은 모두 7명이다.

요즘 핵가족 시대에 비하면 조금 많은 인원으로 구성된 가족이다. 시어머니, 남편, 그리고 2남 2녀의 자녀가 우리 가족 구성원이다. 자녀 구성원의 나이가 26세, 24세, 19세, 13세 이렇게 2남 2녀(궁금한 분들을 위해 순서를 공개하자면 딸- 아들- 딸- 아들)로 구성되어 있다 보니 아이들을 양육하는 방식 또한 첫째 아이를 양육할 때와 막내 아이를 양육할 때가 세대 차이를 느낄 때도 있다.

여행을 좋아하는 우리 가족의 여행 방식도 아이들을 양육하는 시기에 따라 많이 달라진 것 같다. 첫째와 둘째 아이를 양육할 때는 주로 무언가를 배울 수 있는 박물관을 테마로 한 여행을 자주 갔었고, 셋째와 넷째를 양육할 때는 힐링을 추구한 여행을 자주 간 것 같다. 그러나 그 모든 여행의 공통된 특징은 '묻지마 여행'이다. 가족 여행의 80%는 갑자기 feel 받아 떠나는 여행이 주류를 이루었다.

우리 가족 '묻지마 여행'의 특징은 "오늘 떠나자. 1시간 후 출발!"이라고 하면 묻지 않고 각자 자신의 짐을 챙기는 것으로 시작된다. 긴 여행이 아닌 경우 대부분의 여행이 1박이기 때문에 간단히 짐을 챙기고 차에 탑승을 한다. 그리고는 궁금한 아이들이 "아빠, 어디로 가요?"라고 물으면 아빠는 "묻지 마."라고 대답한다. 그러면 이미 묻지마 여행에 익숙한 첫째와 둘째가 "우리집 여행은 묻지마 여행이니 묻지 마!"라고 막내에게 설명해준다. 그럼에도 궁금한 막내가 "아빠, 언제 도착해요?"라고 다시 물으면 아빠의 대답은 일관적으로 "묻지 마."이다.

이번 캠핑카 여행도 역시 묻지마 여행으로 떠났다. 갑자기 2월의 마지막 날을 맞이하기 전날인 2021년 2월 27일, 남편이 "우리 내일 여행갈까?"라고 물어봐서, 나는 "그럼 막내가 캠핑카 여행이 버킷리스트 중의 하나라고 했으니 캠핑카 빌려주실 수 있는 회장님께 전화드려 볼까?" 하고 결정하고, 전화를 드리니 흔쾌히 빌려주겠노라 허락해주셔서 우리 가족의 '140년 만에 처음 떠난 묻지마 캠핑카 여행'이 되었다.

이번에 여행을 떠나게 된 가족은 7명의 가족 구성원 중에 4명이다. 나와 남편 그리고 셋째와 넷째이다. 캠핑을 떠난 가족 구성원의 나이를 모두 합하면 140년이 되기에 우리는 이번 캠핑카 여행의 테마를 '140년만에 처음 떠난 캠핑카 여행'으로 잡았다. 나와 남편은 54세 동갑내기이고, 셋째 딸은 19세로 이번에 대학교를 입학했는데 코로나19로 인한 온라인 수업으로 방구석 대학생 생활 중이고, 넷째인 막내는 13세로 초등학교 6학년 이렇게 4명의 나이를 합하여 딱 140살이다. 남편의 갑자기 feel 받은 여행 제안과 막내의 버킷리스트인 캠핑카 여행에 대한 열망과 흔쾌히 캠핑카를 빌려주겠다고 하신 분의 넉넉한 마음이 일치되며 140년만의 첫 캠핑카 여행이 시작되었다. 태양과 지구와 달이 일직선을 이루는 일식처럼 모든 조건이 일치되어 떠날 수 있었던 행복한 여행이다.

우리 집은 대왕님표 쌀과 개밥그릇조차 도자기일 정도로 도자기가 유명한 여주이다. 여행의 시작은 집에서 출발하여 차에 오르는 것부터 시작된다. 수없이 떠난 여행이라 할지라도 여행을 떠날라치면 가슴이 둥당거리며 설레발을 치기 시작한다. 여행지에는 항상 설렘이 기다리고 있다. 7시에 기상해서 아침밥을 준비하고, 가족들의 분주한 아침 식사를 챙기고, 아이들을 학교 보내고 나도 출근해야 하는 긴장감이 필요 없는 자유가 기다리고 있고, 밤늦게 야식을 신나게 먹는다 해도 양심의 가책을 느끼지 않아도 되는 야릇한 일탈이 기다리고 있으며, 여행지의 맛있는 먹거리와 설렘 가득한 볼거리들이 기다리고 있다.

여행을 떠나기로 한 날, 친한 지인의 부고를 듣고, 일단 장례식에 갈 복장을 갖추고 여주에서 출발하여 캠핑카를 픽업하러 서울 송파구를 향하여 달린다. 생애 최초라는 단어는 우환의 소식이 아니면 우리에게 설렘을 주기에는 충분한 단어이다. 생애 최초로 엄마가 되었을 때, 생애 최초로 첫째를 학교에 보내고 학부모가 되었을 때, 생애 최초로 내가 운영하는 상담센터를 개원하여 원장이 되었을 때, 생애 최초로 외국 여행인 베트남 여행을 갔을 때, 그 모든 생애 최초의 순간들이 감격스럽고 행복한 순간이었다. 오늘 우리 가족 4명은 생애 최초의 캠핑카 여행을 떠난다. 서로 말을 하지 않았지만, 생애 최초 캠핑카에 대한 설렘으로 가슴은 모두 설레발을 치고 있었음이 분명하다.

캠핑 여정에 관한 부분은 남편이 적었기에 기억에 남는 에피소드만 적어보려고 한다. 내가 생각하는 캠핑카의 가장 큰 매력은 아침에 눈을 뜨고 캠핑카

김명희

창문을 여는 그 장면이다. 자그마한 창문을 열고 목을 내미니 철썩이는 파도 소리가 웅장한 자연의 오케스트라가 되어 나의 귓속으로 스며들며 순식간에 가슴에 파고들어 심장을 요동치게 하였다. 눈을 번쩍 뜨고 바라보니 빗줄기 사이로 보이는 수채화 같은 바닷가의 모습이 보인다. 순간 마음속으로 외쳤다. '여긴 어디? 나는 누구?' 이곳에 존재하고 있는 내가 한없이 행복한 순간이다.

두 번째 캠핑카 여행의 별미는 캠핑카 안에 가득한 커피 향기이다. 드립커피를 좋아하는 남편과 나는 이번 여행을 올 때 드립커피 도구를 챙겨서 왔다. 여행을 갈 때 항상 커피 도구를 챙겨가서 커피를 내려 마셨지만, 캠핑카 안에서 내리는 드립커피의 향은 비교 불가의 힐링이 되는 선물이다. 유리포트 안으로 방울방울 떨어지는 커피와 핸드폰에서 들려오는 음악소리, 캠핑카 지붕 위로 내리는 운치 있는 빗소리, 작은 천국 같은 캠핑카 안을 가득 채운 방금 내린 구수한 커피의 향기, 그리고 행복하고 편안한 가족들의 얼굴들….

세 번째는 고속도로 위 캠핑이다. 강

원도 고성 바닷가에 내리던 비가 눈으로 바뀌더니 점점 눈보라가 되어 내렸다. 여행 다음 날이 아이들 개학날인 3월 2일이었으므로 짐을 꾸려 아쉬움을 뒤로하고 고성 삼포 해변에서 출발하였다. 고성에 사는 지인을 만나 차를 한 잔 마시고, 서울을 향해 출발했는데, 어느새 눈이 소복소복 쌓이기 시작하였다. 미시령 고개를 넘어가는 것이 조금 빠를 것 같아서 미시령 길로 들어서려고 하는데, 제설 장비 장착 차량이 아니면 미시령 고개를 넘을 수 없다는 안내문자가 들어왔다.

 캠핑카에 보관되어 있는 체인을 꺼내어 남편의 체인 장착이 시작되었다. 몰아쳐 오는 눈보라 속 수건을 머리에 두른 채 딸이 씌어주는 우산 아래에서 고군분투하며 체인을 장착했다. 드디어 서울을 향해 출발! 그런데 100m도 가지 못해서 그 사이 사정이 달라졌다. 교통경찰들이 폭설로 도로를 통제하였으니 고속도로로 가야 한다는 것이다. 우리는 다시 고속도로를 향하여 미끄러운 도로를 캠핑카와 함께 조심스럽게 달렸다. 그러나 고속도로에 들어서는 순간 도로에 정체되어 있는 가득한 차들, 더구나 눈이 가득 쌓여서 모든 차선이 이용하는 것조차도 어렵고, 조금이라도 경사가 있는 곳이면 옆 차들이 미끄러지며 비틀비틀 다가오려고 하였다.

 우리는 도로에서 11시간을 있었다. 방송에서도 강원도 폭설로 인한 도로 통제 및 정체에 대한 뉴스가 나오고 있었다. 그리고 우리는 바로 뉴스의 주인공이 되어 그곳에 있었다. 시간이 정체될수록 정체된 도로에서 가장 힘들어하는 기본적인 현상이 배설이다. 급기야는 곳곳에서 노상방뇨의 현장까지 볼 수 있었다. 그러나 우리 가족이 있는 곳은 바로 캠핑카였던 것이다. 자랑스런 우리의 캠핑카에는 멋진 화장실이 준비되어 있고, 아이들이 편안히 쉴 수 있는 캠핑카의 안락함과 정체의 무료함을 달래줄 수 있는 텔레비전까지 갖추어져 있지 않은가? 캠핑카 작은 창으로 보이는 하얀 세상이 환상적이었다. 그러나 한 사람의 수고가 있어야 한다. 미끄러운 도로와 캠핑카 앞 유리에 쏟아져 내리는 눈보리와 피곤함을 끌어안고 운전대와 사투를 벌이고 있는 남편의 수고가 있어야 도로 위 캠핑은 즐거울 수 있다.

  이번 캠핑카 여행은 어느 드라마에서 나오는 대사처럼 "날이 좋아서, 날이 좋지 않아서" 함께한 모든 순간이 좋았다.

54년만에 처음 떠난 남편의 캠핑카 이야기

아내의 소개로 회장님을 처음 만나 캠핑카를 인수받을 때의 표정이 기억난다. 일요일 오후 5시경 옷차림은 상가집에 조문을 가는 검은 양복에, 어디로 갈지, 오토캠핑장도 예약하지 않고 무작정 떠난다는 말에 어떤 표정일지 상상이 될 것이다.

잘 아는 형님의 장모님이 돌아가셔서 반드시 조문을 해야 하는 상황인지라 어쩔 수 없이 그런 복장으로 첫 만남을 가졌다. 캠핑카에 대한 자세한 설명을 듣고 장례식장으로 출발했다. 장례식장 주차장에 차마 들어갈 수가 없어서 주변에 캠핑카를 개구리 주차시키고, 조문을 다녀왔다. 한 사람의 인생 여정 마감하는 날, 우리 가족은 나그네 길 여정 중 한 걸음을 떼고 있었으니 만감이 교차했다.

남양주의 장례식장에서 조문을 마치고 무작정 동해로 향했다. 삼일절 연휴 중에 있으니 틀림없이 모든 숙박 시설과 좋은 장소에는 사람들이 가득 찼을 것이니 목적지를 강원도 동해 북쪽 고성 방면으로 잡고 출발했다. 빨리 달릴 필요가 전혀 없으니 규정 속도보다 조금 천천히 달리다가 내린천 휴게소에 잠시 내려앉았다. 떠나는 사람들의 여유일까? 밤 늦은 시간이지만 피곤한 얼굴들 이면에 자리 잡은 즐거움은 감출 수가 없었다. 물론 우리 가족도 마찬가지였다.

잠깐 검색한 후, 한 번도 가본 적이 없는 고성 삼포 해변으로 목적지를 정하고 긴 터널을 지나 산 넘고 물 건너 자정쯤에 드디어 도착했다. 해수욕장에 띄엄띄엄 주차하고 캠핑하고 있는 차량들을 보며 들어가는 길을 탐색해보았으나 찾지 못해 삼포 해변 끄트머리에 자리한 주차장에 자리잡았다. 이미 두 대의 차량이 차박을 하고 있었다.

아이들이 어닝에 대한 설명을 들었기에 부탁해서 어닝을 펴고, 캠핑 테이블과 의자를 세팅하고 외부 조명을 켜니 감탄이 절로 나왔다. 12시 30분에 즐기는 컵라면~. 부드러운 바닷바람을 맞으며 즐기는 그 맛을 말로 설명할 필요가 없을 것이다. 그 시간 삼포 해변 탐색을 시작했다.

오션투유리조트를 기준으로 약 600m 남쪽에 위치한 작은 주차장 옆에 데크로 잘 꾸며진 산책로가 있어서 가족과 함께 걸으며 한밤의 바닷가 낭만을 맘껏 즐겼다.

새벽 2시경 무언가 캠핑카를 두드리기 시작했다. 일기예보를 들으니 눈비 소식이 있었는데 시작된 듯했다. 어린 시절 지붕을 두드리던 빗소리는 근심이었는데, 지금 이 소리를 자장가와 같이 우리 가족을 부드럽게 마사지해주었다.

아침에 일어나 화장실을 찾아 아내와 함께 리조트 주변을 산책했다. 그제야 지난 밤 해수욕장에 캠핑카를 비롯해 여러 대의 차들이 어떻게 들어갔는지 알게 되었다. 코로나19로 캠핑장을 패쇄하느라 막아놓았는데 도로와 경계석 사이 주변에 있는 모래 주머니 등을 발판으로 만들어 들어갔던 것이다. '지킬 것은 지켜야지…'라는 마음이 들었다.

삼포해수욕장 주변을 살펴보니, 오션투유리조트 앞에 주차장이 있고, 삼포해수욕장 사이에 화장실과 샤워장이 있는데 시설 관리가 잘 되어 깨끗했다. 저녁에 이용했을 때는 휴지가 휴지통에 넘치고 있었는데, 아침에 가보니 휴지통이 깨끗이 비워져 있고 바닥도 물청소가 되어 있었다. 물론 편의점도 있어서 캠핑에 필요한 물품들을 구입할 수 있었다. 너무 늦은 밤에 도착해서 피우지 못했던, 그래서 아쉬웠던 장작도 판매하고 있었다.

아이들은 느지막히 일어나 캠핑카 안에 테이블을 펴고 온갖 음식들을 세팅하고, 아침을 즐겼다. 그리고 빠질 수 없는 드립커피 한잔의 풍미! 이보다 너 아름다운 맛은 어디에서 경험할 수 없었다. 왜 그런지 아시지요? 호미섬의 낭만을 품은 아름다운 삼포 해변, 그리고 멋진 가족의 작은 둥지 캠핑카, 눈길 11시간의 드라이브, 그리고 가족이 함께하니 어찌 아름답지 않을 수 있을까?

강원권

또 늦은 캠핑 인생,
그래도 해보자

강릉 안반데기

백주영
랜데코 골프환경연구소 대표

늘 한 박자씩 늦은 공부가 막바지에 이르렀을 때 강원도에 있는 학교로 강의를 나가게 되었다. 그런데 올빼미형 인간인 나는 일, 수업, 강의를 다 챙기기에 벅찼고, 특히 9시에 시작하는 강의로 인해 거의 졸면서 영동고속도로를 달려야 하는 힘겨움이 2년 이상 반복되었다. 골프코스 설계가로 살아오면서 골프를 모르고 대학에 들어온 학생들에게 골프를 알려주는 일이 즐겁기는 했지만, 잠을 깨지 못한 채 운전을 해야 하는 고통은 참으로 쉽지 않은 일이었다. 그러던 어느 날 강의를 마치고 학교를 나오던 중 학교 근처 마을길에서 교통사고가 났다. 인명 피해는 없었지만 나의 애마를 폐차장으로 보내야만 했다.

이 교통사고로 한동안 운전대를 잡을 수 없을 만큼 트라우마가 심했다. 골프코스 설계를 하다 보면 현장이 지방에 있는 경우가 많아 장거리 출장을 가야 할 상황이 많았는데도 차를 멀리할 수 밖에 없었다. 시간이 지나면시 조금씩 차와 같이하는 시간이 늘어나자 안전한 차, 운전자를 보호할 수 있는 차에 대한 관심과 필요성이 커졌다. 안전한 차로 정평이 나있는 자동차 매장마다 들러서 시운전을 해보았다. 그리고 가장 운전자 위주의 편의를 제공하는 지금의 차로 결정했다. 거의 1년이 지난 후에야 차를 받을 수 있었는데, 한국에서는 선호되지 않는 차인 웨건형으로 야외활동에 최적화되어 있는 차다.

코로나로 인해 비대면 야외활동이 늘어나면서 캠핑에 대한 관심이 거의 폭발적이라고 한다. 소문 좀 난 캠핑용품이나 장비는 거의 품절이거나 대기 시간이 엄청나단다. 앗! 나도 캠핑을? 현장 작업이 많은 나와 은퇴를 준비하며 시작한 남편의 사진 작업은 언제든 야외로 나가고 기동성이 필요한 캠핑에 적합한 듯했다. 특히 이번 차는 많은 장비 없어도 캠핑이라는 재미에 빠질 수 있을 듯했다. 그래서 결심했다. 차박이다!

사실 늦은 공부를 위해 스코틀랜드로 유학을 갔을 때 캐러밴이나 캠핑카를 끌고 드넓은 유럽을 여행 다니는 사람들을 보면서 많이 부러웠었다. 잠시 공부를 위해 머문다고 생각하니 캠핑용품을 사는 게 부담스러웠다. 스코틀랜드 하이랜드 어느 캠핑장에 갔을 때가 기억난다. 벼룩시장에서 산 텐트를 치고 옆을 보니 멋진 캠핑카를 세워놓고 캠핑 의자에 앉아 책을 읽고 있던 부부가 있었다. 어찌나 우리

캠핑카 전국이 나의 별장

텐트가 초라하던지…. 또 한 번은 스코틀랜드에서 혼다를 몰고 도버 해협을 건너 프랑스로 캠핑을 갔던 적이 있었다. 역시나 초라한 텐트에 제대로 용품도 없이 출발한 캠핑…. 파리 근처 캠핑장에서 얼마나 추웠던지, 초를 엄청 태웠던 기억이 난다. 오랫동안 잊고 있었던 캠핑에 대한 추억이 차를 바꾸면서 다시 피어나다니….

주변에서 친구들은 이 나이에 무슨 차박이냐? 호텔에서 자도 불편할 나이에 텐트? 차? 모기와 벌레들은? 당장 그만두라고 말린다. 유학 시절 제대로 즐기지 못한 캠핑이 아쉬웠나 보다. 유튜브와 인스타를 열심히 찾아보았다. 캠퍼들의 이야기가 즐거워 보였다. 그리고 저들은 어떻게 캠핑을 하는지, 또 어떤 용품들을 사용하는지, 불멍은 또 뭔지, 궁금한 게 많았다. 당장이라도 가고 싶었다.

우연히 대학 절친과 운동하던 중 그 친구 집 주차장에 캠핑카가 있다는 얘기를 들었다. 나의 버킷리스트에 있던 캠핑카를 갖고 있다고? 그리고 주차장에 놀리고 있다고? 언제든 시간이 맞으면 쓸 수 있다니, 대박 뉴스가 아닐 수 없다. 일단 떠나보자! 어디로? 그런데 저 큰 캠핑카를 누가 운전하지? 모든 고민은 뒤로하고 일단 예약!

은하수 가득한 안반데기로

이번 캠핑카 여행에 동반하기로 한 친구들과 목적지를 의논하던 중 한 친구가 얼마 전 다녀온 강원도 안반데기를 추천했다. 별과 은하수로 가득한 밤하늘을 보면서 코로나로 인해 답답한 마음을 날려버리지고. 더 이상의 고민은 필요 없었다. 안반데기로 고고싱~.

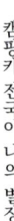
캠핑카 전국이 나의 별장

　안반데기란 강원도 강릉시 왕산면 안반덕길 428(대기4리)에 있는 해발 1,100m 고원마을을 말한다. 1965년 이후 화전민들이 산비탈을 개간하여 일궈낸 땅으로 현재 28여 가구의 농가가 거주하고 있다. 전국 최대 규모의 고랭지 채소단지가 조성되어 있으며, 바람이 많아 풍력 발전기가 설

치되어 있다. '안반'은 떡을 칠 때 아래에 받치는 넓은 나무판을, '데기'는 평평한 땅을 말하는데 지형의 생긴 모양이 떡 치는 안반처럼 넓고 우묵하다 하여 이런 이름이 붙여졌는데 '안반덕'의 강릉 사투리이며, 대기리는 큰 터가 자리하고 있어 '큰터', '대기'라 부른다. 옥녀봉과 고루포기산 사이의 능선에 위치하며, 198만㎡ 넓이의 비탈길에 새의 날개 모양으로 펼쳐져 있는 곳이다. 산비탈을 손으로 일구어 낸 화전민들의 개척정신과 애환을 위로하기 위해 밭에서 나온 돌을 쌓아 돌담을 두른 명예전망대가 2010년에 세워졌고, 행정안전부 '명품마을', '찾아가고 싶은 녹색길'로도 선정

된 산골 명품마을 '안반데기' 기다려라, 우리가 간다.

    날씨 좋은 때는 바빠서 못 가고, 기껏 잡은 날이 김장 끝나고 가장 추운 날이 되어 버렸다. 더구나 운전을 맡기려 했던 남편이 코로나 확진자 접촉으로 인해 경주 집에 자가 격리를 해야 하는 일이 발생했다. 회사 연구과

제 회의 참석자 중 코로나 양성 확진자가 있었다는 사실이 알려졌고, TV 뉴스에나 나오는 일들을 우리 가족이 겪게 되었다. 상상도 하지 못했던 일들이 벌어졌다. 나 역시 남편 진단 결과가 음성으로 나오기까지 모든 대외 접촉을 금하고 대기해야 했다. 다행히 음성이 나오면서 가족들은 진단을 받지 않아도 되었지만, 직접 접촉자인 남편은 보건당국의 지시에 따라야 했다.

결국, 여인네 3명이서 저 큰 캠핑카를 끌고 안반데기 그 산골을 가야 한다니…. 당일 캠핑카 소유주인 친구 남편을 만나 아파트 단지 내에서 운전 연수를 했다. 역시 차는 컸다. 회전하면서 화단 벽을 긁고 말았다.

동반자들이 도착하고 조심스럽게 살살 안반데기로 출발했다. 작년 이맘때쯤 봉평이 고향인 친구가 췌장암으로 먼저 세상을 떠났다. 과 후배인 부인과 두 딸을 남기고…. 대기업 임원 출신인 부인은 친구가 남기고 간 조그마한 무역회사를 운영 중이다. 여자로서 대기업 임원까지 한 세월이 있어서인지 그녀는 늘 씩씩했다. 친구가 남기고 간 빈자리를 채우기라도 하듯 일도 잘하고, 딸들과도 잘 지내는 듯했다. 그럼에도 불구하고 남겨진 사람에게 빈 자리는 클 것이다. 캠핑을 빌미로 그녀와 함께 안반데기 별을 보면서 밤새도록 얘기하고 싶었다. 먼저 간 친구 원망도 하고….

코로나로 인해 떠나기 전 애태워서였는지, 날씨가 추워서 그

랬는지, 머리가 아프기 시작했다. 도중에 운전을 바꾸고 뒷자석에 앉아 산골 여행을 하다 보니 디젤 기름 냄새에 멀미도 났다. 분명히 설명을 잘 들었는데 뒷좌석 무시동 히터는 작동하지 않았고, 결국 엄청 떨었던 게 화근이었던 거 같다. 친구 덕분에 안반데기에 도착했지만, 캠핑을 즐길 수 있는 컨디션이 영 아니었다. 날씨가 너무 추워 안반데기 은유영농조합에서 운영하는 은유촌을 빌려놓기를 정말 잘했다. 캠핑카는 세워놓고 밤새도록 장작을 때면서 겨울밤을 보내야만 했다. 나는 얘기도 못하고 누워서 앓다가, 여인네 둘의 두런두런 나누는 얘기를 자장가 삼으면서 안반데기 밤은 지나갔다.

바람 가득한 멍에전망대

다음 날 아침, 가져온 토마호크를 구워서 식사를 했다. 캠핑카에 여러 도구가 있었을 텐데 어디에 무엇이 있는지 알 수도 없었고, 밖은 너무 추웠다. 영농조합 아주머니에게 양념이며 이것저것을 빌렸다. 강원도 사투리를 쓰는 씩씩한 아주머니가 내려오셨다. 차박 손님에 대한 여러 가지 불평을 늘어놓으셨다. 마을 살림에 도움이 안 되고, 마을만 어지럽힌다고. 캠핑 시 주의사항이 많은 듯하다. 밤에 못한 바비큐 파티를 아침에 했다. 커피를 마시고 짐을 정리한 후 캠핑카를 몰고 올라가 주차장에

캠핑카 전국이 나의 별장

차를 세우고 걸어서 멍에전망대에 올랐다. 바람이 엄청나게 불었다. 지금은 겨울이라 황량한 밭이지만, 배추가 가득한 녹색 밭이 그려졌다. 봄에 다시 와보리라. 그리고 경포대 바다도….

그동안 요리를 많이 해보지 못했고, 주변에서 늘 도움을 받다 보니 언제든 쉽게 캠핑을 떠나고자 했던 생각과는 달리 직접 다 해야 하는 현실에 큰 괴리감이 있었던 듯하다. 그러나 포기하지는 않으리라. 다만 캠핑 문화에 적응하는데 시간이 필요할 듯하다. 곧 시간의 여유가 많아지는 남편과도 살아온 나날을 뒤돌아보는 시간을 가질 수 있겠지.

지금은 개미지옥에 빠져 차박에 대한 기대와 두려움이 교차하고 있지만, 조금씩 필요한 용품들이 채워져 간다. 페트로막스 화로대랑 그리들도 주문해야지…. 캠핑, 차박을 꿈꾸고 있는 오늘이 즐겁다.

하루하루 이렇게 즐거움을 쌓아가자. 앞만 보며 살아온 지난날들이 있었기에 또 다른 꿈을 꿀 수 있을 테지. 이제 자주 하늘을 보자. 그리고 잘 살아왔다고 나에게 토닥토닥….

[강원권]

방구석 1열에서 즐기는 오즈의 마법

소금강에서 주문진 해변까지

윤혜정
(주)영실업 완구디자이너

어린 시절, CSI 같은 미국 드라마들을 즐겨 보던 시절에 트레일러나 캠핑카는 빈곤층이 사는 지역을 보여줄 때 나오거나, 카우보이모자를 즐겨 쓰며 굵은 시거를 피우는 범죄자의 거처로 나오던 것으로 기억한다. 음산한 분위기에 살인마가 등장하는 어두운 장면임에도 트레일러가 참 좋아 보였다. 움직이는 집에 산다니 멋있어 보였다.

  캠핑카 같은 것도 잘 모르던 더 어린 시절, 토네이도로 집이 통째로 날아가 험난한 모험이 시작되는 이야기를 보면서도 험난한 여정의 궁금증보다 집이 날아가면 얼마나 재미있을까 상상하곤 했다. 다른 나라, 문화권에서는 어떨지 모르겠지만 적어도 우리나라에서는, 나에게 캠핑카는 모험으로 데려다줄 마법과 같은 환상이었다.

2020년 우리 가족에겐 많은 변화가 있었다.

깨끗한 리조트, 사람들 많은 인기 명소, 잘 차려진 맛있는 음식 먹기를 좋아하던 우리 가족은 갈 수 있는 공간과 시간에 제약이 생기면서 해외여행은 말할 것도 없고 국내 여행과 집 앞 식당에 가는 것마저도 경계하며 모든 여행을 멈추었다.

곧 풀리기를 바랐지만 그렇지 못했고, 흥의 민족인 우리는 어떻게든 방법을 찾아야 했다. 갈 수 없다면 집이 곧 호텔이고 레스토랑이고 놀이터가 되어야만 했다.

인테리어를 다시 해보고, 소품도 사고 노래방 기계도 설치해서 음주 가무도 즐기고, 빔프로젝터를 사서 가고 싶은 풍경을 벽에 비춰 간접 힐링도 하며. 한동안은 집에서도 즐거운 시간을 보낼 수 있었으나 방구석 모험에는 한계가 있었다. 나뭇잎, 돌멩이, 벌레들과 숲 내음이 그리워 떠날 수밖에 없었다.

그렇게 캠핑을 시작했다.

산이고 바다이고 어디든지 어떤 낯선 곳에 가더라도 우리만의 공간을 만들고, 자연이 우리 집 앞마당이 되는 매력이 있었다.

캠핑을 시작한 지 3개월 남짓 되던 어느 날, 친한 형님네 가족과 강원도 오대산 소금강 야영장으로 동반 캠핑을 계획하고 여느 때처럼 장비를 챙기고 있었는데 형님께서 무려 캠핑카를 가져오신다는 거다.

캠핑카?!

캠핑의 마지막은 캠핑카라고 하던데 캠핑 시작한 지 얼마 되지 않아 나에게도 이런 기회가 주어졌다. 아이들은 신이 나서 환호성을 질렀다. 아직 실물을 보기도 전이었는데 이미 내 머릿속에서는 캠핑카에 있던 범죄자나 빈곤한 모습은 CG처럼 사라지고 반짝반짝 윤이 나는 영롱한 자태의 캠핑카가 나를 보며 웃고 있었다.

부푼 기대감은 한껏 올라, 청약 당첨되어 모델하우스 구경하는 기분으로 아이들과 캠핑카를 맞이했다.

"와! 화장실도 있네, 우와~ 에어컨! 전자레인지도 있다! TV에 게임기도 연결할 수 있어~. 대박!"

집에 있을 때 당연한 것들이 캠핑카에 있을 때는 매우 특별해진다.

없는 게 없는 캠핑카는 집과 비교하면 작겠지만, 텐트와 비교하면 초호화 옵션의 5성급 호텔 같았다. 소파와 테이블은 커피 한잔 마시며 지나가는 풍경을 감상할 수 있도록 배치되어 있었다.

강원도 쪽 산을 넘을 때는 하늘을 나는 기분을 느낄 수 있을 것만 같은 완벽한 그림이 그려졌다. 집을 타고 낯선 곳으로 떠나는 모험, 오즈의 마법이 펼쳐질 것 같았다. 여기서 자고 출발하자는 아이들의 들뜬 마음을 진정시키고 출발 전야를 마쳤다.

소금강 계곡

다른 차에 비해 조금 크긴 했지만, 운전면허도 1종 보통이고 종종 9인승, 11인승 승합차 운전도 해봤기 때문에 운전에 대한 부담감은 전혀 없었다. 운전석도 소파처럼 편해서 오히려 버터 오징어 씹어가며 수다 떨면서 갈 수 있을 것 같았다. 캠핑카와 함께하는 여행의 첫 시작은 기대감으로 꽉 차 있었고, 기름도 역시나 꽉 차 있었다.

그렇게 한 시간 정도 흘렀을까? 고속도로에 들어선 후로 나는 물 한 모금도 마시지 못했다. 대형 차량이 옆을 지나갈 때마다 차가 휘청거렸다. 지금 생각해보면 살짝 흔들리는 정도였는데 그때는 첫 운전이라 긴장해서 그런지 엄청 크게 느껴졌다. 토네이도 속에 있는 도로시의 집 정도는 아닐 테지만, 아무래도 바람의 영향을 받을 수밖에 없는 차이기 때문에 즐기는 것은 일단 미뤄 두고 두 손으로 핸들을 부여잡고 거북이처럼 앞 유리에 바짝 붙어 앉아 왕초보 운전자가 되어 한참을 달렸다.

아빠의 속사정을 알 리 없는 아이들의 가무는 머리를 울렸고, 뻣뻣한 자세로 몇 시간을 달려 옆구리마저 쑤셔올 때 즈음 소금강 계곡 주자창에 다다랐다. 15년 만에 다시 가보는 오대산 소금강 계곡이었다. 평상과 불법 가게가 많았던 소금강 계곡은 깨끗하게 정비되어 있었다. 큰 바위들 사이로 흐르는 계곡물은 너무나 깨끗했고, 국립공원이라 잡힐 일 없는 꺽지들은 유유히 헤엄치고 있었다. 절경을 안주 삼아 막걸리 몇 통을 비우고 나서야 옆구리 통증도 거북목도 해소되었다. 한잔 먹고 보니 너무 들떠 있던 내게 캠핑카가 멋부림보다는 안전을 우선시 해야 함을 알려주려 한 것 같았다.

계곡에서 한참을 놀고 난 후 야영장에 차를 주차하고 저녁 준비를 했다. 다른 때였다면 텐트와 자리를 만드느라 상당한 시간을 할애해야겠지만, 주차와 동시에 멋진 호텔이 생겨났고 그 앞은 모두 정원이었다.

숯을 피우고 고기를 굽고, 저녁은 깊어가고 수다는 쌓여갔다. 갑자기 비가 내렸지만, 핸들 레버 몇 바퀴 돌리니 금세 지붕을 얻게 되었다.

비가 오면 캠핑은 다음 날 철수하는 걱정부터 해야 하는데 너무나 마음이 여유로웠다. 아, 캠핑의 끝판왕을 너무 일찍 만나버려서 다음을 어찌해야 할지 걱정되었다. 캠핑은 싫다던 형님네 아이는 캠핑카로 가는 것은 괜찮다며 해맑게 캠핑카 사라고 재촉했고, 형님은 살짝 눈빛이 흔들리고 있었으며, 나 역시 형님은 캠핑카가 필요하다~ 필요하다~ 속으로 주문을 걸었다.

주문진 해변

1박만 계획한 우리의 경솔함을 자책하며 아쉬운 마음을 달래려 주문진 해변으로 향했다. 하루가 지나고 나서야 운전은 조금 더 부드러워졌으며 경주마처럼 앞만 보던 시선은 주변을 보게 되었고, 비로소 온전히 즐기게 되었다. 물론 버터 오징어도 잘근 잘근 씹었다.

부슬비가 내리는 숲길을 지나니 주문진의 바다가 기다리고 있었다. 주문진의 생선구이로 바다에 온 신고식을 하고, 드라마 촬영장으로 유명해진 해변 까페에 들렀다. 따뜻한 라떼 한잔 마시고 올라가려 했으나 바다는 참을 수 없기에 스노쿨링 장비를 챙겨 뛰어들었다. 파도를 타고 끊임없이 넘어오는 미역 괴물들을 물리치고 전리품으로 소라, 고둥, 성게, 조개를 모래놀이 양동이 한가득 얻었다. 바다 한켠에 차를 세우고 오션뷰 기지를 만들어 보고 싶었으나 갈 길이 멀기에 다음을 기약하며 바다와 짧은 조우를 마쳤다.

돌아오는 길

바다와 혈투를 벌인 아이들은 제집인 양 잠이 푹 들었다. 짧은 시간이라 아쉽기도 했지만, 다음엔 좀 더 제대로 준비하고 다시 오고 싶다는 생각이 앞선다.

운전만 하느라 느껴보지 못했는데 아이들의 후기를 들어보니, 뒷자리 소파에 앉아 창밖을 보면 마치 집이 움직이고 떠다니는 것 같은 느낌이 들고 모험을 떠나는 것처럼 엄청 재미있었다고 했다. 강원도의 풍경을 방구석 1열에서 직관하는 기분이랄까? 부디 어젯밤 주문이 이루어지길 간절히 바래본다.

서울에 다다를 즈음 노을을 보며 집에 도착하면 완벽한 마무리였을 텐데 제때 밥을 먹지 못한 캠핑카의 심술인지 주유구가 열리지 않았다. 휴게소 주유소 한켠에서 이리 쑤시고 저리 쑤시느라 노을은 이미 지나가버렸고, 어둑어둑해져 헤드랜턴을 장착해가며 주유구와 씨름한 끝에 겨우 주유를 할 수 있었다.

캠핑카를 타려거든 모든 장비의 작동법을 미리 알고 갈 것을 당부한다. 캠핑은 누가 해주지 않는다. 미리 준비한 자만이 여유를 가질 수 있다.

[강원권]

사춘기 세 아이와 떠난
첫 캠핑카 여행

망상해수욕장

윤석빈
서강대 지능형블록체인연구센터 산학협력 교수

2018년 연말에는 일정들이 많아 매우 분주했다. 지금이야 코로나로 인해 대부분의 모임들이 비대면으로 진행되고 있지만, 그때만 해도 연말이면 매일 송년회와 같은 행사가 있어 부지런히 다니던 때였다.

그중에 우리나라 CIO 및 IT 전문가들의 모임인 CIO포럼이 있다. 약 30년의 전통과 역사를 자랑하는 모임이다. 이 포럼에서 매년 12월에 'CIO의 밤'이라는, 한 해를 정리하고, 시상식 및 축하 공연이 있는 매우 큰 행사가 열린다.

이 행사의 하이라이트인 경품 행사에서 내 이름이 불렸다. "윤석빈!" '와우, 나에게 이런 행운이 오다니!' 속으로 크게 소리쳤다. 좀 과장하면 대학 입시에서 합격 소식을 받은 느낌이었다. 당첨된 경품은 2박 3일 캠핑카 여행권이었다. 그 행사에

서 가장 큰 경품이었다. 2019년도를 앞두고 좋은 징조라는 느낌이 들었다. 사실 그 후로 좋은 일들이 많이 생기기도 했다.

알고 보니 한 대표님이 캠핑카 여행권을 후원하셨는데, 그 1호 당첨의 행운이 바로 나였다. 그분의 선한 마음으로 인해 내가 혜택받은 것이다. 캠핑카를 갖고 있는 그분은 캠핑카 여행지 추천과 캠핑카 초보에게 중요한 여행 준비물에 대해 마치 IT 전문가가 고객에게 설명하듯 친절하게 설명해주었다.

사춘기 세 아이와 캠핑카를 타고

2018년 12월 31일, 새해를 앞두고 우리 가족에게 멋진 추억을 선물할 순간이 다가오고 있었다. 우리 가족 첫 캠핑카 여행이 그것이었다. 목적지는 강원도 일대. 먼저 처남이 있는 강원도 소사에서 하루를 지내고, 망상 해변가 캠핑장에서 1박을 하는, 2박 3일의 일정으로 계획을 짰다.

12월 31일, 대표님 집에서 캠핑카와 첫 만남의 순간은 지금도 잊을 수

없다. 당시 고1인 첫째 딸, 중1인 둘째 딸, 초등학교 6학년인 아들, 이렇게 세 아이가 아내와 함께 캠핑카를 빙빙 돌면서 신기해 하던 모습이 눈에 선하다. 아이 3명을 데리고 여행을 다닐 때마다 즐겁기도 했지만, 언제나 숙소 문제와 비좁은 차로 인해 아이들의 원성이 자자했었다. 그런데 캠핑카를 보더니 환호성을 지른다. 한창 사춘기라 왠만한 일에는 별 반응이 없는데 이번에는 한껏 설레는 눈치다. 이 나이 또래 아이들과 사는 분들은 공감할 것이다. 각자 방에서 스마트폰과 노트북으로 메타버스 세계에 빠져서 부모와는 별로 소통하지 않는다. 그래도 그때가 온 가족이 모처럼 같이 여행하고 즐거운 시간을 보냈던 시간이었다.

　캠핑카 여행을 떠나기 전, 대표님의 친절한 설명이 이어졌다. 운전 시 주의할 점과 주차할 때 유의할 점, 겨울이라 히터 작동 및 충전 방법 등을 차근차근 알려주었다. 캠핑카를 처음 사용하는 데도 이해가 잘 되었다. 2종 보통 운전면허 소유자인 나는 5인승 승용차만 운전해보았다. 내 인생에 있어서 가장 큰 차를 운전하게 된 셈이다.
　드디어 시동을 걸고 출발했다. 큰 캠핑카를 처음 운전하니 긴장되었다.

그래도 시내를 나와서 고속도로에 들어서니 안정적으로 운전할 수 있었다. 아이들은 캠핑카 안에서 매우 신기해 하며 즐거워했다. 평소 같으면 이야기도 안 하고 스마트폰으로 음악만 듣거나 했을 텐데, 새로운 여행의 경험으로 모두들 행복해 했다.

운전석 옆에 앉은 아내와도 즐거운 대화를 나누며 천천히 운전했다. 모처럼 온 가족이 함께하는 여행에 대한 기대와 함께 즐거운 마음으로 한 해를 마무리할 수 있는 것에 대해 감사한 마음이 들었다.

중간에 휴게소에 들어가 조심조심 주차를 했다. 이 비싼 캠핑카에 흠집이 나면 안된다는 비장한(?) 마음으로 주차했다. 고속도로 휴게소 카페에서 티타임도 가졌다. 차 한잔으로도 충분히 행복을 느낄 수 있을 정도로 여행은 우리에게 마음의 여유를 주었다.

드디어 강원도 평창에 처남이 담임으로 있는 교회에 도착했다. 처남 가족들이 반갑게 맞아주었다. 캠핑카를 몰고 왔더니 모두들 신기해 했다. 그래서 마치 내가 주인인양 처남 식구들에게 캠핑카 내부도 신나게 설명해주었다. 사실 그날 처음 몰았던 캠핑카인데 기분 좋아서 약간 오버한 것 같다.

그날이 2018년 마지막 날이다 보니 송구영신 예배에도 참석하고, 차분히 한 해를 마무리하고 새해를 맞는 시간도 가졌다. 첫날이라 캠핑카에서 잠을 자려다가 교회 안에 숙소가 있어서 그날은 편안하게 숙소에서 자기로 했다. 나는 차 안에서 자는 것이 너무도 궁금하여 혼자서 자려고도 했으나 온 가족 여행이라는 것을 명심하면서 교회 숙소에서 가족과 함께 잠자리에 들었다.

망상해수욕장

대망의 2019년 1월 1일에 망상해수욕장으로 출발했다. 동해시에 있는 망상해수욕장은 나도 처음 가보는 곳이다. 해안선을 따라 끝없이 이어지는 백사장과 푸른 물, 은빛 파도, 울창한 삼림이 있어 강원도가 지정한 국민관광지 제2호로 알려져 있는 곳이라는 이야기를 듣고 그곳으로 향했다.

도착해보니 주차장, 야영장, 위락시설 등 기반시설과 편의시설이 잘 조성되어 있었다. 이곳에서 처음으로 캠핑카 전용 공간을 배정받고, 본격적인 캠핑을 하게 되었다. 아이들은 해변에서 산책하며 신나게 뛰어놀았다. 겨울인데도 날씨가 무척 좋았다. 지금도 그때를 생각하면 푸른 바다가 펼쳐진 너른 모래밭에서 마음껏 뛰어놀던 아이들의 모습이 한 폭의 그림처럼 떠오른다.

망상해수욕장이 캠핑카족들에게는 매우 유명한 곳이라는 걸 미리 알고 있었지만, 우리말고도 캠핑카로 여행온 이들이 정말 많았다. 아는 만큼 보인다고 전에는 캠핑카가 눈에 들어오지 않았는데, 망상 해변에 있는 캠핑카들을 둘러보니 형태와 크기가 정말 다양했다. 우리 가족은 초보 캠핑족이어서 매사에 서투른데 비해, 다른 가족들은 많이 다녀본 듯 캠핑 전문가처럼 능숙하게 해내는 걸 보며 남다른 포스가 느껴졌다. 우리 가족은 얼만큼 다녀야 그 정도의 포스를 가질 수 있을지 상상해보았다.

해변가에서 재미있게 놀다 보니 어느덧 저녁이 되었다. 미리 준비해온 음식 재료로 캠핑카 주변에서 온 가족이 같이 식사를 준비하면서 색다른 느낌이 들었다. 확실히 일반 여행을 하며 호텔이나 콘도에서 묵는 것과는 다른 기분이었다. 시키지 않아도 스스로 식사 준비를 돕는 아이들을 보며 앞으로 좀 더 자주 캠핑 여행을 하고 싶다는생각이 들기도 했다.

   드디어 캠핑카에서 첫날밤을 보내게 되었다. 바닷가라서 밤에는 온도가 많이 내려가 살짝 춥기도 했다. 아이들은 약간 좁다고 불편해하면서도 재미있어했다. 아이들이 캠핑카 안에서 서로 티격태격하며 파도 소리와 함께 온 가족이 잠들던 그때를 오래도록 기억해주면 좋겠다는 생각도 들었다.

   상쾌한 기분으로 1월 둘째 날을 맞이했다. 캠핑카 밖으로 나오니 바다가 여전히 너른 품으로 반겨주었다. 한적한 겨울바다는 햇살로 눈부시게 반짝였고, 파도는 잔잔하게 밀려왔다 밀려갔다. 차가운 바닷바람을 맞으니 머리가 맑아지는 느낌이 들었다. 이토록 상쾌한 기분으로 한 해를 시작할 수 있음에 감사했다.

아침을 간단히 먹고 집으로 출발했다. 이제는 제법 캠핑카 운전에 익숙해졌다. 집에 도착하여 가족을 내려주고, 나는 대표님 집으로 가서 감사한 마음을 전하면서 무사히 캠핑카를 반납했다.

2년 전 일이지만, 지금도 처음 캠핑카 여행을 한 그때를 생각하면 절로 미소가 지어진다. 가족들과도 그때의 이야기를 하면 모두들 즐거웠다며 행복해한다. "여행은 가장 의미 있는 경험이다."라고 하던 어떤 분의 말에 동감한다. 세 아이와 아내와 함께한 내 생애 첫 캠핑카 여행은 오래도록 잊지 못할 것이다.

일상에서 만나는 이러한 소소한 기쁨, 잊지 못할 추억들로 인해 내 삶은 훨씬 풍요로워질 것이다. 분주한 일상 속에서 오늘도 힘차게 살아갈 힘을 주는 것은 오직 사랑하는 가족뿐이다. 아이들이 더 자라기 전에 다시 한 번 캠핑카 여행을 하고 싶다

강원권

강추위에도 잘 버티는 캠핑카

정선 육백마지기와 임실 국사봉

장형호

(주)아리아모빌 이사

떠나기 전 준비는 철저히

캠핑카에서 추운 날 얼마나 버틸 수 있는지 제작하는 사람으로서 의문이 들었다. 직접 체험해보기로 하고 가장 추운 날 강원도 평창의 육백마지기에서 캠핑하기로 했다.

출발하기 전, 타이어샵에 들러 타이어 공기압과 상태 등을 미리 체크했고, 이상 있다고 생각되는 타이어는 즉시 교체하여 만약을 대비해 철저히 준비했다. 이어 단골 캠핑용품점에 가서 대표님에게 육백마지기에 대해 꿀팁을 얻고자 했다. 그러나 대표님은 죽을 수도 있으니 가면 안된다며 극구 말렸다. 과거 백패킹으로 여행했을 때의 사진을 보여주셨다. 눈이 지금도 많이 쌓였을 거고, 양쪽에 눈이 덮여 안 보이는 도랑도 있어 캠핑카로 올라가다 끔찍한 일을 당할 수 있다는 것이었다. 하지만 난 목표를 정했고, 중간에 돌아오더라도 일단 가보기로 결심하였다.

눈 속의 육백마지기

단단히 마음 먹고 출발했다. 고속도로에서 빠져나와 육백마지기 이정표를 따라 천천히 입구로 진입하였다. 캠핑용품 대표님이 보여준 설원 풍경은 보이지 않았다. 말씀대로 좌우에 깊은 도랑이 보였다. 도착하니 저녁 시간이 되었다. '고드름 주의'라는 글귀가 적힌 현수막과 함께 '캠핑 금지'라는 문구가 보였다. 한참 밑으로 다시 내려와 넓은 터에 자리 잡을 수 있었다. 당시에 출시했던 어닝텐트도 테스트할 겸 어닝레일에 텐트 심지를 넣었다. 날씨가 매우 추워 손이 끊어지는 줄 알았다. 어렵게 설치한 어닝텐트 안에서 캠핑제국 대표님과 저녁 식사 준비를 했다.

이때부터 말도 안되는 공식을 만들었다. 캠핑에서는 어떻게 해도 맛있다라는 것이다. 이것 저것 넣어서 허기진 배를 채우고, 따뜻한 캠핑카 안으로 들어갔다. 캠핑카 내부에는 무시동 히터를 미리 작동시켜 놓은 터라 매우 따뜻했다. 따뜻한 물로 샤워하고 잠자리에 들었다.

아침에 눈을 뜨고 밖으로 나가보니 캠핑제국 대표님이 대박이라며 환호성을 질렀다. 아침에 육백마지기에 떠오르는 일출을 한동안 바라보았다. 떠오르는 태양과 나무 사이로 울려 퍼지는 산새 소리 등 모든 것이 완벽한 아침이었다. 어제 먹다 버린 쓰레기통 안에 김치 덩어리가 꽁꽁 얼어있었다. 이렇게 추운 날씨이니 캠핑카 청수 탱크도 얼었을것 같아 탱크 밸브를 열었더니 물이 쏟아졌다. 다행히 얼지 않았다.

이 모든 과정을 촬영한 후 육백마지기 최상단으로 올라가 어제는 어두워 보지 못한 절경을 느껴 보았다. 가슴이 뻥 뚫릴 것 같은 이 풍경 또한 글로 다 표현하지 못할 정도였다. 우리 방송을 보고 이 육백마지기가 캠핑카 여행지로 널리 알려지길 바란다. 육백마지기는 수도권에서 가깝긴 하지만, 눈 오는 날에는 방문하기 어렵다고 생각한다. 길도 험하니 꼭 날씨를 확인한 뒤 왔으면 좋겠다.

임실 국사봉 전망대

아리아모빌, 제주밴라이프, 캠핑제국 이렇게 앞 글자를 따서 만든 아제캠, 우리 아제캠 3명에서 오랜만에 여행을 떠났다. 캠핑제국도 우리 아리아모빌에서 만든 밴 타입의 캠핑카를 구매해서 캠핑카 세 대가 모여 여행을 계획했다.

제주밴라이프님이 있는 곳에서 편하게 찾아올 수 있는 곳을 택하느라 고민했다. 우선 지역은 전북으로 하고, 구글링과 위치 사진을 찾아보면서 멋진 사진 한 장을 발견했다. 그냥 이곳으로 가고 싶었다. 위치를 공유하니 모두 좋다고 했다. 나와 캠핑제국 대표님은 용인에서 함께 떠나기로 했고, 제주밴라이프님은 일찍 출발했다는 연락을 받았다. 중간에 마트에서 평소에 해보고 싶었던 보쌈 요리 재료를 구입하고, 다시 도착지로 향하였다.

국사봉 전망대에 도착하니 오후 5시였다. 이미 도착한 제주밴라이프님은 밖에서 넋을 놓고 무언가를 바라보고 있었다. 차에서 내린 뒤 캠핑제국 대표님과 나는 서로 "대박!"이라는 말을 연신 내뱉으며 그 멋진 풍경을 한참 바라보았다.

산 정상에서 바라본 호수의 작은 섬, 그 섬 위를 날아가는 이름 모를 새떼들, 호수 위를 물들인 붉은 노을, 그림도 이곳보다 더 멋질 수는 없을 것 같다. 캠핑카를 배치해야 하는데 해가 저물기 전 그 풍경을 조금이라도 더 보고 싶어 넋을 잃고 바라보았다. 웅장한 자연의 모습에서 경이로움을 느꼈다.

해가 저물자 우리는 부지런히 차를 배열한 뒤 저녁 식사를 준비했다. 처음 해보는 보쌈 요리다. 유튜브에서 눈으로 배운 요리를 좋아하는 누군가에게 해주고 싶은 마음이 컸고, 또한 멋진 곳에서 함께 식사할 수 있으니 정말 행복했다. 이곳은 불특정한 노지임으로 밖에서 불을 피울 수는 없다. 캠핑카 내부에서 요리하고 식사를 즐겼다. 즐거운 식사를 마치고, 각자 캠핑카로 돌아가 취침하였다.

아침이 되어 문을 열어보니 내가 제일 먼저 일어났다. 아침 풍경은 어제 저녁에 보던 풍경과는 또 달랐다. 고요한 호수, 그 가운데 섬을 감싸는 물안개, 새 울음 소리, 하늘 위 멋진 구름들. 이번 여행을 하면서 그동안 몰랐던 사실을 알게 되었다. 늘 유명한 장소만 잠시 들렀다 황급히 돌아오곤 했었다는 것을.

캠핑카 여행을 하면 새벽부터 밤까지 시간에 따라 또는 날씨에 따라 달

라지는 풍경을 시시각각 볼 수 있고, 그 풍경을 바라보는 느낌도 계속 바뀐다. 만약 호텔이나, 리조트, 펜션에서 묵었다면 이런 멋진 풍경을 잠시 스치듯 보고 숙소로 들어갔을 것이다. 캠핑카 여행을 통해 자연과 더 가까워진 것 같다. 캠핑카 여행을 즐기는 사람들과 함께 이런 멋진 곳을 공유하는 것이 무척 행복하다.

뒤늦게 제주밴라이프님이 일어나 감탄하며 라이브 방송을 시작했다. 우리 셋은 모두 유튜버이며, 각자 채널을 가지고 있다. 제주밴라이프님은 주로 저녁 시간에 술방라이브로 많은 사람과 소통하는 분이다. 그런데 아침에 라이브를 순식간에 하더니, "이렇게 좋은 곳을 여러분과 함께 느끼고 싶다."며 주변 경치를 보여주기 시작했다. 얼마나 멋진 곳이고, 독자들과 함께하고 싶기에 그렇게 행동하는 마음을 누구보다 잘 알고 있다.

방송을 마친 뒤 캠핑제국 대표님은 아침 풍경을 드론으로 촬영하고, 제주밴라이프님은 캠핑카 내부에 설치한 캡슐커피로 모닝커피를 내려주었다. 커피가 정말 맛있다. 살짝 싸늘한 아침 날씨, 멋진 풍경, 그리고 좋은 사람들과 소통하며 마시는 지금 이 커피 맛은 무엇과도 바꿀 수 없다.

아침을 먹으러 임실 시내에 있는 순대국집에 가기로 하고, 우리가 머문 흔적을 지우기에 나섰다. 사실 캠핑카 내부에서 모든 걸 다 했기에 우리가 버린 쓰레기는 없었지만, 너무 좋은 명소라 봉지 하나씩 들고 주변에 있는 쓰레기와 담배꽁초 등을 담아 각자 캠핑카 창고에 넣었다. 캠핑카는 별도의 서비스도어 안에 캠핑용품 등을 넣을 수 있는, 차로 따지면 트렁크 같은 공간이 있다. 이곳엔 당연히 캠핑용품 등을 넣고 다니지만, 여행 중간 중간에 발생하는 쓰레기를 담을 수 있어 편리하다. 쓰레기는 주유소에서 기름 넣을 때 버리기도 하고, 집으로 가지고 와 분리수거해서 버리기도 한다. 습관이 되면 참 쉬운 일이지만, 한편으로는 불편할 수도 있는 일이다. 하지만 내가 버린 쓰레기를 내가 처리하는 건 당연한 일 아닌가?

말하지 않아도 주변을 깨끗이 정리하는 모습에 서로 감동하였다. 이런 분들이라면 계속 같이 여행해도 좋겠다고 생각했다. 예전에는 캠핑카를 타고 다니면 지역 주민들이 달갑게 생각하지 않았다. 관광지에서 달랑 관광만 하고, 심지어 커피나 생수도 캠핑카에서 다 해결하니 지역 주민들에게는 별 도움이 되지 않기 때문이다. 하지만 요즘 들어 캠핑카나 캐러밴, 차박을 하는 이른바 알비어들은 여행하면서 관광도 하고, 지역 맛집 등을 찾아 그 지역에서 식사를 해결하려고 하는 분위기가 많이 조성되었다

예전 캠핑카 문화는 앞서 말한대로 이것 저것 다 준비해서 다니며 캠핑카에서 해결했지만, 요즘은 가볍게 떠나고 식사와 차 등은 현지에서 많이 이용하고 있는 추세이다. 나 또한 여행 시 유튜브 촬영에 필요한 고기나 생필품은 지역 내 하나로마트를 애용하고 있다.

캠핑카, 캐러밴, 차박 등 캠핑을 즐기는 이들이 갈수록 늘어나고 있는 요즘 그에 대한 정부의 정책도 보완되어야 한다고 생각한다. 아직 개발하지 않은 국유지에 사람을 고용해서 캠핑카 전용주차장으로 운영하면 좋을 것 같

다. 이미 그렇게 운영하는 곳도 있지만, 이러한 일이 전국적으로 널리 퍼졌으면 한다.

각 지역별 좋은 명소에 캠핑카로 여행할 수 있도록 전용 자리를 만드는 것도 좋을 것 같나. 내부분 캠핑상을 생각하고 있지만, 수말에는 미리 예약하지 않으면 자리 잡을 수도 없고, 평일에는 운영하지 않는 곳도 정말 많다. 캠핑카 전용으로 만들어진 공간이 있다면 더욱 편리하고 깨끗하게 이용할 것이다.

코로나 여파로 갈수록 해외여행은 힘들고, 사람들이 붐비는 호텔, 리조트, 팬션 등은 조금씩 피하는 추세이다. 이제는 각자 자가 격리되는 안전한 캠핑카 여행을 정부에서도 적극 독려해서 '클린 캠핑'의 나라라는 하나의 여행문화로 발전했으면 한다. 추후 해외여행이 해제되면 다른 나라에서 많은 사람들이 캠핑카를 타고 한국에 올 수도 있다. 그때를 위해서라도 지금 모두 힘을 합쳐 좋은 캠핑문화를 만들었으면 하는 것이 내 작은 바람이다.

나만의 N 장소

지금 이 글을 쓰는 곳은 업무를 보며 중간 중간 멈춰있는 곳이다. 여행도 좋지만, 이렇게 아무런 제약 없는 곳에서 커피도 한잔하고, 좋아하는 음악을 들으며 글을 쓰고 있는 지금 이 순간이 너무 행복하다. 그동안 틈틈이 메모했던 글을 보며 캠핑카 안에서 노트북으로 글을 쓴다.

마지막 추천 장소는 N 장소이다. 정해진 곳이 없는, 캠핑카가 서 있는 그곳이 최고의 장소다. 생각해보자. 우리는 항상 여행하려면 숙박 예약, 차량 또는 열차 시간 검색, 티켓팅 그리고 방문하는 유명 관광지 검색 후 관광 시간 검색, 여행 시 필요한 음식 및 유명 맛집 검색 등등 많은 것을 계획하고 여행해 왔다.

그러나 캠핑카는 그냥 시동을 켠 후 떠나면 된다. 목적지를 정하지 않아도 된다. 피곤하면 중간에 차에서 쉬고, 배 고프면 해결하고…. 그렇게 가다가 멋진 장소를 만나면 거기서 하루를 보내면 된다.

짜여진 틀에서 여행하다 보면 계획한 대로 움직여야 한다는 생각 때문에 여행 이후 힐링했다는 느낌을 갖기가 힘들다. 캠핑카는 언제 어디서든 내 마음대로 여행할 수 있기 때문에 자유롭고 마음껏 쉬다 올 수 있는 장점이 있다.

내가 좋아하는 N 장소는 첫 번째로 사람이 없는 곳이다. 아무도 없는 곳에서 바람 소리, 새 소리, 빗소리, 낙엽 구르는 소리가 들리고, 햇볕이 들거나 눈이 오거나 날씨에 상관없이 오롯이 자연을 느낄 수 있는 곳을 가장 선호한다. 두 번째는 주변이 뻥 뚫려 있는 곳을 선호한다. 낚시터 끝 가장자리, 호수가 보이는 곳, 바닷가 앞, 산중턱에서 뻥 뚫린 풍경을 볼 수 있는 곳을 좋아한다. 이런 곳에서 때로는 번뜩이는 아이디어가 떠올라 업무에 도움되는 일도 많았다. 캠핑카가 없었다면 이렇게 무계획으로 떠나는 여행은 꿈도 꾸지 못했을 것이다.

유럽과 미국 등에서 캠핑카, 캐러밴 문화는 예전부터 있었다. 그러한 여행 문화가 신기하고 호기심의 대상이었다. 시대가 바뀌어 이제는 누구나 캠핑카를 알고 있고, 방송에서도 캠핑카와 관련된 영상을 쉽게 볼 수 있게 되었다. 나는 사람들에게 캠핑카를 모터홈이라고 안내할 때도 많다. 캠핑카라고 하면 사람들은 캠핑을 하기 위한 차라고 생각히지만, 실제 캠핑카를 소유한 사람들을 보면 정말 다양하게 활용하고 있다. 누군가에겐 세컨하우스 또는 사무실, 영업장소, 카페, 개인 서재, 나만의 아지트 등 활용법도 다양하다.

이동하는 집! 정말 매력있다고 생각한다. 앞으로도 '캠핑카로 쓴 나만의 스토리'를 많은 사람들이 쓰기를 희망한다.

제주도

울릉도

제주도

나는 제주도의 매력에 푹 빠졌다
우도 옆 비양도와 올레길 10코스

이승도
휴먼포커스(주) 대표, 전) 에릭슨LG 상무

40년 전인 대학 2학년 시절 배낭 하나를 메고 혼자 2주간의 여행을 떠났다. 여행지는 제주도였다. 부산을 거쳐 제주항에 도착했다. 제주항에서 내려 제주도 동해안을 돌아 서귀포, 중문단지에 이르렀다. 중문단지에서 시작하여 한라산을 종단하는 516도로를 걸어갔다. 보슬비가 내려 텐트를 칠 수 없었다. 그래서 하염없이 걸었다. 새벽에 멀리 제주시의 불빛이 보였을 때 몸은 지쳐있었지만, 안심이 되었다. 그러고도 하염없이 걸었다. 그리고 목포항으로 향했다.

직장에 들어가서는 통신장비 구축을 위해 또는 골프 행사를 위해 제주도를 자주 방문했고, 가족과 함께 제주도 여행을 즐기기도 했다. 아버지의 칠순기념, 장인어른의 칠순기념으로 10여 명, 20여 명의 가족이 함께한 제주 여행은 귀한 추억으로 내 가슴속에 여전히 남아있다.

내 캠핑카로 전국 여행을 경험한 지인들과 함께 책을 내기로 했는데 제주도 캠핑카 여행 지원자가 없었다. 캠핑카를 가지고 제주도로 가는 것은 쉽지 않다. 요즘 비행기로 10만 원이면 왕복으로 다녀올 수 있는데, 육상과 배로 이동 시 100만 원 정도 소요되고, 장시간 운전해야 하니 실행하기 쉽지 않은 여행이다. 항공으로 제주도에 가서 캐러밴이나 캠핑카를 임대해서 이용하면 되겠지만, 그리 마음이 내키지 않았다

캠핑카로 40년 전 배낭 하나 메고 부산항과 제주 일주 그

리고 목포로 여행한 경험을 재현하고 싶었다. 일반인들이 쉽게 할 수 없는 캠핑카 여행을 비용과 시간을 투자해서라도 공유해주고 싶었다. 여행하겠다고 생각한 순간부터 가슴이 설레기 시작했다.

    부산으로 향했다. 그곳에 사는 친구들이 나중 나와 여행을 떠나는 나를 위해 멋진 만찬을 준비해주었다. 대학 동기이자 입사 동기이기도 한 친구와 회사 생활의 무용담을 나누고 캠핑카와 함께 배를 탔다. 부산역 광장 반대 방향에 위치한 부산항 제4항구에서 출발했다. 배에서 바라보는 부산항은 예전에 본 항구가 아니었다. 부산항은 바다를 가로지르는 거대한 다리, 선적을 기다리는 엄청난 수량의 컨테이너들 그리고 해변에 우뚝 솟은 고층빌딩들의 불빛으로 가득했다.

    배를 탄 지 11시간 만에 멀리 제주항이 보였다. 세월은 많이 흘렀으나 이전의 항구와 큰 변화가 없어 보였다. 우린 너무 화려하고 거대한 것을 선호하고 항상 보아왔기에 실제로 많은 변화가 있었으나 느끼지 못하고 있지 않을까? 그동안 업무로 또는 친구들과 몰려다니면서 제주도를 많이 경험했지만, 나 혼자 색다른 시각으로 제주도를 보고 싶었다.

    캠핑카를 배에서 내려 항구에 정박되어 있는 페리호 옆에 주차했다. 아침 식사로 라면을 먹고, 커피도 한잔 마셨다. 아무도 간섭하지 않았다. 누가 시비를 걸면 이동해서 주차하면 되는데 모두가 관심 없었다. 내가 캠핑카에 타고 있는지도 모를 것이다.

캠핑족들이 즐겨찾는 비양도

    이번 여행에서 두 군데를 방문하기로 했다. 우도 옆 조그만 섬, 비양도와 올레길 10코스.

여행을 준비하면서 오랫동안 고민했다. 어디를 방문할 것인지…. 수많은 해수욕장, 여러 개의 섬, 제주도 해변 전체를 연결하는 올레길, 수많은 오름, 한라산, 비자림 같은 숲길, 매년 새롭게 만들어지는 박물관을 비롯한 관광지 등…. 이미 잘 알려진 곳을 방문하는 것은 별 의미가 없을 것같아 결국 2~3개로 좁혀졌다.

일출봉으로 유명한 성산포에서 배를 타고 우도를 방문한 적은 여러 차례 있었지만, 우도의 언덕 위만 구경하고 곧바로 성산포로 돌아왔었다. 이번엔 우도 항구의 반대편에 위치한 비양도에서 캠핑하기로 했다. 캠핑카를 가져갈 수 없기에 텐트와 이불, 취사도구를 챙겨서 우도로 향하는 배를 탔다. 우도에 내려서는 순환버스를 타고 비양도로 연결된 마을로 향했다.

캠핑족들이 최고의 캠핑장 중 하나로 인정한 비양도, 이전엔 섬이었지만 우도와 연결되었기에 사실상 섬은 아니다. 최남단 섬에 위치한 캠핑장이면서 아름다운 우도를 통해서 들어가기에 유명세를 타지 않았을까? 약 1,000평가량의 조그만 섬이 초원과 바위로 이루어져 있고, 초원에는 말을 키우며 승마할 수 있는 장소도 있었다.

가장 높은 위치에 텐트를 설치했다. 지난여름에 대관령에서 아들과 함께 텐트를 쳐보았기에 간단히 설치할 수 있었다. 텐트를 유지하는 폴대의 고무줄이 삭아서 억지로 모양을 만들어야만 했다. 막상 설치하니 든든한 보금자리가 되었다. 텐트 안에서 바다로 향하는 방향으로 입구를 열어놓으니 액자와 같은 풍경이 펼쳐졌다. 바다와 해안가는 검은 바위와 조화를 이루며 멋진 풍경을 만들어냈다.

해안가에 훌륭한 나의 집을 만들고 나니 마음의 여유가 생겼다. 섬을 둘러보고 우도와 가까운 마을로 산책했다. 우도에서 비양도를 건너기 전 입구에는 깔끔한 편의점과 커피숍이 있었다. 커피를 마시지 않을 수 없었다. 비양도가 정면으로 보이는 자리에 앉아 커피를 마셨다. 나는 커피 맛을 잘

모른다. 미각이 둔해서 그런가? 감성이 둔해서 그런가? 그러나 이런 분위기에는 커피를 마셔야 한다는 강한 욕구가 생긴다. 항상 그것이 궁금했다. 왜 나는 커피를 꼭 마셔야 하는가? 녹차, 오렌지주스, 생수는 왜 안되는가? 어쨌든 커피를 천천히 마시며 어둑어둑해지는 비양도를 바라보고 있다.

잔잔한 바다, 조용한 섬, 혼자만의 여행, 굳이 동행자를 배려하거나 대화를 이어나가야 하는 부담감도 없으니 한없이 편하다. 간단히 식사하고 다시 커피 한잔했다. 잔디 위에 이불을 깔고 침낭 속에 쏙 들어갔다. 별거 아닌데도 모든 것이 평온하고 자연스러워 행복감이 밀려온다.

밤중에 텐트가 심하게 흔들린다. 바람이 텐트의 측면을 강하게 밀어붙인다. 폴대가 휘어진다. 텐트 바닥이 들썩인다. 왠만하면 잠을 깨지 않는데 지속적으로 바람이 세차게 텐트를 때리니 잠을 잘 수가 없다. 시간이 지나 정신이 또렷해지자 걱정되기 시작했다. 텐트를 고정하는 펙이 빠지면 바로 옆의 바다로 굴러 떨어질 것이다. 생각이 거기에 미치자 바다로 굴러갈 때는 어떻게 대응할지 계속 고민하게 되었다. 머리 위의 텐트 입구 지퍼 위치를 확인하고, 어느 방향으로 세차게 열어 뛰쳐나갈 것인지 계속 머리에 입력시켰다. 그러다 잠이 들었고, 다시 잠에서 깨어나면 또 다시 탈출 방법을 생각했다.

날이 밝자 모든 것이 정상으로 돌아왔다. 바다는 잔잔해졌고, 섬은 조용하고, 바람은 사라졌다. 든든히 자리를 지켜준 텐트에 고마운 마음이 들었다. 새로운 텐트를 구입하겠다는 생각을 접고 폴대만 교체하여 오래오래 사용하기로 했다. 참으로 오래간만에 혼자서 캠핑하고 마을버스를 타러 나왔다. 함께 기다리던 젊은 친구가 어제 바람이 너무 세게 불어서 텐트가 무너져 마을로 나가 잠을 잤다고 한다. 바람이 불지 않는 조용한 섬에서 캠핑하면 제주도에서 캠핑했다고 할 수 없을 거야. 그래서 한밤에 맛보기로 보여준 거야.

제주도의 모든 자연을 경험할 수 있는 올레길 10코스

올레길 10코스로 향했다. 제주도 전체 올레길을 다 경험할 시간적인 여유가 없어서 선택해야 했다. 그래서 올레길 10코스로 결정했다. 올레길 10코스는 화순 금모래해변에서 시작해서 하모체육공원까지 17.3km로 해안선을 따라 송학산, 산방산을 둘러볼 수 있고, 초원과 해안가의 사암으로 이루어진 해안 절벽에 사층리를 볼 수 있으며, 바닷가 아름다운 해안선과 가파도, 마라도를 볼 수 있다. 제주도에도 이만한 장소가 없을 것이다.

대학 시절 함께 식사하고 막걸리를 마시며 공부한 친구들이 있었다. 그중의 한 친구가 다른 친구를 통해 내가 제주도 여행 중이라는 이야기를 듣고 전화했다. 자기를 보지 않을 거면 제주도를 떠나라고 협박했다. 마침 올레길 10코스에 그 친구의 집이 있었다. 그는 최근에 퇴직했는데 빌라 3채를 보유하고 있어 제주도 1년살이를 직접 경험하며 임대를 생각하고 있었다. 나는 올레길

10코스가 시작되는 해변, 알뜨르 비행장 입구에서 하룻밤 캠핑하고 다음 날 그 친구를 만났다.

　알뜨르 비행장은 일본 군인들이 중국에 진출하고 남경을 공습하기 위해 제주도민들을 이용하여 건설한 비행장이었다. 약 19개의 비행기 격납고가 예전의 모습으로 남아있었다. 인근 해안에 미군의 공격을 방어하기 위한 벙커와 진지가 유난히 많이 설치되어 있었다. 4·3사건의 현장인 섯알오름이 있었다. 일제와 우리나라의 격변기의 역사가 고스란히 남아있는 현장이었다. 우리의 아픈 역사를 여실히 느낄 수 있는 장소다.

캠핑카 전국이 나의 별장

　비행장 옆 해변에는 캠핑카를 주차할 수 있는 넓은 공간이 있었고, 멋진 카페도 있었다. 해변에서 산책하며 쉴 수 있는 공간이 많았다. 아내가 챙겨준 고기와 와인, 과일을 가지고 해변에 자리를 잡았다. 우리는 대학 졸업 후 거의 만날 시간이 없었다. 그동안 살아온 이야기를 들을 수 있었고, 대학 시절의 추억을 되새기며 많은 대화를 할 수 있었다. 늦게나마 친구를 만날 수 있어 반가웠다. 대학 시절 함께 교정의 잔디밭에 모여 점심을 함께 먹던 친구들을 한 명씩 전화로 불러내어 예전의 목소리와 스타일로 통화를 했다.

친구의 아내가 대구로 잠시 다니러 갔기에 친구가 단골횟집에서 회를 구입하여 저녁과 다음 날 아침을 준비해주었다. 우리는 새벽에 일어나 친구가 매일 산책하는 군산오름으로 갔다. 군산오름에서 한라산과 바다를 볼 수 있었고, 산방산을 가까운 곳에서 볼 수 있었다. 우리는 빌라 바로 앞에 있는 안덕계곡으로 내려가 산책했는데 제주도의 전형적인 계곡이었다.

산방산과 송악산은 올레길 10코스의 중심이었다. 송악산의 둘레길을 1시간 정도 걷다 보니 제주도에서만 볼 수 있는 화산암들의 멋진 조각들과 산을 중심으로 아름다운 초목들을 즐길 수 있었다. 또한, 산방산의 가파르고 웅장한 모습을 가까이서 느낄 수 있었다. 용두길은 산방산 근처에서 분출된 3차례의 용암의 활동으로 만들어진 멋진 길이었다. 산방산 아래의 식당에서 먹은 갈치와 고등어는 제주도로 여행 온 기분을 느낄 수 있게 해주었다.

친구 덕분에 올레길 10코스를 완주할 수 있었고, 더불어 친구의 사랑과 선물을 듬뿍 받아 행복한 여행이었다. 캠핑카 여행을 핑계로 왔지만, 친구의 빌라에서 편하게 샤워도 하고, 친구의 요리 실력을 경험한 멋진 여행이

었다. 다음 제주 여행 땐 이 길을 꼭 다시 걷고 싶다.

친구의 환송을 받으며 여수로 향하는 페리호에 올라탔다. '제주도의 푸른 밤', '가파도', '여수 밤바다'를 들었다. 내가 여행한 지역과 노래를 연계하며 오랫동안 여행의 여운을 유지하기 위해 듣고 또 들었다.

비양도에서 텐트 치고 제주의 세찬 바람을 느껴보기도 하고, 친구의 빌라에서 후한 대접을 받고 친구의 안내로 편안한 여행을 즐겼지만, 이 또한 캠핑카로 경험할 수 있는 여행 중 하나였다.

처음엔 40년 전 혼자 베낭 메고 떠난 여행길로 여행하고 싶었다. 꿈 많고, 하고 싶은 것 많았던 젊은 시절 2주간의 여행, 그 여행을 오랜 세월 동안 잊고 있었다. 그러나 그 길을 갈 필요가 없었다. 옛 추억을 되새기며 새로운 여행길, 새로운 인연과 함께 즐거운 시간을 보낼 수 있었다. 여행은 새로운 것을 보고 경험할 수 있어 더욱 좋은 것같다.

페리호의 갑판에서 바다를 보니 여수의 밤바다가 보였다. 다시 가슴이 뛰기 시작했다.

울릉도

캠핑카로 울릉도 여행하기
독도, 학포항, 나리분지

장형호
(주)아리아모빌 이사

회사 홍보를 위해 우리나라의 유명한 곳이라면 한 번씩은 다 다녀왔다. 이러한 경험은 유튜브를 통해 공유하기도 했다. 그중에 가장 기억에 남는 곳은 바로 울릉도이다. 여행하면서 힘들기도 했지만, 울릉도는 정말 신비로운 섬이었다.

유튜브 촬영에 앞서 몇 가지 필요한 전제 조건이 있었다.

첫째, 차량을 극한 상황에서 테스트할 곳

둘째, 차량 여러 대를 인솔해서 최대한 멀리 떠나볼 것

셋째, 최대한 정보가 없는 여행지로 정할 것

위 조건을 갖춘 최고의 장소가 울릉도였다.

울릉도 원정대 선정

울릉도 원정대는 아리아모빌을 갖고 계신 분들 중에서 선발했다. 카페에 울릉도 여행 계획을 공지하고 참가 신청을 받은 후, 추첨을 통해 총 네 팀을 선발하여 원정대를 꾸렸다. 카페에서는 닉네임을 사용해서 본명은 생략하고 닉네임으로 소개하고자 한다.

안산에서 큰딸, 막내아들과 함께 오신 '행복을 싣고 님', 수원에서 오신 사진과 여행의 달인 '허조타 님', 파주에서 오신 멋진 부부 '간지남 님', 부산에서 아내와 두 딸이 함께한 '근육맨 님', 촬영을 맡은 '캠핑제국'과 나 이렇게 다섯 팀이 출발하기로 했다. 각자 차를 몰고 포항 여객선 터미널에서 만나기로 하였다.

여행 전날 밤에 도착하니, 이미 두 대가 와 있었다. 캠핑카의 장점을 잘 아는 분들이라 미리 와서 쉬고 계셨다. 캠핑제국 대표님과 나는 포항 여객선 앞 횟집에서 촬영 콘셉트를 잡고, 진행 일정에 대해 논의하면서 독

도 새우를 안주 삼아 소주 한잔을 했다. 처음 먹어본 독도 새우는 비싸긴 해도 맛은 일품이었다.

다음 날 포항 여객선 터미널 앞에 행복을 싣고 님, 허조타 님, 간지남 님이 이미 오셨고, 부산의 근육맨 님이 마지막으로 도착하여 출발 준비를 했다. 캠핑카 다섯 대는 화물선으로 미리 출발하고, 사람은 여객선을 타고 울릉도로 가는 여정이 시작되었다. 캠핑카를 화물선으로 보내는데 대당 약 58만 원의 비용이 발생했다. 화물선에 실은 캠핑카는 다음 날 새벽 6시에 도착하므로, 첫날은 민박집에서 1박하고 본격적으로 울릉도 여행을 시작하기로 했다.

모든 준비는 완벽했고, 날씨도 화창해서 여행하기에 더할나위 없었다. 우리가 그 여객선을 타기 전까지는 말이다. 터미널 앞에서 든든하게 식사한 후 모두들 설레는 마음으로 여객선에 올랐다.

잠시 후 분위기가 심상치 않음을 느꼈다. 파도로 인해 갑자기 배가 출렁거리기 시작했다. 여객선의 출발 여부를 점검하는 분위기였다. 파도가 3m가 넘으면 출발할 수 없다는 규정이 있어 약 1시간 동안 여객선 안에서 상황을 지켜보고 있었다. 갑자기 출발한다는 선장의 안내 방송이 나왔다. 일정이 틀어지지 않은 것에 감사함과 안도하는 마음이 들었다.

배가 출발하고 얼마 지나지 않아 여기저기서 곡소리가 터져나왔다. 멀미가 시작된 것이다. 파도가 3m 이내일 때 출발했지만, 이후 파도가 더 심해져 여객선은 곧 월미도 바이킹으로 바뀌었다. 승객들은 공포와 충격, 혼돈으로 아수라장이 되었다. 그야말로 전쟁터를 방불케 하였다.

같이 가는 원정대 아내분들은 이미 몇 차례 멀미 현상으로 탈진해 있었다. 여성 안내원은 비닐봉지를 가져다주느라 분주했다. 그 여성 안내원은 마치 모든 것을 예상한 듯 너무 자연스럽고 재빠르게 움직였다. 심지어 바이킹 같은 이 배 안에서 거의 뛰어다녔다.

이번 여행 계획을 짠 내가 너무 후회되었다. 죄송스러운 마음에 여객선을 돌려 다시 포항으로 가고 싶은 마음까지 들었다. 그렇게 고군분투 속에 저녁 때쯤 울릉도에 도착했다. 원정대는 안도와 후회의 표정이 뒤섞여 있는 모습이었다.

미안한 마음에 멀미에 좋다는 울릉도 명물인 오징어 내장탕을 준비하기 위해 이동했다. 다행히 식사하는 원정대 표정이 밝아지기 시작했다. 다음 날 일정인 독도 탐방을 이어갈 수 있겠다는 생각에 마음이 놓였다. 멀미로 모두들 고생한 터라 울릉도에 있는 약국을 찾아 멀미 나지 않는 약을 샀다.

독도

미리 예약한 민박집에서 하루를 보낸 후 다음 날 아침 독도를 가기 위해 모였다. 아침 식사를 마치고 독도로 가는 엘도라도호를 기다리면서 삼대가 덕을 쌓아야 밟을 수 있다는 독도에서 찍을 액세서리 등을 구입하며 시간을 보낸 뒤 엘도라도호에 탑승하였다. 전날 약국에서 받은 약을 복용한 탓인지 모두 평온하게 독도 앞까지 올 수 있었다.

우리는 대망의 독도 땅을 직접 밟으며 감격을 만끽하였다. 앞으로 살면서 언제 또 올까? 하는 마음으로 사진을 담았다. 이 작은 섬을 지키는 군인들의 모습도 보였다. 독도는 대한민국 땅이니 반드시 지켜야 한다는 다짐과 함께 짧은 독도 방문을 뒤로한 후 다시 배에 올랐다.

울릉도항에서 새벽에 도착한 각자의 캠핑카를 찾았다. 모두 자신의 캠핑카가 제일 편하다며 떠나보낸 애인을 다시 만난 듯 각자 캠핑카에 탑승

캠핑카 전국이 나의 별장

하였다. 그렇게 울릉도 캠핑카 여행 첫 시작을 도착한 지 이틀째가 되어서야 진행되었다. 먼저 현지 도민들에게 추천받은 학포항으로 출발하였다.

　육지에서는 늘 도착 지역 근처의 하나로마트에서 현지 특산물과 생필품을 구입했던 것처럼 울릉도 하나로마트를 검색하여 그곳에서 장을 보기로 하고 출발하였다. 울릉도 하나로마트는 예상외로 매우 작았다. 울릉도 특산품을 구매하고 싶었지만, 그곳에 있는 냉동만두와 냉동식품, 아이스크림 등을 사는 데 만족해야 했다.

학포항

　필요한(?) 물품을 모두 구매하고 목적지인 학포항으로 이동했다. 길은 처음 접하는 S자 코스와 엄청 가파른 오르막내리막 길로 되어 있었다. 해안가 길은 아주 비좁고 바위에 구멍이 뚫렸는데, 그 사이로 차가 지나가야 했다. 아슬아슬하지만 멋진 풍경이 펼쳐져 운전의 즐거움을 더해주었다.

　그렇게 힘든 길을 지나 드디어 학포항에 도착했다. 학포항은 학의 날개가 항구를 감싸고 있다고 해서 붙여진 이름이다. 도착 후 캠핑카를 울타리 삼아 둘러막고 가운데에서 야영할 수 있도록 배치했다. 현지인인 유영민 님(현 학포마을 이장)의 배려와 도움으로 전기를 사용할 수 있게 되어 최상의 조건에서 캠핑할 수 있었다.

　학포항은 TV 각종 예능 프로그램인 '1박 2일', '불타는 청춘' 등을 촬영했던 명소다. 이곳의 풍경과 해질녘에 바라보는 일몰은 지금껏 가본 여행지 중 단연 최고다. 학포항 바로 옆 콘크리트에 달라붙은 뿔소라와 통발로 귀하게 얻은 문어 또한 울릉도 여행에 즐거움과 추억을 더해주었다.

나리분지

　약속한 기상 시간에 맞춰 모두 한 곳으로 모여 간단히 아침 식사를 한 후 울릉도의 유일한 넓은 평지인 나리분지로 이동하기 위한 준비에 들어갔다. 캠핑카를 사용하면 다른 곳으로 이동하기 전에 꼭 체크하는 것들이 있다. 물 채우기, 오수통 비우기, 화장실통 비우기, 마지막으로 제일 중요한 흔적 남기지 않기. 이렇게 모든 체크가 완료되었다면 다음 장소로 출발해도 좋다. 점검을 모두 완료한 후 나리분지로 이동하였다.

　이동하는 중간에 관음도에 들러 산책한 후 주변 바다를 보며 등산하였다. 관음도로 가는 드라이브 코스는 정말 다이내믹하고, 말로는 다 표현할 수 없을 정도로 멋진 곳이다. 나리분지로 이동하던 중 이정표를 잘못 본 나는 엉뚱한 곳으로 올라가 모두를 당황시키는 일이 벌어지고 말았다. 그곳 주민이 그 길은 예전 길인데 지금은 없다며 다른 길로 가라고 안내해주었다. 캠핑카 다섯 대가 그 굽이굽이 산길을 다시 후진하여 차를 돌리고 알려준 길로 다시 방향을 돌렸다.

　어렵게 찾아간 나리분지를 둘러보며 울릉도가 왜 신비의 섬인지 알 것 같았다. 이곳을 여행하는 동안 시시각각 나타나는 풍광들에 누구나 매료될 수밖에 없다. 하루면 차로 다 돌아볼 수 있는 섬이지만, 오래 머물고 싶고, 더 알고 싶어지는 그런 섬이다.

　나리분지는 울릉도 맨 꼭대기에 있는 곳으로, 이름 그대로 분지이다. 테

두리는 산으로 둥글게 원을 그리고 있어 미지의 세계에 나올 법한 아주 멋지고 신비스러운 장소이다.

나리분지에 도착한 후 그곳에서 꼭 먹어야 한다는 산채비빔밥을 먹었다. 울릉도에 서식하는 깨끗한 무공해 채소들로 이루어진 깔끔한 비빔밥은 보약을 먹은 느낌이 들 정도였다. 나리분지에서 1박 하려고 했으나 캠핑하면 안되는 공원 지역임을 알고, 바로 돌고 돌아 다시 학포항으로 이동했다. 학포항에서 다시 첫날처럼 대형을 갖추고 늦은 저녁을 먹으며 마지막 밤을 보냈다.

다음 날 아침, 내수전 전망대를 끝으로 울릉도 여행을 마쳤다. 아쉬움을 사진에 담고 싶어 일행들은 분주히 카메라 셔터를 눌렀다. 캠핑카를 화물선에 맡긴 후 1시간쯤 걸어 유명한 물회집에 방문하였다. 울릉도 여행의 아쉬움을 물회가 이렇게 채워줄 줄이야. 감탄이 절로 나올 정도로 맛있었다. 거기에 울릉도 호박 막걸리 한잔으로 모든 일정을 마무리했다.

다음 날은 신통방통한 멀미약과 잔잔한 파도 덕분에 무사히 돌아왔다. 처음부터 산전수전 다 겪으며 출발했던 우리 원정대는 울릉도와 독도에서 아름다운 풍광과 남다른 애국심을 한껏 느꼈다. 국산 차량으로 만든 캠핑카로 이렇게 다이내믹한 캠핑을 할 수 있다는 자신감이 생겼다. 원정대는 이 여행을 통해 더 친해지고 가족 같은 사이가 되었다.

부록 _이승도

캠핑카 여행을 즐기기 위해 주의할 사항
캠핑카로 여행할 수 있는 최고의 여행지
캠핑카로 떠나는 4개월간의 추억 여행
캠핑카로 전국 일주(4개월 코스)

캠핑카 여행을 즐기기 위해 주의할 사항

어린 시절 캠핑의 추억이 있는 사람들은 한 번 정도는 캠핑카 여행을 하고 싶을 것이다. 나름의 특별한 이유로 여행을 떠나는데 예기치 않은 사건·사고로 여행을 망친다면 얼마나 안타까울까? 자주 경험할 수 없는 여행이기에 멋진 여행, 행복한 여행, 오랫동안 기억할 수 있는 여행이 되려면 사전에 마음가짐과 준비가 필요하다.

캠핑카 여행은 여러 장비가 설치된 캠핑카를 이용한 여행이기에 다른 여행에 비해 사전 준비와 주의가 필요하다. 어려운 사항은 아니나 준비 부족이나 사소한 부주의로 여행을 망치는 경우가 있다.

내가 경험한 캠핑카 여행의 사건, 사고를 열거해보았다. 이것만 숙지하더라도 멋진 여행이 될 것으로 생각하다.

접촉 사고

계약 후 4개월만에 캠핑카 제작이 완료되어 캠핑카를 인수하여 회사 주차장으로 운전해 왔다. 강남역 근처에 있는 회사 주차장이 좁고 주차하기에 불편하긴 하지만, 운전 경력 30년이라 자신 있었다. 주차하면서 좌우 옆과 좌우 상단 부분 그리고 뒤를 번갈아가면서 조심스럽게 주차하는 데 갑자기 '쿵' 하는 소리가 들렸다. 차량 뒷면을 빌딩 벽에 들이박아 큰 타일이 내려앉았고, 캠핑카 뒷면이 파손되었다.

나는 곧바로 용인에 있는 캠핑카 업체로 달렸다. 캠핑카 업체는 조그만 냇가를 건너가야 했다. 우회전하면서 다리를 건너는데 오른쪽 차체가 다리 난간을 길게 긁고 지나가는 느낌을 받았다. 일반 승용차로 생각하고 우회전을 한 것이다. 난 좌절감을 느꼈다. 내가 왜 이 차를 구입했지?

대부분의 캠핑카는 기존 차량의 좌우측을 확장하였고, 앞뒤 길이도 거의 6m이므로 일반 승용차를 운전한 사람에겐 생소하다. 그리고 높이가 거의 3m이므로 운전 또는 주차할 때 차체의 전반적인 부분을 다 주의하며 살펴보아야 한다.

첫날 사고가 났기에 운전 시 조심하려고 노력했다. 그러나 사고의 연속…. 제천 시내에서 한적한 식당 앞 도로에 주차했다. 앞뒤를 보며 인도에 최대한 붙여 주차하였다. 그런데 찌그러지는 소리가 들린다. 사고 날 만한 것이 없다고 생각하고 밖으로 나와보니 우측 차체 윗부분이 돌출 간판을 밀어붙인 것이다. 간판이 완전히 파손되어 측면으로 돌아갔다. 인도가 있기에 상단 부분을 무시한 것이었다.

한밤중에 고속도로 휴게소에 주차했다. 그런데 크게 부딪치는 소리가 나면서 캠핑카 상단의 환풍구 뚜껑이 떨어져 나갔다. '넓은 주차장에 부딪칠 것이 뭐가 있을까?' 하고 생각했는데 태양광 패널을 지지하는 철 구조물에 부딪친 것이다. 그 일이 있고부터 주차장의 비교적 높아 보이는 태양광 구조물은 무조건 피해 갔다. 긴장하지 않으면 차체가 크게 파손될 수 있다. 속도를 내서 지나가면 상단에 돌출되어 있는 에어컨이 박살 날 수 있다.

지인을 태우고 아파트 내에서 시운전했는데 인도로 올라가는 턱이 바퀴 옆 차체에 부딪쳐 파손되었다. 이는 누구나 경험할 수 있는 접촉 사고이다. 간단한 파손이지만 수리비가 50만 원이 나왔다.

누구나 당할 수 있는 사소한 사고이기에 위 내용을 계속 숙지하고 조심한다면 사고를 피할 수 있을 것이다.

운전 중 끼어들기

캠핑카는 일반 승용차보다 좌우측이 15cm 정도 확장되어 있어 끼어들기

할 때 특히 조심해야 한다. 승용차처럼 생각하고 끼어들면 바로 사고로 이어질 수 있다. 보험회사 직원 이야기로는 야외에서는 차간 간격이 넓어 사고가 거의 나지 않는다고 한다. 차제가 크기에 인명사고도 거의 없다고 한다.

서울 명동 근처에서 가족들을 태우고 우회전하기 위해서 일찌감치 우측 깜빡이를 켰다. 횡단보도 턱이 있기에 우회전할 수밖에 없는 거리까지 왔다. 택시가 같은 속도로 따라왔지만 충분할 것으로 생각하고 우회전을 했다. 우회전하자마자 앞서가던 택시 운전기사가 내렸다. 택시 측면에 옅은 자국이 나 있었다. 나도 택시 운전기사의 운전과 대응에 짜증난 상황이지만, 어쩔 수 없었다. 그는 100만 원을 요구했다.

끼어들기 할 때는 운전을 최대한 보수적으로 해야 한다.

높이 3m 이하 터널 또는 주차장 입구

고속도로나 넓은 도로는 관계없지만, 아파트 지하 주차장이나 간혹 공공주차장에 2.4m 높이 표시가 있다. 시골길의 지하도도 캠핑카가 지나가기 어렵다. 요즘은 많이 철거되었지만 고속도로 톨게이트에 큰 차가 지나갈 수 없도록 상단에 Bar가 설치된 경우도 있다. 시내의 고가도로가 간혹 낮은 경우도 있는데 불안하면 반드시 내려서 높이를 확인하기 바란다. 불안하면 뒤따라오는 차가 다소 불편하더라도 차를 돌려 가는 것이 안전하다. 특히 고속으로 달릴 경우 큰 사고로 이어질 수 있다.

버스나 트럭이 옆으로 지나갈 때

승용차를 운전할 때 고속버스나 대형트럭이 지나가더라도 크게 흔들림이 없다. 그러나 캠핑카는 바람의 영향을 많이 받는다. 대형차가 고속으로 지나

갈 때 좌우로 심하게 흔들려 당황할 수 있다. 대형차량이 지나갈 땐 핸들을 강하게 잡고 중심을 잡아야 한다.

　바람이 심하게 불 때, 특히 바닷가나 다리를 지날 때는 잘못하면 차가 전복할 수 있으니 최대한 속도를 줄이거나 운행을 중단해야 한다. 특히 개조한 캠핑카는 바람 등을 고려하지 않았기에 안전을 보장할 수 없다.

과속방지턱을 조심

　특장차는 트럭에 대형장치를 올린 상태이기에 도로의 요철에 크게 영향을 받는다. 특히 좁은 도로에 설치된 과속방지턱은 조심해야 한다. 최대한 속도를 줄여서 반동을 최소화해야 한다. 일반속도로 달리면 캠핑카 뒤에 탄 사람의 충격이 크고, 실내 장비에 충격을 주거나 파손될 수 있다.

모든 장비는 부드럽게 작동

　캠핑카는 좁은 장소에 다양한 장비와 시설이 구비되어 있어 운영 방법을 충분히 숙지하고, 모든 것은 부드럽게 작동해야 한다. 억지로 작동하면 본인이 잘못하고 있다고 생각해야 한다. 열쇠를 억지로 돌려서 파손되는 경우도 있고 어닝을 무리하게 돌려 겉도는 경우도 발생한다.

넓고 평평한 곳에 주차

　캠핑 장소에 가면 평평한 곳에 주차하고, 입구를 넓은 곳으로 향해야 한다. 캠핑카가 기울면 잠을 자거나 차 안에서 요리할 때 불편할 수 있다. 나무가 무성한 곳에 주차하면 캠핑카 위의 장비가 나뭇가지로 인해 파손되는 경우도 있다. 나뭇가지가 많은 곳은 피하는 것이 좋다. 상단에 있는 안테나가 파손되어 수리한 적이 여러 번 있었다.

폭설이 내릴 경우

캠핑카의 가장 취약한 점은 바로 폭설이다. 캠핑카를 산속이나 비탈진 곳에서 주차했는데 폭설이 내리면 제설 작업을 한 뒤에야 내려올 수 있다. 한겨울 일기예보를 꼭 확인하고, 눈이 내리면 여행을 취소하는 것이 좋다. 여행 중에 폭설이 내린다면 동반자들이 내려서 캠핑카가 미끄러져 도로 밖으로 밀려나지 않도록 차의 측면을 밀면서 가야 한다. 스노우타이어를 꼭 활용하기 바란다.

기름 입구와 물통 주입구 구별

운전석에 가까운 곳에 경유 주입구가 있는데 지인이 차량 뒷편에 물통 주입구에 경유를 넣어서 여행을 망친 경우도 있다. 주입구에 디젤 표시와 물통 표시가 있는데 예상치 못한 실수를 누구나 할 수 있으니 주의하기 바란다.

필요한 캠핑 장비

가장 기본적인 장비로는 탁자와 야외용 의자 4개가 필요하다. 요리를 위해서는 인덕션, 전기냄비, 가스버너 그리고 코펠과 수저, 가위, 칼 등이 필요하다. 캠프파이어 도구는 캠핑을 즐기기 위해 기본적으로 구비해야 한다. 내부 청소를 위한 청소기와 이불, 침낭 2~3개를 비치해놓으면 든든하다. 물을 공급하기 위한 호스, 전기선을 연장하는 콘센트 등을 준비하면 아주 완벽하다. 이런 장비를 캠핑카에 구비해놓으면 언제든지 떠날 준비가 된 것이다. 생각났을 때 바로 산속이나 바닷가로 가면 된다. 가는 길에 편의점에서 생수와 햇반, 라면, 김치 등을 구입하면 2박 3일을 지내는데 전혀 어려움이 없다.

차량을 이동할 경우

차량을 이동할 경우에 많은 캠핑 장비를 펼쳐놓았기에 꼭 주변을 둘러보고 장비를 차량 내에 넣어야 한다. 지인이 의자를 두고 오는 경우도 있었다. 떠나기 전에 차 주변을 몇 차례 돌아보고 전원 공급선을 뺐는지, 창문이 정확히 닫혀있는지, 차량 입구 받침대를 올렸는지 확인해야 한다. 그리고 차량 내에서 모든 설비가 고정되어 있는지를 꼼꼼히 점검해야 한다. 그러지 않으면 이동 중에 가방, 도구들이 떨어지거나 굴러서 운전하는데 상당히 지장을 줄 수 있다.

겨울나기

겨울이 되면 차량 내부에 있는 모든 물은 빼야 한다. 오수와 청수를 전부 비우고, 카센터에서 공기 주입기를 이용하여 남아있는 물을 전부 빼내야 한다. 그러지 않으면 관로가 얼어서 파손될 수 있다.

겨울 여행을 위해서 캠핑카 입구를 둘러싸는 텐트, 기름난로와 캠프파이어 장비를 준비하면 멋진 겨울 캠핑을 즐길 수 있다. 캠프파이어는 겨울 캠핑의 백미로 아무리 춥더라도 캠프파이어만 잘하면 캠핑을 즐길 수 있다. 캠핑카 자체의 난방도 점검하여 외부에서 즐기다가도 추위를 느낄 때 차량 내부에서 몸을 녹이거나 푸근하게 수면을 즐길 수 있도록 해야 한다. 전기장판을 준비하면 추위는 전혀 걱정할 필요가 없다.

캠핑카 안에 키를 두고 내릴 경우

　혼자 떠난 여행 중에 일어난 해프닝이다. 심야에 키를 차량에 두고 캠핑카에서 내렸는데 문이 서셜로 삼켜버렸다. 눈이 자농으로 잠길 수 없는데 어쨌든 이런 상황이 발생되었다. 핸드폰, 지갑 등을 차에 두고 내렸다. 캄캄한 들판이었다. 금요일 밤이었으니 열쇠 전문가를 호출하려면 월요일 근무 시간까지 기다려야 한다. 이런 황당한 경우는 어떻게 해야 할까?
　한참을 기다렸다. 멀리 불빛이 보였다. 핸드폰 불빛이다. 두 사람이 지나가고 있었다. 다가가서 사정을 이야기하고 핸드폰 한 번만 사용하자고 부탁했다. 아내에게 전화해서 다시 통화할 수 없으니 어떻게든 설득해서 내가 있는 곳으로 보험회사 긴급 출동을 보내달라고 했다. 그리고 핸드폰을 이용해서 내가 있는 곳의 위치를 찍어 보냈다. 핸드폰을 빌려준 행인은 자기 갈 길로 떠났다. 한참 뒤에 서비스센터에서 왔지만, 차량 문을 열지 못했다. 서비스센터 직원이 여러 군데 전화해 보더니, 여주에 있는 열쇠 전문가를 호출하고 떠났다. 내가 있는 곳은 양평이었다.
　나는 다시 한 시간을 기다렸다. 비가 내렸다. 그러나 정말 다행이라고 생각했다. 이 방법이 최선이었다. 열쇠 전문가 덕분에 나는 다시 캠핑카 안으로 들어갈 수 있었다. 그들이 원하는 금액을 주었다. 이건 돈의 문제가 아니었다. 캠핑카 속이 그렇게 안락할 줄이야….
　캠핑카 열쇠는 차량 외부에 보관하는 것이 안전하다. 자석으로 차량 바닥에 보관하는 방법이 있다는 것을 나중에 알았다.

코 고는 지인과 여행할 경우

　캠핑카는 좁은 공간에 여러 사람이 자게 되는 데 코를 심하게 고는 사람이 있다면 괴로운 여행이 될 수 있다. 그래서 텐트와 바닥을 푹신하게 하는 깔개와 침낭을 준비한다면 어릴 때 추억을 생각하며 캠핑카 옆에서 캠핑을 할 수 있을 것이다.

전기 공급이 안될 경우

오토캠핑장의 한국전력 전원을 이용하면 전기 공급에 전혀 문제가 없다. 인산철 배터리를 이용하면 비교적 전원 공급에 여유가 있으나 하루 이상 사용하는 데는 한계가 있다. 전기를 절약하기 위해 인덕션이나 전기냄비보다 가스버너 등을 이용하여 요리하면 전기를 절약할 수 있다. 여름 기간에 전원이 공급되지 않는 상황에서 에어컨을 사용할 경우, 엔진을 켜서 차량 에어컨을 사용하는 것이 좋다. 전열기나 에어컨은 전력의 소모가 매우 크므로 주의하기 바란다. 배터리가 30~40% 이하로 내려가면 시동을 걸어 배터리가 충전되도록 하는 것이 안전하다.

파손된 장비들

어닝은 완전히 펼치는 것보다 약간 여유를 두고 펼치는 것이 좋을 것 같다. 스텝 받침, LED 외부등, 열쇠, 물펌프, 난방용 가스 배출구, 야외용 샤워기, 천장 위에 있는 안테나 등이 파손된 적이 있다. 간단한 접촉 사고로 도색한 부분이 벗겨지거나 일부 파손될 수 있다. 모두 수리하면 새것같이 만들 수 있다. 곳곳에 기름칠이 필요하다. 천장 위에 나뭇잎 등이 쌓여 태양광 패널과 통풍구를 덮을 수 있으므로 가끔 청소해주는 것이 좋다.

차량을 지인에게 빌려줄 경우

캠핑카는 개인 집과 같아 가능하면 빌려주지 않는 것이 좋다. 장비가 많고 고장이 발생될 수 있는 요소가 많다. 대부분 수입품이어서 수리비도 비싸다. 사고 날 가능성이 일반 승용차보다 높기 때문에 지인들에게 선의로 빌려주고도 나중에 불편한 상황이가 발생할 수 있다. 고장이 나더라도 눈에 보이지 않는 고장이 많기 때문에 나중에 목돈이 들어갈 수 있다. 꼭 빌려주고 싶다면 적어도 2시간 정도 교육을 통해서 장비에 대해 충분히 습득하게 하고, 사고 날 경우에 꼭 보상할 것을 주지시켜야 한다.

보험회사 연락처를 알려주고 수시로 통화하여 불편하거나 사용상에 의문사항이 있으면 알려주어야 한다. 빌리는 사람에게는 이번 여행이 처음이자 마지막이 될 수 있고 귀한 여행이기 때문에 최선을 다해 지원해줄 필요가 있다.

보험 가입

사고 날 경우에 난감할 수 있다. 빌리는 사람이나 빌려주는 사람이나 마음이 편치 않다. 차량은 보험이 되지만, 차량에 탑재되어 있는 장비는 보험이 되지 않기 때문에 파손되면 실비로 지불해야 한다. 따라서 부담이 클 수 있다.

차량보험은 종합보험을 이용할 경우 빌려주는 사람의 보험료가 높아지므로 부담이 매우 커질 수 있고, 빌리는 사람에게 정확한 비용을 청구하기도 애매하다. 따라서 피해를 예상하고 빌려줘야 한다. 그리고 차량의 상태를 모두 공유하고 책임의 소재를 정확히 하는 것이 좋다. 빌리는 사람이나 빌려주는 사람 모두 기분좋게 여행을 마무리하고 멋진 기억으로 남게 하는 것이 매우 중요하다.

나는 블랙박스를 설치하지 않았지만, 상대 차량의 블랙박스로 사고 현장이 녹화되어 보험사와 협의한 경우도 있었다. 블랙박스를 설치하여 사고 시 보상 금액을 협의하는 데 활용하기 바란다.

위 내용은 5개월 동안 30명의 지인들에게 캠핑카를 빌려주면서 일어난 사소한 사건, 사고 경험을 정리한 글이다. 대부분 이 범위에서 크게 벗어나지 않을 것으로 생각한다. 보다 많은 분이 안전하고 즐거운 캠핑카 여행을 통해 멋진 추억을 쌓기를 바란다.

캠핑카로 여행할 수 있는 최고의 여행지

대부분의 사람은 오랜 직장생활을 그만두면 해외여행을 떠난다. 열심히 살아온 본인에 대한 선물로 여행을 떠나기도 하지만, 완전히 새로운 환경에서 새로운 삶에 대한 마음의 준비를 하고 싶어서 떠나는 것으로 생각한다. 나도 회사를 퇴사하고 3년간 세계여행을 다녔다. 국내에 있을 때는 캠핑카를 타고 전국을 여행 다녔다.

굳이 나처럼 아내의 눈총을 받으며 많은 비용을 들여 3년간 해외여행을 떠날 필요는 없다. 국내여행을 통해서도 충분히 목적을 달성할 수 있을 것이다. 나는 국내여행을 위해 캠핑카를 활용했다. 어린 시절 캠핑의 추억을 다시 되살리고 싶기도 했지만, 주변 사람들에게 빌려주면서 함께 즐기는 것도 좋을 것 같았다.

전국의 모든 곳이 캠핑장

처음에는 어디로 가야할 지 몰랐다. 어디에 주차할지도 몰랐다, 그런데 몇 번 여행을 다니다 보니 전국 어디든지 갈 수 있고, 어디든지 주차할 수 있다는 것을 알 수 있었다.

인터넷에 여행하고 싶은 지역과 오토캠핑장을 조회하면 지자체나 개인이 운영하는 시설 좋은 오토캠핑장을 찾을 수 있다. 풍광과 시설이 좋은 국립공원에도 오토캠핑장이 있다. 오토캠핑장에 캠핑카를 주차하는 것이 가장 편리하다. 그곳에는 전기가 풍부하고, 화장실과 샤워장이 있다. 물론 캠핑카에도 전기가 공급되지만 배터리 용량에 한계가 있고, 화장실과 샤워장이 불편하다. 여성이 동반하거나 인원이 많을수록 오토캠핑장의 시설이 더 유용하다.

오토캠핑장이 아니더라도 약간의 불편함을 감수한다면 모든 지역에서 캠핑을 즐길 수 있다. 해수욕장을 비롯한 해안가, 산속 깊숙한 계곡, 공원 지역, 강이나 냇가 등 풍광이 좋은 곳에 주차해놓고 휴식과 식사를 즐긴다면 약간의 불편함은 전혀 문제가 되지 않는다.

여행을 가다가 미처 목적지에 도착하지 못하면 고속도로 휴게소, 공원 주차장, 일반주차장, 도로 옆 공터에 주차하여 하룻밤 지내도 나쁘지 않다. 캠핑카 안에 있으면 나만의 공간이고, 그 안에서 모든 것을 해결할 수 있기 때문에 조용히 휴식을 즐길 수 있다.

캠핑카로 떠나는 4개월간의 추억 여행

아파트 앞에 몇 달 동안 캠핑카를 세워놓으니 아내가 캠핑카를 보면 속에 천불 난다는 말을 했다. 없는 돈에 캠핑카 임대사업 하겠다고 설득해서 구입했는데, 오랫동안 한 곳에 주차해놓은 걸 보니 화가 날 만도 했다.

몇 번 캠핑카 여행을 했지만, 호기심도 사라지고 관리하기가 귀찮기도 했다. 그러나 아내의 눈치가 보여 친구에게 임대하였다며 아파트 내 주차 위치를 바꾸고, 무작정 혼자 여행을 떠나기도 했다. 그러다 보니 전국 곳곳을 여행 다니게 되었다.

전국 50군데를 여행한 것같다. 1시간 거리의 서울 근교는 아무런 준비도 하지 않고 떠났다. 양평, 가평, 여주, 송추, 김포, 영종도, 철원 등은 쉽게 떠날 수 있지만 언제든지 되돌아올 수 있다. 밤늦은 시간에는 1시간이 채 걸리지 않는다. 서울 시내를 다녀온다는 기분으로 떠날 수 있다.

대관령, 충주호수, 태안반도 등은 1시간 반에서 2시간 거리로 2박 3일 여행하기에 적당하다. 대관령 주변의 산과 언덕, 적당한 기온과 멋진 풍경은 언제나 나를 편안하게 한다. 충주호 주변의 변화무쌍한 산과 호수 그리고 태안반도에 있는 만리포, 천리포에서의 바다와 숲의 조화 그리고 낙조는 정말 환상적이다.

설악산과 속초, 강릉, 동해는 캠핑의 천국이다. 특히 설악산 주변은 돌아가면서 곳곳에 캠핑장이 있고, 고성에서 속초를 거쳐 동해까지 가는 길에는 좌우에 훌륭한 캠핑장이 펼쳐져 있어 동해의 멋진 바다와 근처의 산에서 트래킹을 즐길 수 있다.

　경상북도에서는 국내 최고의 트래킹코스로 인정받은 문경새재를 거쳐 안동 하회마을과 도시 전체가 박물관인 경주에서 캠핑하며 학창 시절의 수학여행을 떠올릴 수도 있을 것이다.
　경상남도에서는 부산, 대구, 울산, 창원까지 승용차로 30분 거리에 있는 청정도시이자 별장도시로 떠오르는 밀양의 표충사 근처의 캠핑장에 머물며 영남알프스를 둘러볼 수 있다. 또한, 람사보호습지인 거창 우포늪에서 태고의 자연을 감상할 수 있다. 최고의 관광지이자 해양스포츠를 즐길 수 있는 부산에서 거제, 통영 등을 거쳐 남해로 넘어오면서 해안의 절경과 아름다운 섬들을 즐길 수 있다.

　전라남도에서는 순천의 국가정원과 순천만의 아름다운 낙조를 감상하며 깊은 감동을 느낄 수 있다. 여수 밤바다에서 하루를 보내고 목포 해안가에 차를 주차한 뒤 가벼운 차림으로 홍도 여행을 떠난다. 1,004개의 섬으로 유명한 신안의 섬 중 몇 개의 섬을 둘러본다. 섬마다 수많은 이야기가 서려 있는 신안 섬 여행은 하루, 이틀로는 만족할 수 없다. 이곳에 다시 올 것을 기약하며 제주도로 넘어간다.

　제주도는 지금 한달살이, 일년살이가 유행이다. 제주도에서 직접 살아보고 싶은 사람들이 그만큼 많다는 증거다. 제주도는 발길 닿는 모든 곳이 관광지다. 뿐만 아니라 일년 내내 관광이 가능하다. 캠핑카로 어느 곳에 주차하든 멋진 캠핑이 된다. 섬을 둘러싼 올레길, 곳곳에 있는 오름, 수많은 박물관, 배를 타고 둘러볼 수 있는 섬 등 둘러볼 곳이 정말 많다. 김녕해수욕장에서 하루 머물고, 성산포에 캠핑카를 주차한 뒤 텐트와 배낭을 메고 우도로 건너가 최고의 캠핑 장소 중 하나로 알려진 비양도에서 캠핑을 했다. 밤새도록 세찬 바람이 불어 불안한 마음으로 밤을 보낸 기억이 아직까지 강하게 남아있다.

다시 목포로 돌아와서 전라북도의 변산반도, 부안, 전주를 거쳐 어린 시절 캠핑의 경험이 있는 무주 구천동에 이어 충청남도 부여와 공주를 거쳐 홍성 그리고 캠핑의 천국 태안반도에서 멋진 낙조를 즐기고 인천 영종도를 거쳐 서울로 돌아오면 전국 8도와 제주도를 두루 다녀올 수 있는 것이다.

모든 지역을 번갈아가면서 캠핑카 여행을 다녀온 곳을 다음 지도에 표시해놓았다. 모험심이 강한 분이나 오랫동안 다니던 회사를 그만두고 새로운 인생 설계를 계획하는 분들은 내가 다녀온 곳을 참고하여 한 번에 3~4개월 정도 여행을 다녀오면 좋은 경험이 될 것이다. 여행하는 동안 여행기를 쓰면서 그동안의 회사 생활을 정리하고, 미래의 나의 모습을 그려보라고 강력히 추천하고 싶다. 여행하고 글을 쓰는 동안 생각이 정리되고 새로운 길이 보이는 걸 경험했기 때문이다.

3년간 세계여행을 다닌 나로서는 캠핑카로 다닌 전국 여행은 가벼운 차림으로 잠시 다녀오는 산책이었다. 코로나로 세계여행길이 언제 다시 열릴지 모른다. 국내여행도 충분히 즐겁게 할 수 있다. 캠핑카 여행도 좋고, 승용차에 텐트와 캠핑 장비를 싣고 가볍게 떠나도 좋다.

여행하고 싶은 마음이 들면 일단 떠나자. 떠나면 전국이 나의 별장이자 정원이라는 것을 알 수 있을 것이다. 또다른 천국이 우리를 기다리고 있다.

서울에서 출발, 시계 방향으로 전국 일주(4개월 코스)

서울에서 출발~~~
여주 불가마캠핑장
양평 강변 추차장
가평 유명산 캠핑장
송추 유원지 캠핑장
철원 학의지 주차장
가평 자라섬 캠핑장
대관령 선자령 캠핑장
춘천 소양강댐 캠핑장
고성 해수욕장
백암사 입구 캠핑장
설악산 신흥사 입구 캠핑장
동해 망상해수욕장 캠핑장
충주호 캠핑장(캠핑 천국)
제천 캠핑장
단양, 태백산 산중턱 휴게실 주차장
문경새재 주차장
안동 하회마을 주차장
울진 백암온천 주차장
포항 보경사 입구 캠핑장
경주 남산 석굴암 주차장
울산 태화강 주차장
밀양 표충사 입구 캠핑장
영남 알프스 캠핑장
양산 통도사 주차장
부산 이기대 주차장

마산 해안가 주차장
거제도 캠핑장
창녕 습지 주차장
통영 캠핑장
남해 해수욕장
지리산 화엄사 캠핑장
해남 바닷가
순천 국가정원 주차장
여수 해수욕장
제주도 김녕해수욕장
제주도 우도 옆 비령도 캠핑장
제주도 송악산 옆 해변
목포 해안가 주차장
신안 해안가
부안 채석강
군산 해안가
전주 한옥마을
무주 구천동 주차장
부여 캠핑장
태안 해수욕장 캠핑장
홍성 내소사
영종도 해수욕장
강화도 해안가
김포 한강오토캠핑장
파주 헤이리마을 주차장
서울에 도착~~~

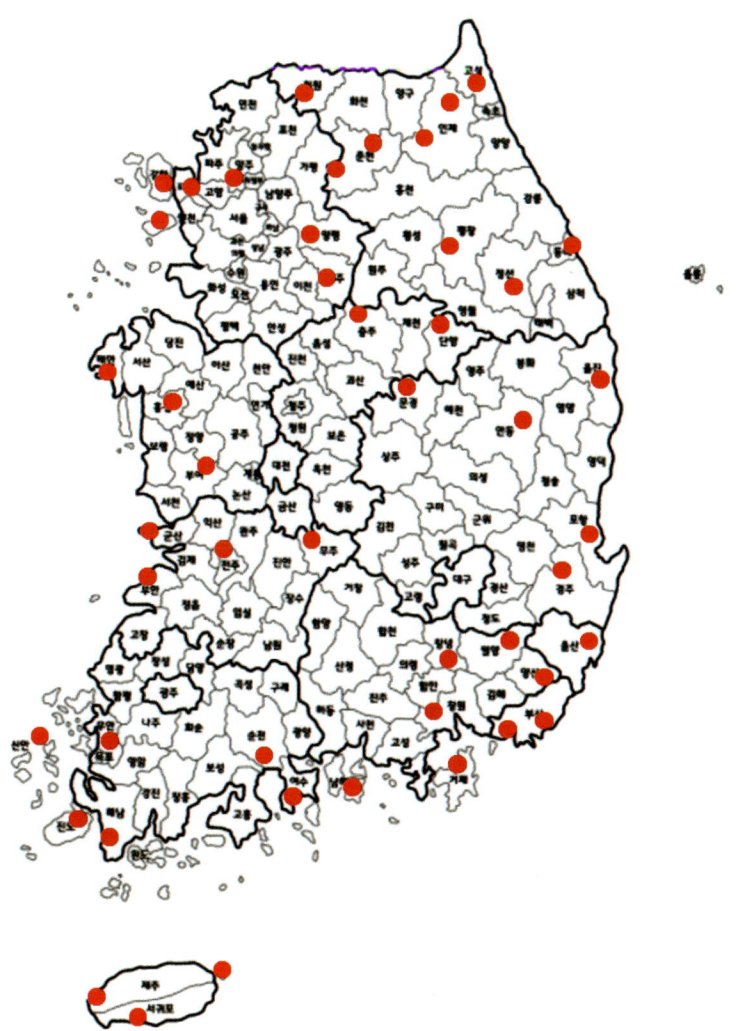